VON MARKT UND METZGER

DAGMAR VON CRAMM

VON MARKT & METZGER

Stiftung Warentest

INHALT

VON MARKT UND METZGER

Ein guter Koch verwertet alles – und gewinnt dabei Geschmack, Zeit und Geld.

Dafür muss man wissen, welch kulinarisches Potenzial in schlichten Lebensmitteln schlummert und wie man mit einfachen Mitteln aus simplen Zutaten geniale Gerichte zaubern kann.

Wer gut plant und entsprechend kocht, muss weniger wegwerfen, kann Lebensmittel wieder so nutzen, wie die Natur sie geschaffen hat: Ein ganzes, ordentlich aufgezogenes Huhn kann kostengünstiger sein als die Hühnerkeulen beim Discounter. Es kommt allein darauf an, zu wissen, was mit ganzen Hühnern alles machbar ist. Oder nehmen wir den Bauchspeck eines glücklichen Schweins, er ist kernig und aromatisch – da reicht eine Scheibe, um den Eintopf zum Geschmackserlebnis werden zu lassen. Schweinefett ist übrigens gesünder, als Sie vielleicht glauben!

Das Know-how für eine derartige Küche ist kaum mehr vorhanden. Berufstätige Singles, junge Paare, aber auch überlastete Eltern haben Nachholbedarf, wenn es sich um „good housekeeping" – das Wissen über geschickte Haushaltsführung – und um Nahrungszubereitung dreht.

Genau hierfür gibt es dieses Buch: Es soll Ihre Lust auf gesunde Ernährung und die gute, einfache Küche wecken. Die Rezepte basieren auf simplen Grundzutaten, sind schnell und einfach zuzubereiten und im Ergebnis dennoch raffiniert. Die empfohlenen Zutaten stammen aus unserem Land, sind sogenannte „basics" und auf dem Wochenmarkt oder beim Metzger zu bekommen – und sie werden vollständig verwertet. Es handelt sich um Lebensmittel, mit denen sich die moderne Küche nicht mehr auskennt, weil sie von Fastfood verdrängt wurden und in ihrer Vielfalt auf eine Wiederentdeckung warten.

ENTDECKEN SIE DEN WOCHENMARKT

Wer wie ich in Freiburg lebt, der hat von jeher täglich die Möglichkeit, auf dem Münstermarkt einkaufen zu gehen. Wo ich aufwuchs, gab es einen Wochenmarkt nur am Samstag – kaum mehr zwischendurch. Doch in den letzten Jahren schießen solche kleinen Märkte wie Pilze aus dem Boden. Zwar finden sie nicht täglich statt. Aber am Mittwochnachmittag und Samstagvormittag kann ich bei mir gleich um die Ecke auf dem „Wiehremarkt" einkaufen. Und vor allem: Es werden nicht mehr vorwiegend Großhandelswaren, sondern Lebensmittel aus eigener Produktion angeboten. Elitäres Einkaufsvergnügen? Irrtum: In Deutschland gibt es mehr als 3300 Wochenmärkte. Immerhin erledigt dort jeder zweite Deutsche zumindest hin und wieder seine Einkäufe. Ob es auch in Zukunft die frische Vielfalt aus der Region gibt, das entscheiden letzten Endes wir, die Verbraucher. Als sozialer Treffpunkt und als Bindeglied zwischen Stadt und Umland spielte der Markt schon immer eine wichtige Rolle.

KLEINE MARKTGESCHICHTE

Der Markt in der Stadt, das war der Mega-Store des Mittelalters. Dort kaufte man nicht nur „Viktualien", also Lebensmittel, sondern alle Dinge des täglichen Bedarfs, die man nicht selbst herstellen konnte: Eisenwaren, Baumwollprodukte, Kerzen und Seife, Geschirr, Töpfe und Schüsseln, Körbe und Bürsten. Eine große Bedeutung hatte der „Korn- und Fruchtmarkt" – trockene Hülsenfrüchte, aber auch Getreide wurden dort verkauft, Obst noch nicht. Kartoffeln und Holz hatten häufig eigene Marktplätze, ebenso Fisch, Fleisch und Flachs. Straßennamen unserer Innenstädte verraten manchmal noch, wo welches Produkt gehandelt wurde. Die Städte versuchten, die

Preise für ihre Einwohner niedrig zu halten. Professionelle Händler durften erst ab einer bestimmten Uhrzeit verkaufen – und dann oft auch nur in ihren Häusern. Stattdessen hatte der Direktverkauf Vorrang: Jeder Bauer oder Gärtner wurde angewiesen, seine Ware unmittelbar auf dem Marktplatz anzubieten und nicht an Wiederverkäufer zu veräußern, denn die galten als Preistreiber ersten Ranges! Der Brot- und Fleischverkauf ging eher in handwerklichen Betrieben, also beim Bäcker oder Metzger vonstatten, der auch als Fleischer, Schlachter und bisweilen sogar als Fleischhauer bekannt ist. Doch dazu später Näheres. In bestimmten Mengen durften allerdings immer schon Speck, Wurst, aber auch Gebäck und Brot auf dem Markt feilgeboten werden. Der Zank um den besten Platz ist seit Urzeiten natürlicher Bestandteil der Marktkultur.

Heute sind es die großen Basare des Orients, die an die frühere Vielfalt der Märkte erinnern. Anfang des 20. Jahrhunderts wandelte sich der Wochenmarkt zum fast reinen Lebensmittelmarkt. Alle anderen Waren wanderten in Fachgeschäfte und später in Supermärkte ab.

Der heutige Wochenmarkt beschränkt sich im Großen und Ganzen auf die „Viktualien". Gemüse und Obst dominieren das Angebot, Blumen gesellen sich hinzu – sowohl als Schnittblumen als auch zum Pflanzen. Je nach Marktordnung können die Produkte Handelsware sein, im Idealfall sind es selbst hergestellte. Auf dem Freiburger Münstermarkt ist die eine Seite für Händler reserviert, die andere für Selbsterzeuger. Diese dürfen nur im Winter 30 Prozent ihrer Ware zukaufen – weil in dieser Jahreszeit das Angebot bei uns doch recht mager ist. Diese Regeln sind in jeder Stadt und auf jedem Markt unterschiedlich. Doch meist klärt schon ein Blick aufs Angebot, ob hier Sebstangebautes verkauft wird. Wer sicher sein will, sollte nachfragen.

11 GUTE GRÜNDE, AUF DEM WOCHENMARKT EINZUKAUFEN

Auf den ersten Blick scheint der Wochenmarkt Folklore fürs Wochenende, für Touristen, Intellektuelle und Besserverdienende. Tatsächlich halten sich Wochenmärkte in einer gutbürgerlichen Gegend mit äl teren Bewohnern länger als in Gegenden mit vielen Singles oder in Wohnvierteln, die sich rasch verändern. Doch bei näherem Hinsehen bietet der Einkauf unter freiem Himmel viele Vorteile für alle:

1. DAS GROSSE ANGEBOT AN GEMÜSE UND OBST DER SAISON Gurken, Brokkoli, Paprika und Tomaten jederzeit – das wird auf Dauer langweilig. Das Rare dagegen zieht uns an. Bester Beweis dafür sind die Erfolgsgeschichten von Spargel, Bärlauch, Pastinake und Kürbis. Die gibt's eben nicht immer. Auf dem Markt sind Saison und Jahreszeit keine leeren Begriffe – sie schlagen sich im Angebot nieder. Das trägt nicht nur zu mehr Bodenständigkeit bei, sondern ist auch gesünder: Tatsächlich ergaben Untersuchungen des Max-Rubner-Instituts in Karlsruhe mehrfach, dass der Gehalt an wertvollen Bestandteilen wie Vitaminen und Bioaktivstoffen bei Lebensmitteln, die zur Saison bei voller Reife geerntet wurden, am höchsten ist. Neue Sorten und veränderte Anbaumethoden wie die Reifung unter Folien lassen die Saison nicht gar so eng werden. So habe ich noch im September auf dem Freiburger Münstermarkt heimische Erdbeeren gefunden: Der Erzeuger hatte einer späten Sorte die Blüten entfernt – bevor er sie im Herbst Früchte tragen ließ und Glück mit warmem Wetter hatte. Köstlich geschmeckt haben sie übrigens auch!

2. DIE GRÖSSERE SORTENVIELFALT Der Handel bietet nur wenige Obst- und Gemüsesorten in großen Mengen an, die transport- und lagerfähig sind und den Vorschriften zur Handelsklasse entsprechen. Das führte in den 70er-Jahren dazu, dass wir feste, runde, leider aber geschmacklose Tomaten aus Holland bekamen. Mittlerweile haben sich die Züchter mit Erfolg wieder auf Geschmack besonnen. Doch zarte, kleine, unregelmäßig geformte Produkte und alte Sorten, die oft besonders aromatisch sind, sucht man im Supermarkt vergebens – für lange Transporte in genormten Riesen-Gebinden sind sie einfach ungeeignet. Herausragendes Beispiel ist die Erdbeere „Lambarda", ein Geheimtipp unter Insidern und eine geschmackliche Offenbarung. Die Saison dieser Erdbeere ist kurz, sie hält sich nicht lang, und stoßfest ist sie auch nicht ... ein Fall für den Wochenmarkt. Da finden Sie gleich eine Vielzahl an Erdbeersorten. Selbiges gilt für Äpfel oder Kartoffeln sowie für alle Obst- und Gemüsesorten, denn Kohlrabi ist durchaus nicht gleich Kohlrabi. Und auf dem Wochenmarkt können wir einiges wiederentdecken: junge Rote Bete im Bund mit ihrem zarten Grün, schwarze Möhren, schwarzen Rettich, Schwarzwurzeln, Topinambur oder Knollenziest und viele unterschiedliche Sorten Rüben oder Kürbis.

6,90

Lauch
Ruccola

3. DIE FRISCHE DER PRODUKTE Wer selbst produziert, bringt seine Ernte frisch auf den Markt. Gärtner, Holzofenbäcker, Blumenfrau und der Ziegenhofbauer, alle sind sie Frischelieferanten. Vom Fischwagen werden frisch filetierte Forellen angeboten, und beim Geflügelwagen bekommt man nicht nur frische Eier, auch Suppenhühner können hier erstanden werden. Über große Kühl- und Lagerhäuser verfügen diese nicht, weshalb es zwingend notwendig ist, den Verlust durch Verderb möglichst gering zu halten. Außerdem: Wer seine selbst produzierte Ware anbietet, der steht ganz anders in der Pflicht als ein gewöhnlicher Händler. Schließlich sagen ihm die Kunden spätestens am nächsten Markttag ganz unverblümt ihre Meinung. Es gibt keine schmeichelnde Beleuchtung – unter freiem Himmel entfallen alle Tricks des Lebensmittelhandels.

4. DIE MÖGLICHKEIT SICH ZWISCHEN VIELEN ANBIETERN ZU ENTSCHEIDEN Im Supermarkt gibt es nur eine einzige Gemüseabteilung – da haben Sie keine Wahl. Auf dem Wochenmarkt konkurrieren viele Stände um Ihre Gunst. Während der eine die größte Auswahl an Kräutern hat, findet sich beim nächsten die größte Salatpalette. Sie können durchaus den Wirsing bei einem Stand kaufen – die Radieschen aber beim Nachbarn. Dort, wo die Ware am besten oder auch am günstigsten ist. Sie finden eine große Auswahl – aber auch viel vom Gleichen zum Abwägen. Zur Saison ist diese Auswahl natürlich am größten und schlägt sich direkter im Preis nieder als im Lebensmittelhandel. Wer also günstig einkaufen möchte, kann das durchaus auf dem Wochenmarkt tun – wenn er sich nach dem Tagesangebot richtet.

5. DIE SICHERHEIT, REGIONALE PRODUKTE ZU BEKOMMEN Unverpackte Ware auf dem Markt muss immer mit dem Herkunftsort oder -land ausgezeichnet sein – daneben müssen Art und Sorte, Preis und mögliche Zusatzstoffe oder Behandlungen genannt sein. In der Regel weisen sich die Betriebe mit ihrer Adresse aus. Viele Märkte erheben die Herkunft der Erzeuger aus dem Umland zur Bedingung. Ist diese nicht unmittelbar auszumachen, im Gespräch mit dem Verkäufer lässt sich die Herkunft schnell klären. Mit Ihrem Kauf können Sie somit die Produzenten in Ihrer Heimat unterstützen – ganz gleich ob sie biologisch oder konventionell wirtschaften. Diese oft kleinen Betriebe bieten Ausbildungs- und Arbeitsplätze, sie vermeiden Monokulturen und gestalten die Landschaft mit. Nicht zuletzt helfen regionale Produkte, lange Transportwege zu vermeiden und dadurch die Umwelt zu schonen.

6. DIE PERSÖNLICHE FACHKUNDIGE BERATUNG UND BEDIENUNG Ein Stand auf dem Wochenmarkt ist kein Selbstbedienungsladen. Sie müssen nicht auf die Pirsch gehen, um irgendeine Verkaufskraft aufzuspüren. Nein, der Verkäufer steht zu Ihren Diensten. Und noch mehr: Er oder sie ist in der Regel kompetent, weil sie entweder in der Produktion mitbeteiligt oder schlichtweg Spezialisten sind. Die Gemüsefrau verkauft Gemüse, der Fischmann Fisch, die Blumenfrau Blumen. Sie sind ständig im Gespräch mit Kunden – und Kollegen. Sie erhalten Informationen, Tricks und nicht selten auch konkrete Zubereitungstipps. Diese Fachleute können Ihnen Auskunft geben, welches Gewürz besonders gut zu Pastinaken schmeckt, dass Sie die Kohlrabiblätter auch verwenden können, und vielleicht verraten sie Ihnen obendrein das wunderbare Rübenrezept einer Stammkundin. Eine Verkaufskraft im Supermarkt dagegen verkauft alles und hat keine Zeit für Gespräche – wie soll da Kompetenz entstehen?

7. EINE OPTIMALES ANGEBOT FÜR EINE VOLLWERTIGE ERNÄHRUNG Der Supermarkt ist voller Dinge, die Sie im Sinne einer vollwertigen Ernährung überhaupt nicht benötigen. Etwa 30 000 neue Produkte erobern Jahr für Jahr den Supermarkt – davon schaffen nur 196 den Sprung auf den Speisezettel. Die Hälfte der 1759 Millionen Euro wird für Süßigkeiten ausgegeben. Wenn Sie sich aber den Ernährungskreis der Deutschen Gesellschaft für Ernährung (DGE) anschauen, dann können Sie die Parallelen zum Angebot auf dem Wochenmarkt erkennen: Den Löwenanteil stellen Gemüse und Obst, dann folgen Kartoffeln und Getreideprodukte. In kleineren Mengen gibt es Käse und Wurst, Fisch und Fleisch. Für Süßes ist nur noch die kleine Spitze da, auf dem Wochenmarkt meist in Form von Gebäck. Auf „meinem" Wiehremarkt bietet das die Waffelbäckerin – auf dem Münstermarkt darf der sagenhafte Käsekuchen nicht fehlen. Mit anderen Worten: Bei einer gesunden Ernährung ist der Wochenmarkt unser Verbündeter. Sein Angebot belastet uns kaum mit ungesunden Produkten, hier wird uns kein Spießrutenlauf durch prall gefüllte Süßigkeitenregale zugemutet, der Markt macht unseren Einkauf einfach. Er regt den

Appetit auf Dinge an, die uns guttun – er lässt Grundnahrungsmittel zur verlockenden Verführung geraten. Eigentlich gehören Wochenmärkte vom Gesundheitswesen unterstützt.

8. DIE RICHTIGEN MENGEN Großverpackungen sollen dazu animieren, mehr zu kaufen. Zu Hause türmen sich dann die Einkäufe, Reste verderben oder werden weggeworfen, weil sie nicht mehr frisch sind oder die Abwechslung fehlt. Oder aber wir essen mehr, als wir eigentlich wollen und brauchen, nur damit es „wegkommt"! Der vermeintlich günstige Einkauf wird so letzten Endes doch teuer. Anders auf dem Wochenmarkt: Hier kaufe ich nur, was ich tragen kann. Die Versuchung zu viel einzusacken sinkt mit steigendem Gewicht meines Korbes. Das ist auch sinnvoll: Frisches sollte nicht länger als etwa zwei bis drei Tage im Haushalt aufbewahrt werden – sonst sinkt der Gehalt an Vitaminen enorm, vom Geschmack ganz zu schweigen. Hamsterkäufe sind also völlig überflüssig. Und wenn Sie nur ein halbes Bund Petersilie brauchen, dann fragen Sie beim Händler am Stand einfach nach – versuchen Sie das einmal im Supermarkt! Vorausgesetzt natürlich, Ihr Supermarkt führt frische Petersilie überhaupt.

9. DIE SINNLICHKEIT DES EINKAUFS Ein Gang über den Wochenmarkt, das ist ein Eintauchen in die bunte Welt der Farben, Formen, Düfte und Töne. Gerade weil unsere Arbeits- und Freizeitwelt unsinnlich ist, sich zunehmend von der Natur entfernt und unsere Einkaufswelt aus geschlossenen Räumen mit künstlichem Licht und Dauerbeschallung besteht, tut uns dieses Einkaufserlebnis in einer Welt der wirklichen Dinge gut. Angefangen bei Wind und Wetter, Regen und Sonne. Eine ordentliche Portion frischer Luft, dazu der Fußmarsch und ein voller Einkaufskorb – das erfrischt und lädt die Batterien wieder auf. Keine Backstation, die uns Aromastoffe in die Nase bläst, stattdessen riecht es ganz natürlich und vielfältig nach den angebotenen Lebensmitteln. Dabei darf die Ware nicht nur angeschaut, sie soll auch angefasst und probiert werden. Wo gibt's das noch? Und wenn doch einmal Musik zu hören ist, dann will niemand unterschwellig Einfluss auf Ihre Kauflust nehmen, ein paar Straßenmusikanten wollen lediglich zeigen, was sie können, und ein paar Euro verdienen. Mit anderen Worten: Der Einkauf wird von der lästigen Pflicht zum echten Erlebnis und zu gewonnener Lebenszeit.

10. KEINE VERPACKUNGSBERGE Sicher, dünne Plastikbeutel finden sich auch auf dem Wochenmarkt. Aber in der Regel werden Salate und Kräuter in Zeitungspapier gewickelt, Obst und Gemüse in Papiertüten gefüllt – oder gleich in den Korb gegeben. Probieren Sie einmal folgenden Test: Gehen Sie in der einen Woche beim Discounter einkaufen – und in der nächsten auf dem Wochenmarkt. Stellen Sie danach eine Gelbe-Sack-Bilanz auf: Sie werden staunen. Etwa sechs Millionen Tonnen Verpackungsmüll fallen in deutschen Haushalten durchschnittlich an – ein Großteil stammt von Lebensmittelverpackungen. Der Trend zu Kleinpackungen für den Singlehaushalt, die weiter zunehmende Selbstbedienung und die Transporte über weite Strecken erfordern eine aufwendige Verpackung. Der Handel spart dadurch Zeit – und bei uns zu Hause häufen sich die gelben Säcke. Wer hingegen umweltbewusst einkaufen möchte, der kann das auf dem Wochenmarkt tun. Es gibt ein weiteres Argument gegen Verpackungen: Rückstände! Immer wieder, oft nur durch Zufall, werden ungesunde Substanzen in Lebensmitteln entdeckt, die Verpackungsmaterialien entstammen. So stellte die Stiftung Warentest 2007 in vielen Wässern aus Wegwerfflaschen Rückstände von Acetaldehyd fest. Das ist nicht gesundheitsschädlich, beeinflusst den Geschmack aber negativ. Weichmacher aus Verpackungen, von der Stiftung im Jahr 2005 in Käse gefunden, sind dagegen nicht ungefährlich – ebenso wenig wie Dichtungsmaterialien, die von den Deckeln in die Babykost oder ins Pesto gelangten. Lebensmittel brauchen sehr unterschiedliche Verpackungen, und jede Innovation birgt neue Risiken, die oft erst spät erkannt werden.

11. KOMMUNIKATIONSZENTRUM Bürgerverbände machen sich für Wochenmärkte stark. Kein Wunder: Ein Markt gibt einem Viertel ein Zentrum, schafft ein Wir-Gefühl und verbessert die Kommunikation der Bewohner untereinander. Kinder sind kein Störfaktor, vielmehr willkommene Gäste, die im Gewusel jede Menge Anregung finden. Statt Lollies an der Kasse gibt es einen Apfel obendrauf. Man trifft sich auch ohne Verabredung, sieht alte Bekannte wieder und lernt neue Leute kennen. Oft gibt es ein kleines Café, das zum zentralen Treffpunkt wird. Eine Kleinigkeit zum Essen ist bei vielen Ständen zu haben – frisch und auf die Hand. Der Markt ist ein menschenfreundlicher Ort. Selbst Hunde müssen nicht draußen bleiben.

Spanien
Broccoli
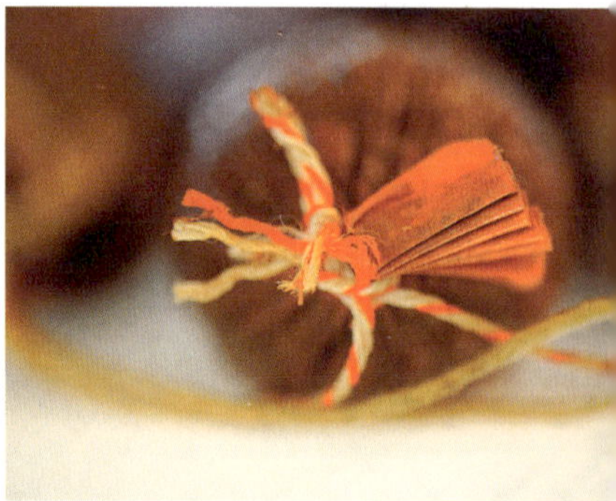

Und genau deshalb sollten wir nicht nur im Urlaub über Märkte bummeln, dort einkaufen gehen und genießen. Mit unserem Einkauf können wir dafür sorgen, dass diese wunderbare Einrichtung in unserem unmittelbaren Lebensumfeld weiterhin erhalten bleibt.

SHOOTINGSTARS: HOFLADEN UND GRÜNE KISTE

Ergänzt wird das frische Angebot auf dem Wochenmarkt durch den Verkauf direkt auf dem und Lieferungen vom Hof. Gerade weil die Konzentration im Lebensmittelhandel fortschreitet und immer größere Mengen gelistet werden, haben es mittelständische Produzenten, also Gärtner und Bauern, schwer. Die Losung fürs Überleben heißt: Direktvermarktung. Gerade im Umland größerer Städte bietet dies Perspektiven, vor allem wenn hochwertige Lebensmittel angeboten werden. In Serie geht dieses Konzept etwa mit der „Grünen Kiste": Mit ihr bestellt man frisches Obst und Gemüse per Internet. Oder es wird für eine bestimmte Personenzahl ein saisonaler Mix abonniert. Das ist bequem, weil man weder planen noch extra bestellen muss. Sie müssen keine Entscheidung fällen: Das erledigt die Natur für Sie. Es kann eine Möglichkeit für Berufstätige sein, die während der Woche zur Marktzeit nicht einkaufen gehen können. Allerdings ist Flexibilität beim Kochen angesagt, weil der Inhalt einer solchen Kiste nie genau vorhersehbar ist. Zur Unterstützung gibt der Lieferant in der Regel immer ein paar passende Rezepte mit an die Hand – eine gute Gelegenheit, sich auf Neues einzulassen.

Eier und Geflügel, Brot und Wurst aus Hausschlachtung oder Käse aus eigener Herstellung vervollständigen die Auswahl – je nach Hofstruktur.

EINKAUF OHNE BRIEF UND SIEGEL?

Auf dem Markt, in der grünen Kiste oder auf dem Hofladen gelten die Bestimmungen für „unverpackte" Lebensmittel. Bei biologisch oder ökologisch produzierten Lebensmitteln muss immer mit der Anschrift oder Codenummer der Kontrollstelle ausgezeichnet werden, gentechnisch veränderte oder bestrahlte Waren unterliegen ohnehin der Benennungspflicht.

Fast finden wir es spießig, auf dem wunderbaren Markt nach amtlichen Siegeln und Kennzeichnungen zu suchen. Aber hygienische Risiken treffen nicht nur den Einzelnen, sondern können auch für andere gefährlich werden. Gesetzliche Regelungen haben durchaus ihren Sinn und der Verbraucher hat das Recht zu wissen, was er kauft.

DARÜBER HINAUS GILT:

Bei Obst und Gemüse

- Güteklasse (siehe Handelsklassen, Seite 16)
- Ursprungsland oder -ort
- Sorte bei Äpfeln, Aprikosen (nur Klasse Extra und 1), Avocados, Birnen, Melonen, Pflaumen, Tafeltrauben und Orangen
- Größenangaben, wenn das die Norm vorsieht
- Zusatzstoffe zur Oberflächenbehandlung und Wirkstoffe zur Nacherntebehandlung
- Die Vermarktungsnormen gelten nicht für alle Obst- und Gemüsearten. Wer es genau wissen will: → www.kennzeichnungsrecht.de

Bei Kartoffeln

- Güteklasse
- Sorte
- Kochtyp

Bei Eiern

- Erzeugercode auf dem Ei
- Güte- und Gewichtsklasse, Name, Anschrift, Kennnummer der Packstelle, MHD und Verbraucherhinweis „bei Kühlschranktemperatur aufbewahren"

Bei Rindfleisch

- Referenznummer (gewährleistet die Rückverfolgbarkeit vom Stall bis zur Ladentheke)
- Geburt (Geburtsland des Tieres)
- Mast (Land, in dem die Mast erfolgte)
- Schlachtung (Land, in dem das Rind geschlachtet wurde, zusätzlich Zulassungsnummer des Schlachtbetriebes; „ES" steht für „Europa-Schlachthof")
- Zerlegung (Land, in dem der Schlachtkörper zerlegt wurde, sowie Zulassungsnummer des Zerlegebetriebes; „EZ" steht für „Europa-Zerlegungsbetrieb")

Bei Fisch

- Handelsbezeichnung, also der Name des Fisches
- Produktionsmethode (gefangen, aus Binnenfischerei oder gezüchtet bzw. aus Aquakultur)
- Fanggebiet oder Land, in dem der Fisch seine letzte Entwicklungsphase durchlaufen hat

Die Güteklasse taucht vor allem bei Obst und Gemüse auf – meist wird uns Handelsklasse Extra oder 1 angeboten. Doch was bedeutet das eigentlich? Im Folgenden die Kriterien, nach denen die Güteklasse vergeben wird.

HANDELSKLASSEN

Gemeinsame Merkmale aller Klassen: ganz, fest, gesund, sauber, Rückstände an Pflanzenschutzmitteln sind auf ein unbedenkliches Maß begrenzt, frei von fremdem Geruch und Geschmack, frei von Schädlingen, frei von Schäden durch Schädlinge, frei von übermäßiger Feuchtigkeit, genügend entwickelt (reif). Die Verpackung muss zum Schutz der Erzeugnisse stabil und haltbar sein.

- **Handelsklasse Extra (H. Extra)** höchste Qualität; frei von jeglichen Fehlern (ganz, glatt, fest, prall), gut geformt, einheitliche Farbbeschaffenheit, gleiche Größe.
- **Handelsklasse I (H. I)** gute Qualität; leichte Form- und Entwicklungsfehler, leichte Farbfehler, sehr leichte Quetschungen, ausreichende Festigkeit. Kartoffeln dürfen nur als H. I im Lebensmitteleinzelhandel verkauft werden.
- **Handelsklasse II (H. II)** mittlere Qualität; gröbere Fehler, gröbere Farbabweichungen sind zulässig.

In jedem Fall sind die Mindesteigenschaften einzuhalten. Fast alle Bio-Artikel tragen die H. II.

QUALITÄT = GÜTEKLASSE?

Für den Verbraucher ist Qualität in erster Linie Geschmack und Aroma. Für den Ernährungswissenschaftler bemisst sie sich am Anteil wertvoller Inhaltsstoffe und an der Schadstofffreiheit. Doch in unseren Handelsnormen findet sich wenig von dieser Sichtweise wieder. Bei Obst und Gemüse geht es altmodisch und leicht messbar um gleichmäßige Größe, Freiheit von Schäden – also um sogenannte Rostflecken, Beschädigungen, weiche, überreife Stellen. Immerhin gibt es Mindesteigenschaften, die Selbstverständlichkeiten wie „frei von Schädlingen", „von frischem Aussehen", „reif" und „gesund" fordern. Wobei schon das letztgenannte Kriterium die Grenzen aufzeigt, denn „gesund" – heutzutage ein großes keine faulen und verdorbenen Stellen gibt. Und ob ein Lebensmittel wirklich frisch ist, erschließt sich dem bloßen Auge nicht in jedem Fall. So ist ein Apfel aus dem Kühllager in den ersten Tagen topfrisch, baut aber viel schneller ab als ein frisch geernteter. Und warum darf eigentlich an der Kartoffel kein Krumen Erde mehr haften? Kritik erntete vor allem die Einstufung der Güteklassen – da geht es um Gleichmäßigkeit und Größe. Je mehr Kriterien erfüllt werden, desto höher die Einstufung. Für die Verpackung sind diese Normen nützlich, aber für den Verbraucher? Wo bleibt der Geschmack? Innerhalb der EU werden die Güteklassen noch nicht einheitlich geregelt, Obst und Gemüse sind jedoch schon relativ gut erfasst.

NICHT OHNE MEINEN FLEISCHER!

Im Mittelalter hießen die italienischen Künstler, die den Braten oder das Geflügel tranchierten, „Aufschneider" – und machten eine richtige Schau daraus. So tranchierten die Könner unter ihnen einen gebratenen Auerhahn frei in der Luft – ohne Brett und Tisch, nur mit ihrem Tranchierbesteck. Heute würde das wohl eher in einen Gourmet-Zirkus passen. Doch die Kunst des Zuschneidens ist beim Kunden gefragter denn je. Ohne einen guten Metzger hätten wir die gefüllte Schweinebrust (Seite 153) wohl kaum so gut hinbekommen. Schmorbraten und Rouladen, Bauch- und Suppenfleisch – jede Garmethode erfordert ein bestimmtes Teilstück. Gerade wer zum ersten Mal einen Braten macht, braucht ein Erfolgserlebnis. Entscheidend dabei ist neben einem guten Rezept nun einmal das Fleisch. Wer eine gute Auswahl und sachkundige Beratung möchte, der sollte möglichst bei einem Metzger einkaufen, der noch selbst schlachtet und wurstet. Denn jede Garmethode erfordert nicht nur das richtige Stück, sondern auch den guten Zuschnitt. Ein Metzger schneidet das Fleisch so zurecht, wie es der Kunde wünscht. Er weiß, welches Stück ausreichend abgehangen ist und kann immer eine Alternative empfehlen, wenn das gewünschte Teilstück gerade nicht vorhanden ist. Es lohnt sich, immer beim selben Metzger einzukaufen, werden Stammkunden doch bestens bedient und können Rückmeldung über Erfolg oder Misserfolg geben. Da hält keine Fleischtheke mit – und abgepackte Ware erst recht nicht.

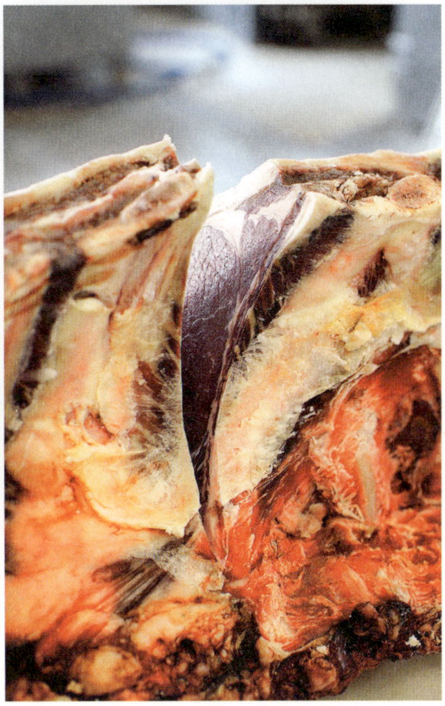

KLEINE METZGERGESCHICHTE

Knochenhauer, Metzger oder Fleischer gab es hierzulande seit dem 12. Jahrhundert. Die Tradition dieses Berufes reicht noch weiter zurück. Die frühen Hochkulturen Ägyptens, Indiens oder Chinas kannten das Schlachten von Tieren immer schon in rituellem Zusammenhang. Fleisch war kostbar und eine wertvolle Opfergabe, wenngleich der Konsum über die Jahrhunderte sehr unterschiedlich war. Den Höhepunkt erreichte der Fleischverzehr im 14. Jahrhundert – Viehhändler sorgten für Nachschub, weil das Umland den Fleischappetit nicht mehr stillen konnte: Bis zu geschätzten 100 Kilogramm Fleisch wurden damals pro Kopf und Jahr verzehrt! Aus hygienischen Gründen wurde es unabdingbar, Schlachthäuser mit entsprechenden Verkaufsständen außerhalb der wachsenden Städte zu errichten. Die Zunft der Fleischer gehörte zu den wohlhabenden – vor allem als das Fleisch ab der zweiten Hälfte des 16. Jahrhunderts bis Mitte des 18. Jahrhunderts rar und teuer wurde: In dieser Zeit wurden weniger als 20 Kilogramm pro Jahr durchschnittlich gegessen. Erst durch moderne Produktionsmethoden stieg der Verbrauch wieder – auf bis zu 50 Kilogramm vor dem Ersten Weltkrieg. Heute liegt er bei geschätzten 60 Kilogramm pro Jahr. 27 000 Metzgereien versorgen die Bevölkerung, das schließt auch die Verkaufswagen auf Wochenmärkten ein.

AM BESTEN BIO?

Tatsächlich werden in biologisch produziertem Gemüse, Obst und Getreide so gut wie keine Pestizidrückstände gefunden – vor allem wenn sie in Deutschland produziert werden. Bei Lebensmitteln tierischen Ursprungs, also Milch und Milchprodukten, Ei, Fleisch, Geflügel und Fisch, sind dagegen kaum Unterschiede zu konventioneller Haltung feststellbar, wenn sie aus dem Inland stammen. Allerdings scheinen Milch, also auch Butter, und Fleisch von Weidekühen einen besonders hohen Anteil von Omega-3-Fettsäuren zu enthalten. Letztere erhöhen den Gesundheitswert der Produkte deutlich. Immerhin spielt gerade bei Lebensmitteln tierischen Ursprungs der Tierschutzgedanke eine entscheidende Rolle. Allerdings fällt hier der Preis deutlich stärker ins Gewicht als bei Getreide, Äpfeln oder Kartoffeln. Denn Bio-Tiere haben eine längere Mast- und damit Lebensdauer, und ihre Haltung ist einfach teurer.

AM RICHTIGEN ENDE SPAREN

Wir geben durchschnittlich 14,4 Prozent unseres Einkommens für Lebensmittel aus – weniger als alle anderen Europäer. Trotzdem ergeben Umfragen regelmäßig: Wenn das Budget knapp wird, dann spart der Verbraucher zunächst beim Einkauf von Lebensmitteln. Sinnvoller wäre es, mehr selbst zu kochen, denn Fertig- und Halbfertigprodukte sind oft teurer als Grundnahrungsmittel. Bei näherem Hinsehen geht sparsame Haushaltsführung Hand in Hand mit umweltbewusstem Verhalten, mit den Grundsätzen gesunder Ernährung – und nicht auf Kosten des Genusses. Im Gegenteil.

- Regionales Gemüse und Obst sind in der Saison ausgesprochen preiswert – selbst wenn sie aus biologischem Anbau stammen. Deshalb liegt in diesem Buch der Schwerpunkt auf Produkten aus einheimischem Anbau.

- Getreide ist eine wunderbare Basis für gesunde Köstlichkeiten – und unschlagbar preiswert. So lassen sich neben Reis auch aus Hafer, Grünkern und Graupen – also Gerste –, Risotti oder Pfannengerichte zubereiten. Ein Mix aus Omas Kochkunst und internationaler Küche macht's möglich.

- Altbackenes Brot ist Grundlage vieler Rezepte – auch hier hilft ein Blick auf die traditionelle Küche. Als Brot noch kostbar war, entstanden Rezepte wie Brotsuppe, Armer Ritter, grüne Sauce, Semmel-

knödel. Der Rest wurde als Semmelbrösel untergejubelt. Schnell geht das allemal.

■ Nüsse können durch ihren Eiweiß- und Fettgehalt auf sehr gesunde Art Fleisch oder Käse ersetzen.

■ Eier sind so preiswert wie noch nie – selbst wenn sie von glücklichen Hühnern gelegt wurden. Gesundheitlich sind sie rehabilitiert – das öffnet tollen und noch dazu schnellen Gerichten Tür und Tor.

■ Quark ist nicht nur äußerst preiswert, als neutraler und fettarmer Eiweißlieferant bildet er eine ideale Grundlage für vegetarische Gerichte. Besonders köstlich: Hauptgerichte der süßen Art.

■ Käse zum Kochen darf schlicht sein – und diese Basissorten bietet in der Regel auch der Hofladen an. Rohmilchkäse der exquisiten Art dagegen sollte lieber als Delikatesse pur genossen werden.

■ Fisch muss nicht teuer sein. Vor allen Dingen Hering ist immer noch erschwinglich. Auch die Forelle aus einheimischer Zucht ist eine gute Alternative. Bei Karpfen kommen Saison und Region besondere Bedeutung zu – es spricht aber vieles für diesen Fisch, der sich bestens für die Teichwirtschaft eignet. Erschwinglich werden diese Fische, wenn sie im Ganzen verarbeitet werden. Und eben das haben viele Verbraucher verlernt. So sind beste, knackfrische „Fischabfälle" bei jedem Fischhändler für gewöhnlich umsonst zu haben, weil viele Endkunden nur Filets kaufen – und Fischfond im Glas. Dann wird's allerdings wirklich teuer. Es lohnt sich also, dem ganzen Fisch zu Leibe zu rücken.

■ Huhn ist der Knüller der guten Alltagsküche. Klar ist es tiefgefroren aus dem Ausland unfassbar billig. Aber mit einem glücklichen Suppenhuhn lässt sich Köstliches ebenfalls preiswert auf den Tisch bringen. Weil das Aroma sehr ausgeprägt ist, kommt man mit weniger Gramm pro Person aus. Und mit den Innereien lässt sich eine zweite Mahlzeit bestreiten. Eine Wiederentdeckung, die sich in jeder Hinsicht lohnt. Überlassen Sie das Zerlegen also nicht nur der Lebensmittelindustrie: Legen Sie selbst Hand an.

■ Schwein ist immer noch der Deutschen liebstes Tier auf dem Teller. Allerdings sind glückliche Schweine – oder sogar Exemplare regionaler Landrassen wie das Schwäbisch-Hällesche oder das Bunte Bentheimer – fast doppelt so teuer wie ein armes Durchschnittsschwein. Was tun? Sich einmal mehr auf preiswertere Teilstücke besinnen! Ansonsten droht sich unser Schweinefleischhorizont auf Filet, Schnitzel, Kassler und Wurst einzuengen. Lieber selbst einmal eine Terrine zaubern (Seite 164) das ist einfacher als gemeinhin angenommen – und günstig. Und das Fett der glücklichen Schweine? Es ist gesundheitlich mittlerweile unbedenklich und wird buchstäblich verbraten.

■ Rind wird's geben, solange wir Milch, Joghurt und Käse lieben. Das wissen auch Vegetarier. Hier ist der preisliche Unterschied zwischen Billigqualität und glücklichen Rindern ebenfalls erheblich. Aber wenn man umdenkt, zahlt man am Ende nicht mehr. Schließlich kann es doch nicht sein, dass alles, was sich nicht fürs Kurzbraten eignet, in den Fleischwolf kommt, als Burger oder Wurst endet. Deshalb liegt das Augenmerk dieses Buchs beim Fleisch auf Schmorgerichten und Suppen. Denn diese alten Garmethoden werden den Teilen gerecht, die mehr Sehnen, also Bindegewebe, enthalten und entsprechend länger brauchen, um zart zu werden. Dazu zählen der Ochsenschwanz, das Bäckchen, Rippchen, die Schulter und Brust. Dann allerdings bieten sie großes Genuss-Theater! Auch Zunge und Leber sind Delikatessen, die absolut einfach zuzubereiten sind. Und nachdem BSE keine akute Gefahr mehr darstellt, dürfen es auch mal Markklößchen wie bei Großmutter sein.

EINFACH KOCHEN – ÜBERFLÜSSIGES ENTRÜMPELN

Ganze Regale voll Gewürzmixturen, Marinaden, immer mehr Brotbackmischungen, Joghurtspezialitäten und Fertigdressings und -dips machen das Einkaufen und letztlich auch das Kochen immer komplizierter. Am Ende weiß niemand mehr, was da alles im eigenen Topf und auf dem Teller landet. Dabei sind ellenlange Zutatenlisten für Rezepte vollkommen überflüssig. Über gute Grundzutaten zu verfügen und diese geschmacklich einordnen zu können ist viel wichtiger. Bevor man Gewürzmischungen verwendet, sollte man wissen, wie jedes einzelne Gewürz schmeckt. Der Rest ergibt sich dann beim Kochen. Aus diesem Grunde sind die hier angegebenen Rezepte einfach gehalten – mit Grundzutaten statt Halbfertigprodukten, um wieder auf den guten Geschmack zu kommen. Wir verwenden beinahe schon reflexartig Instantbrühen, wenn Flüssigkeit angegossen wird. Die aber enthalten meist Geschmacksverstärker in Form von Glutamat oder Hefeextrakt. Aromatische, einfache Zutaten machen solche Helfer hinfällig. So haben wir in diesem Buch grundsätzlich auf Instantbrühe verzichtet und Wasser genommen. Und siehe da: Es klappt vorzüglich!

Während das Angebot an Halbfertigprodukten und Spezialitäten explodiert, wird die Auswahl bei Obst und Gemüse, bei Fisch, Geflügel und Fleisch monotoner und spitzt sich auf wenige, gängige und für den Handel praktische Sorten zu. Erweitert wird die Fleischtheke allenfalls mit marinierten Steaks, panierten Schnitzeln, gefüllten Rouladen. Dem folgen wir so lange, bis irgendwann keiner mehr weiß, wie sie selbst gemacht werden und schmecken. Abhängigkeit von Fertigprodukten kann richtig teuer werden – und beeinflusst den Geschmack. Deshalb ist es sinnvoll, auch einfachste Dinge selbst zu kochen.

RESTEVERWERTUNG

Klingt mühsam, ist auf Dauer aber lohnenswert. Vor allem inspiriert die Resteverwertung die tägliche Kocherei. Am deutlichsten erkennbar wird das beim Brot. Unsere Großmütter warfen keine einzige Krume weg! Stattdessen wurden Frikadellen mit eingeweichtem Brot aufgelockert und verlängert, als Suppe wurde es süß mit Backobst und etwas Milch oder salzig mit Brühe verzehrt. Armer Ritter, Croûtons, Bruschetta, Toast – sie alle stellen Arten dar, Brot auf köstliche Weise zu verwerten. Und was dann noch bleibt, wird getrocknet und zu Semmelbrösel gemahlen.

Nicht ganz so vielseitig zu verwenden sind Reste von Gekochtem. Die wichtigste Grundregel: Reste möglichst schnell herunterkühlen und dann im Kühlschrank aufbewahren. Bei der Weiterverarbeitung zügig vorgehen und kurz, aber gründlich auf 100 Grad Celsius Kerntemperatur erhitzen. Denn bei Temperaturen von über 20 Grad Celsius vermehren sich Keime besonders schnell.

DARF MAN DAS AUFWÄRMEN?

Vor dem Aufbewahren und Wiedererhitzen bestimmter Lebensmittel wird oft gewarnt. Doch wenn man's richtig macht, entstehen keine Probleme.
Fisch hat viel Eiweiß und wenig Bindegewebe – aus diesem Grunde ist es leicht verdaulich und zersetzt sich schnell. Doch an Räucherfisch und Matjes sehen wir: entsprechend behandelt, wird Fisch länger haltbar. Ähnlich verhält es sich mit Resten: Sofort in den Kühlschrank und durchgängig kühl gelagert, lässt sich Fisch am nächsten Tag entweder kalt in Salaten verwerten – oder tatsächlich wieder aufgewärmt, in Topf oder Auflauf.
Spinat enthält eine Menge Nitrat. Erhitzt man ihn längere Zeit auf hohe Temperaturen, kann sich dieses Nitrat zu Nitrit umwandeln. Gefährlich ist Nitrit vor allem für Säuglinge unter einem Jahr: Ihr Körper kann es noch nicht abbauen, was zu Sauerstoffmangel bis zur Erstickung führt. Im ersten Lebensjahr sollte also nie aufgewärmter Spinat gefüttert werden! Doch auch danach ist Nitrit nicht unbedenklich: Es kann sich in Reaktion mit anderen Zutaten oder in unserem Körper zu Nitrosaminen umwandeln, die krebserregend sind. Aber wenn der Spinat zügig zubereitet wird, sofort kalt steht und am nächsten Tag nur kurz erhitzt wird, dann gibt's keine Bedenken.
Pilze sind eiweißreich und deshalb können auch sie

schnell verderben. Doch zeigen Pilze in Dosen, getrocknete und marinierte Pilze für italienische Antipasti, dass sie bei richtiger Verarbeitung – nämlich kurzer Kochzeit und kühler Lagerung – kein Risiko darstellen.

MINDESTHALTBARKEIT

400 Euro pro Jahr wirft jeder deutsche Haushalt statistisch gesehen laut Stiftung Warentest weg – in Form von Lebensmitteln. Das liegt nicht nur an fehlender Kreativität bei der Resteverwertung, oft ist schlichte Unkenntnis die Ursache. Das Mindesthaltbarkeitsdatum (MHD) wird häufig als Verfallsdatum missverstanden. Dabei ist es, dem englischen „best before" ähnlich, nur eine Garantie für Geschmack und Qualität bis zu einem bestimmten Datum. Viele Lebensmittel sind weit länger haltbar – wenn auch nicht immer in der gewünschten Qualität. Und natürlich nur, solange die Verpackung noch verschlossen ist. Die Stiftung Warentest hat im April 2009 dazu eine Untersuchung veröffentlicht.

- **Milchprodukte** sind – vor allem, wenn sie gesäuert sind – oft Tage und Wochen länger haltbar als angegeben. Hier lässt sich durch Riechen und Schmecken einfach feststellen, was nicht mehr gut ist.

- **Fisch und Aufschnitt** aus dem Kühlregal dagegen sollten möglichst vor Erreichen des MHD verzehrt werden – hier entwickeln sich Keime rasant. Und das merkt man nicht so schnell, wenn die Würze kräftig ist.

- **Konserven** sind eigentlich „ewig" haltbar – solange ihr Deckel sich nicht wölbt. Selbst zehn Jahre nach dem MHD waren sie genießbar – allerdings leiden Geschmack, Konsistenz und Farbe.

- **Trockene Produkte** wie Mehl, Zucker, Nudeln, Reis oder Tee sind schier unbegrenzt haltbar. Ausnahme sind Vollkornprodukte: Hier kann der fette Keim ranzig werden und den Geschmack verderben. Meist allerdings fallen zuvor jedoch die Lebensmittelmotten ein – unschädlich, aber eklig.

Letzten Endes heißt die Binsenweisheit: nur so viel kaufen, wie man wirklich braucht. Und nicht auf Sonderangebote für XXL-Packungen hereinfallen. Aber vor allem: Nie hungrig einkaufen gehen!

EINFACH UND NÄHRSTOFFSCHONEND KOCHEN

Wer gut und günstig essen will, der sollte kochen. Denn natürlich muss sich die Arbeit der Lebensmittelindustrie durch alle Ketten der Produktion lohnen. Da zählt selbst der Bruchteil eines Cent – und so wird an den Zutaten gespart, weil viele Veredelungsschritte finanziert werden müssen, ganz zu schweigen von Werbung und Marketing. Wer dagegen auf dem Wochenmarkt, beim Metzger und Fischzüchter kauft, der zahlt zwar oft mehr fürs Pfund als beim Discounter – aber das lässt sich durch Eigeninitiative wieder einsparen. Außerdem ist Saisonware tatsächlich durchaus preiswerter als im Handel, weil die Salatköpfe größer, die Kräuterbündel dicker und der Abfall geringer ist als im Supermarkt. Außerdem ist die Gefahr zu viel zu kaufen nicht so groß: Es gibt keine bequemen Einkaufswagen, mit denen man bis zum Auto schieben kann …

MENGENLEHRE

Nicht nur beim eigenen Gewicht und am Hosenbund, auch in der Haushaltskasse macht es sich bemerkbar, wenn man Portionen nicht korrekt einschätzen kann und vor lauter Panik, dass Familie und Freunde nicht satt werden, zu viel kauft. Deshalb: Immer einen kühlen Kopf bewahren, streng durchrechnen und bei der Frage: „Darf es etwas mehr sein?" beim Nein bleiben. Alle Portionsangaben im vorliegenden Buch enthalten einen Sicherheitszuschlag – je größer die Menge, desto reichlicher fällt der aus. Unsere Tabelle (siehe rechts) kann Ihnen dabei helfen, sich nicht zu übernehmen und auch bei ungewohnten Gästescharen den Überblick zu behalten.

SELBST KOCHEN ODER FERTIG KAUFEN?

Wir leben in einer arbeitsteiligen Gesellschaft und sind rundum abhängig von Zulieferern und Spezialisten. Das gilt zunehmend auch für den Bereich Essen und Trinken. Kein Mensch muss heute mehr selbst kochen, wenn er satt werden will. Aber jeder kann kochen, wenn er bereit ist, sich dafür etwas Zeit zu nehmen und sich darauf einzulassen. Das wird am Anfang etwas länger dauern, schließlich braucht der Ungeübte fürs Schälen, Hacken oder Kneten einfach etwas länger. Natürlich spielen auch die Mengen eine Rolle. Ein Essen für zwei ist schnell vorbereitet. Sind es sechs oder mehr, dann hält das schon auf.

MENGENTABELLE

Gericht	g/ml pro Kleinkind (2–5 Jahre)	g/ml pro Kind (6–11 Jahre)	g/ml pro Erwachsener
Suppe als Vorspeise	150 ml	200 ml	250 ml
Suppe als Hauptgericht	250 ml	300 ml	400 ml
Blattsalat	30 g	50 g	80 g
Salatdressing	1/2 EL	1 EL	2 EL
Salat zum Sattessen	150 g	200 g	300 g
Fleisch/Fisch als Stück (ohne Knochen)	80 g	100 g	200 g
Fleisch/Fisch/Krabben in Ragout o.ä.	30 g	50 g	80 g
Gemüse, roh (für Dips etc.)	50 g	80 g	120 g
Gemüse als Beilage	100 g	150 g	200 g
Gemüse als Hauptgericht	200 g	250 g	350 g
Kartoffeln als Beilage	100 g	150 g	200 g
Kartoffeln als Hauptgericht	200 g	250 g	350 g
Reis & Nudeln (roh gewogen) als Beilage	40 g	60 g	80 g
Reis & Nudeln (roh gewogen) als Hauptgericht	60 g	80 g	100 g
Brot & Brötchen als Beilage	50 g	75 g	90 g
Käse & Aufschnitt	40 g	60 g	80 g
Süßes als Hauptgericht	180 g	250 g	300 g
Dessert	80 g	120 g	150 g

Es gibt aber viele Gründe, selbst zu kochen:

- Sie bestimmen selbst, was auf Ihrem Teller und in Ihrem Magen landet.

- Kochen regt die Sinne an: Riechen, berühren und schmecken – das alles kommt in einer technisierten Umwelt zu kurz. Rudyard Kipling schrieb: „Gerüche gehen tiefer ins Herz als Töne oder Bilder …"

- Wer kocht, schult seine Feinmotorik, muss doch das Messer geschickt geführt, Zwiebeln oder Kräuter sehr fein gehackt oder in feine Streifen geschnitten werden. Egal, ob Sie Sehnen aus einem Fleischstück entfernen oder einen Fisch schuppen: Kraft und Geschicklichkeit wachsen mit der Übung.

- Kochen erfordert Konzentration – erlaubt aber gleichzeitig Kommunikation, also Gespräche, aber auch eigenes Nachdenken. In diesem Sinne kann es sehr anregend sein.

- Kochen spart Geld – bei besseren Zutaten. Denn natürlich müssen Fertigprodukte teurer bezahlt werden – schließlich erledigt jemand anderes die Vorarbeit. Wir haben das an einigen Beispielen ausgerechnet (siehe Seite 232 f.).

Es ist letzten Endes eine persönliche Frage, was jeder Einzelne an Arbeit delegieren will – und was er selbst tun möchte. Aber es wäre schade, wenn am Ende nur passiver Konsum übrig bleibt.

DIE IDEALE KOCHTECHNIK

Sie ahnen es schon: Die gibt es nicht. Bei allen Vergleichen zwischen Dämpfer, Schnellkochtopf, Pfanne oder Mikrowelle zeigt sich: Es kommt in erster Linie darauf an, ob die Garzeit eingehalten wird. Denn jede überflüssige Minute zerstört wertvolle Inhaltsstoffe. Zu viele Röststoffe führen zu krebserregenden Substanzen. Zu viel Flüssigkeit schwemmt die Nährstoffe aus. Jede Garmethode hat Pluspunkte für bestimmte Lebensmittelgruppen:

- Der **Schnellkochtopf** ist toll für lang garende Hülsenfrüchte, die man vergessen hat am Vortag einzuweichen. Er eignet sich auch für Fonds.

- Der **Dampfgarer** ist ideal für zartes Gemüse und für Fisch: Das Eigenaroma bleibt erhalten, es wird nichts ausgelaugt, die Struktur bleibt fest. Sie brauchen eigentlich nur einen flexiblen Dämpfeinsatz aus Edelstahl. Der passt in jeden Topf! Sie können sich auch einen Elektrodämpfer anschaffen – den gibt's schon für unter 100 Euro, oder Sie investieren bei Ihrem nächsten Backofen in eine Dampfgarfunktion oder sogar in ein separates Einbaugerät.

- Die **Mikrowelle** gart ebenfalls zartes Gemüse, Fisch und Getreide, das nur quellen muss, besonders schonend. Aber Vorsicht: Eine Minute mehr kann schon zu viel sein! Die Angst vor der Mikrowelle ist unbegründet. Ob man sie braucht, ist eine andere Frage.

- Die **Pfanne** sollte beschichtet sein und einen Deckel haben. Dann erfüllt sie ihren Zweck, Lebensmittel zu braten, so dass sich Krusten bilden.

- Ein **Wok** ist toll für überschaubare Mengen von kleingeschnittenem Gemüse. Er sollte aus einfachem Blech oder beschichtet, auf keinen Fall aber aus Gusseisen sein. Gusseisen verteilt die Wärme zu gut und der Sinn des Pfannenrührens im Wok ist, dass es heiße und kalte Zonen gibt, zwischen denen das Gargut hin- und hergeschaufelt wird.

- Für Schmorgerichte ist eine **Kasserolle** empfehlenswert. Vielleicht finden Sie eine in der Küche Ihrer Großmutter – oder auf dem Flohmarkt. Sie sollte schwer und innen emailliert sein, denn sie muss Hitze gut leiten und halten – und sich ebenso für den Backofen eignen. Deshalb sollte sie auch einen passenden Deckel haben. Natürlich gibt es diese Schmortöpfe auch neu zu kaufen.

- Der ganz normale **Topf** ist ideal fürs Dünsten – also garen bei kleiner Hitze im eigenen Saft – oder fürs Kochen. Da hängt es vom Herd ab, was Sie benötigen. Auf Gas geht alles – auf einem Induktionsherd eben nur entsprechend taugliche Töpfe.

Widerstehen Sie dem Ausstattungswahn! Sie kochen ja doch immer mit denselben Geräten – die Ihnen gut in der Hand liegen, sich bewährt haben und die Mengen fassen, die Sie normalerweise brauchen. Wenn Sie Inspiration und Beratung möchten, hilft Ihnen das Test-Buch „Kochwerkstatt" von Martina Meuth und Bernd Neuner-Duttenhofer, in dem alle wichtigen Küchengeräte vorgestellt werden und rund 200 repräsentative Rezepte zeigen, was man mit dem jeweiligen Gerät alles machen kann.

GESUND ESSEN

Warum nur wird in Deutschland ein Widerspruch zwischen gutem und gesundem Essen konstruiert? Liegt es an der Reformküche der 1920er-Jahre? Ziemlich schade, denn ich meine: Gesundheit und Genuss sollten Hand in Hand gehen – ein Entweder-oder gibt es nicht.

WAS BRAUCHT DER MENSCH?

Eigentlich ganz wenig. Unser Problem ist ja eher das Zuviel – und die unterschiedlichsten Essstörungen, die aus dem Überfluss entstehen. In der Tabelle (siehe rechts) können Sie nachlesen, wie viel wovon täglich auf den Teller kommen sollte.

STREITPUNKT FLEISCH UND FETT

Rotes Fleisch – dazu zählen neben Rind, Wild und Lamm auch Schwein – scheint nach aktuellen Erkenntnissen bei der Entstehung mehrerer Krebserkrankungen ein Faktor zu sein. Weißes Fleisch – damit sind Pute, Hähnchen und Fisch gemeint – scheinen dagegen unverdächtig. Ebenfalls in der Kritik stehen gesättigte Fette, die in Milchfett ein starkes Vorkommen haben, aber auch bei Rind und Lamm und in geringerem Maße auch bei Schweineschmalz. Wie verträgt sich das mit den Rezepten in diesem Buch? Wir meinen, jede Art von Einseitigkeit

PORTIONSGRÖSSEN

Portionen pro Tag		(Lebensmittel pro Tag in g oder ml)					
REICHLICH		4–6 Jahre	7–9 Jahre	10–14 Jahre	15–18 Jahre ♀/♂	Erwachsene ♀/♂	Handmaß für 1 Portion
Getränke	6	135	150	200	235/230	280	1 Glas
Brot, Getreide (-flocken)	3	60	70	90	95/120	70–100	1 Scheibe Brot bzw. 1 Handvoll Getreide, gegart
Kartoffeln, Nudeln, Reis etc. (gegart)	1	180	220	300	300/350	200/250	1 Handvoll
Gemüse, Salat	3	70	75	90	100/120	135	1–2 Hände voll
Obst	2	100	110	135	150/175	125	1–2 Hände voll
MÄSSIG							
Milch und/oder	} 3	150	200	225	250	250	1 Glas
Joghurt und/oder		150	150	150	150	150	1 Becher
Käse		25	30	30	30	30	1 Scheibe
Fleisch und/oder	} 1	120	130	185	210	200	1 Handteller
Wurst und/oder		30	30	30	40/50	30	1–3 Scheiben
Eier und/oder		2	2	2–3	2–3	2–3	Stück
Fisch		50	75	95	100	150–200	1 Handteller
SPARSAM							
Öl und/oder	} 2	12	15	18	20/22	18/20	1,5–2 EL
Magarine, Butter		12	15	18	20/22	18/20	1,5–2 EL
GEDULDET							
zuckerreich und/oder	} 1	40	40	50	60	75	1 Stück/1/2 Handvoll
fettreich		10	10	10	15	20	daumengroß

Quelle: aid-Heft „Die aid-Ernährungspyramide – Richtig essen lehren und lernen", Seite 18–19, Nr. 3899/2009

ist zu vermeiden. Keiner wird täglich Rouladen oder Krustenbraten fabrizieren. Aber zu unserer ganz normalen mitteleuropäischen Esskultur und Ernährung gehören nun einmal wunderbare Käsesorten – und entsprechend köstliche Gerichte mit Rindfleisch. Und das besteht eben nicht nur aus Filet. Wenn nicht alles in Frikadellen oder Wurst landen soll, ist es lohnenswert, auch die nicht so butterzarten Stücke zuzubereiten. Die entfalten dabei einen ganz eigenen Geschmacksreiz, ergeben die köstlichsten Saucen und im Verbund mit Gemüse ein starkes Aroma. Kompliziert oder aufwendig sind diese

Gerichte nicht, sie kosten nur ein wenig Zeit. Und so werden Sie diese Rezepte gern am Wochenende zubereiten wollen. Für die Gesundheit entscheidend ist aber der Alltag. Und da fallen süße Teilchen, Croissants und Schokoriegel mit ihren ungesunden Fetten viel stärker ins Gewicht als der Sonntagsbraten. Auch die Bratwurst am Kiosk, die Salami-Pizza oder Bacon zum Frühstück oder die tägliche Streichwurst sind fataler, als ab und zu gefüllte Schweinebrust oder Spareribs zu genießen.

DIE IDEALE MISCHUNG

Seit im Rahmen der Nationalen Verzehrstudie in den Jahren 2004 und 2005 etwa 20 000 Deutsche zu ihrem Lebensmittelverzehr befragt wurden, wissen wir schon eher, woran es fehlt. Und das ist ausgesprochen wenig: Ballaststoffe, Folsäure und Vitamin D kommen in unserer Ernährung zu kurz. Vom Übrigen essen wir in der Regel eher zu viel. Es ist also vollkommen überflüssig, Präparate einzunehmen. Vor allem ergab die Studie, dass ausgerechnet die Mineralstoffe und Vitamine geschluckt werden, von denen wir ohnehin mehr als genug bekommen: Magnesium und Vitamin C! Außerdem ergaben Studien, dass hoch dosierte Monopräparate, die aus nur einem Nährstoff bestehen, teilweise ungünstige Wirkungen haben. Und außerdem sind es eben doch die Snacks und Knabbereien, die einem die Essbilanz verhageln. Das alles passiert nicht, wenn Sie sich am Ernährungskreis orientieren – und tatsächlich dreimal am Tag in aller Ruhe das Essen genießen.

■ Die wunderbare Welt der Knollen und Schoten, der Blätter und Früchte, der Trauben und Kerne ist so bunt wie noch nie. Und sie entfaltet sich vor allem auf dem Wochenmarkt, der eine Vielfalt an verschiedenen Sorten erlaubt. Schließlich werden im „normalen" Lebensmittelhandel große Mengen vermarktet – und die gibt es in der Regel nur von den gängigsten Gemüse- und Obstarten. Gleichzeitig bietet dieses Segment den größten gesundheitlichen Nutzen: Auf die Kalorien umgerechnet, ist der Gehalt an wertvollen Nährstoffen am höchsten. Auch die knappen Ballaststoffe und das lebensnotwendige Vitamin Folsäure wird gerade von Obst und Gemüse geliefert. Wer auf drei Portionen Gemüse und zwei Portionen Obst am Tag kommt, hat gewonnen. Dabei ist es ideal, einen Teil als Rohkost und einen Teil gegart zu genießen – vor allem bei Gemüse.

■ Im nächstwichtigsten Part geht es um die kohlenhydratreichen Sattmacher von Kartoffeln über Brot bis zu Getreidebeilagen wie Nudeln, Reis oder Couscous. Durch die aktuelle Diätmode sind sie als Dickmacher in Verruf gekommen. Das ist aber bei vier Portionen am Tag völlig unbegründet. Vor allem, wenn sie als Vollkorn gegessen werden. Dann sättigen sie nachhaltig, liefern jede Menge Ballaststoffe und wichtige B-Vitamine.

■ Milchprodukte stehen mengenmäßig an dritter Stelle. Von Milch und Joghurt über Quark bis zur schier unüberschaubaren Welt der Käsesorten reicht die Palette. Ohne sie bliebe uns zu wenig Kalzium für unsere Knochen. Und auch das knappe Vitamin D ist in Milch und Milchprodukten enthalten.

■ Nun wird's eng: Fisch, Fleisch und Ei teilen sich den vierten Platz und können sich gegenseitig ersetzen. Das bedeutet auch: nicht jeden Tag einen dicken Braten. Aber das versteht sich eigentlich von selbst. Doch wenn es Fleisch gibt, dann bitte richtig – und nicht nur als Wurst!

■ Der kleine, feine Rest ist fürs gesunde Fett reserviert. Deshalb verwenden wir in der Regel Rapsöl, dessen Zusammensetzung für unsere Gesundheit ideal ist – und das einen neutralen Geschmack hat. Doch auch Schweineschmalz wird nicht verworfen: Es ist besser als sein Ruf. Fettsparen um jeden Preis ist nicht das Ziel, doch wo das Fleisch schon Fett enthält, da braucht es keine Zugabe mehr.

■ Im Zentrum von allem steht das gesunde Trinken. Wer seinen Durst mit Wasser löscht, der macht alles richtig. Und für den Genuss darf es da auch schon mal ein Gläschen Wein oder ein Bier sein. Dass ein „Kurzer", also hochprozentiger Schnaps, dagegen einen gehaltvollen Braten leichter verdaulich macht, gehört ins Reich der Mythen und Sagen. Da sind eher die richtigen verdauungsstärkenden Gewürze angesagt – und die werden Sie in diesem Buch reichlich finden.

GEMÜSE UND OBST

Nicht nur auf dem Wochenmarkt – auch im Supermarkt nimmt das Angebot an frischem Obst und Gemüse stets zu: Alte Gemüsesorten werden wiederentdeckt, neue kommen hinzu, die Saison dehnt sich aus. Und zwar nicht allein durch Importe oder wärmere und kürzere Winter, auch neue Anbaumethoden, bei denen das Gemüse und Obst beispielsweise im Folienschlauch heranreifen, sorgen für ein insgesamt breiteres Spektrum. Noch im September sind auf dem Freiburger Markt heimische Erdbeeren zu erstehen: Hierzu pflückt der Gärtner einer späten Sorte die Blüten – bis in den Herbst hinein. Dann lässt er sie endlich Früchte ansetzen, die fabelhaft schmecken. Klammern wir uns also nicht an Klischees, bleiben wir offen für Entwicklungen und fragen nach: Nicht alles, was neu ist, ist automatisch schlecht. Obwohl es im Herbst an anderen spannenden Obstsorten nicht mangelt Jede Gemüse- und Obstsorte hat ihre Licht- und Schattenseiten und unterschiedliche Nährstoffgehalte. So ist es wichtig, zu mischen und abwechslungsreich zu essen.

SAISONAL KAUFEN

Zur Saisonzeit haben Obst und Gemüse ihren idealen Reifezustand erreicht. Sie besitzen das richtige Aroma und auch den optimalen Gehalt an wertvollen Inhaltsstoffen. Außerdem sind die saisonalen Sorten sehr preiswert. Kaufen Sie Obst und Gemüse am besten auf dem Markt vom Erzeuger. Dort ist es erntefrisch, und oft finden sich regionale Sorten. Diese werden von Allergikern übrigens häufig besser vertragen.

WAR GEMÜSE FRÜHER NÄHRSTOFFREICHER?

In alten Zeiten seien der Boden und damit seine Früchte nährstoffreicher gewesen als heute. Das ist eine beliebte These, die wahrscheinlich klingt, im Grunde aber unlogisch ist. Schon die Vierfelderwirtschaft war eine der ersten Methoden, Nährstoffverarmung im Ackerboden zu begrenzen. Dafür baute man in Dreijahresintervallen jedes Jahr unterschiedliche Ackerfrüchte auf einem Feld an, im vierten ließ man das Feld brachliegen. Dieser Wechsel in der Bewirtschaftung sorgte dafür, dass die oft speziellen Nährstoffvorlieben einer Pflanze den Boden nicht einseitig auslaugten. Die industrielle Landwirtschaft bedient sich inzwischen der computergesteuerten und satellitengestützten Ausbringung von Mineraldünger. Da ist eine Verarmung an Mineralstoffen – und darum geht es in erster Linie – sehr unwahrscheinlich. Außerdem reagiert die Pflanze auf Mangel: Früchte und Gemüse werden wässrig, bekommen Stippen oder andere Fehler – und das will der Bauer natürlich selbst am wenigsten.

Bei der Gegenüberstellung von Nährwerttabellen der Jahre 1954 und 2000 stellte man fest, dass der Nährstoffgehalt mancher Sorten gestiegen ist. Im Großen und Ganzen hat sich mit dem Wechsel zur industriellen Lebensmittelproduktion am Nährstoffgehalt aber offenbar wenig geändert. Die einzelnen Sorten unterscheiden sich jedoch erheblich. Ein Apfel der Sorte Berlepsch hat im Durchschnitt viermal soviel Vitamin C wie ein Gloster-Apfel. Aber selbst innerhalb einer Sorte kann der Nährstoffgehalt stark variieren, was vom Erntezeitpunkt, der Sonnenexposition und anderen Standortfaktoren abhängt. Insgesamt sind Obst und Gemüse heute nährstoffreicher als früher.

UND OMAS GEMÜSEKÜCHE?

„... wofür sie besonders schwärmt, wenn er wieder aufgewärmt." Die Rede ist von Witwe Boltes „Sauerkohle". Heute wissen wir: Aufwärmen ist keine gute Lösung. Nach Warmhalten ist das Aufwärmen der größte Nährstoffkiller: Wärme, Licht und Luft setzen Vitaminen zu, während Mineralstoffe vor allem durch Ausschwämmen in die Garflüssigkeit verloren gehen. Da wurde früher heftig gesündigt: Gemüse wurde Stunden gewässert, aufgekocht und abgegossen, „gestovt", also lange gedünstet, dann noch mit Butter und Sahne oder Mehlschwitze angereichert und durchpassiert – bis zur Geschmackslosigkeit bearbeitet. Zu Omas Zeiten enthielten Gemüsesorten hingegen wahrscheinlich mehr Bitterstoffe. Zudem wurde in den harten Tagen von damals vor allem geschätzt, was viel Kalorien lieferte. Gemüse oder Obst gehörten nun mal nicht dazu. Hier hat sich die Küche eindeutig verbessert!

MUSS ES IMMER BIO SEIN?

In den regelmäßigen Tests der Stiftung Warentest erweisen sich Bio-Obst und -Gemüse im Durchschnitt als weniger mit Pestiziden belastet als konventionell erzeugte Produkte. Doch selbst die überschreiten die gesetzlich festgelegten Rückstandsgrenzen in der Regel nicht und sind nach gegenwärtigem Stand der Wissenschaft nicht gesundheitsschädlich. Viele konventionelle Produkte müssen sich auch geschmacklich nicht verstecken, aber bei den Bio-Produzenten, die direkt auf Wochenmärkten verkaufen, können Sie sicher sein, nachhaltige Landwirtschaft in Ihrer Region zu unterstützen. Außerdem werden in Bio-Betrieben häufig ganz besondere Gemüsesorten angebaut, die vielleicht nicht so ertragreich, dafür aber aromatischer sind. Probieren Sie es einfach aus.

ABER BITTE MIT SCHALE

Die Schale von Obst und Gemüse enthält einen hohen Gehalt an Vitaminen sowie Mineral- und Bioaktivstoffen. Deshalb empfiehlt die Deutsche Gesellschaft für Ernährung, Obst und Gemüse so selten wie möglich zu schälen. Gerade die Bioaktivstoffe sind es nämlich, die helfen, den Cholesterinspiegel und das Arteriosklerose-Risiko zu senken. Andererseits sind in der Schale am ehesten besagte Rückstände von Pestiziden und Insektiziden zu finden. Machen Sie das Schälen vom Geschmack abhängig: Derbe Winterschalen sind nicht gerade köstlich, während zarte Frühlingshaut das Essvergnügen häufig steigert.

VIEL MEHR ZU BIETEN

In Obst und Gemüse stecken mehr als nur Vitamine und Mineralstoffe. Sie sind Lieferanten sogenannter sekundärer Pflanzenstoffe. Diese werden von der Pflanze gebildet und schützen sie vor UV-Licht, Pilzen, Bakterien und anderen Faktoren. Zu den sekundären Pflanzenstoffen gehören auch Duftstoffe, die Insekten anziehen, oder Aromen, die Tiere zum Fressen animieren – oder gerade davon abhalten, wie das scharfe Capsaicin in Chili. Sekundäre Pflanzenstoffe zählen zu den Bioaktivstoffen. Diese sind wiederum Substanzen, die eine gesundheitserhaltende Wirkung im Körper entfalten. Die Ernährungsforschung entdeckt immer zahlreichere positive Wirkungen dieser Stoffe. Sie scheinen vor vielen unserer Zivilisationskrankheiten zu schützen: Krebs, Herz-Kreislauf-Erkrankungen, Entzündungen, Arteriosklerose – das allmähliche Verstopfen der Adern, Infektionskrankheiten und Zellalterung.

GEMÜSE WASCHEN

Nicht umsonst steht bei jedem Gemüserezept das Waschen an erster Stelle: Oft sind Erdreste zu beseitigen oder Sand, der den Genuss verderben kann, wenn er zwischen den Zähnen knirscht – Lauch und Feldsalat sind da besonders kritisch. Bei Wurzeln hilft eine derbe Gemüsebürste, die anhaftende Verschmutzungen entfernt. Auch Keime können sich auf der Oberfläche befinden – deshalb ist gerade bei Rohkost gründliches Waschen wichtig. Vor allem: Vorm Schälen und Schneiden sollte gewaschen werden, da ansonsten Mineralstoffe und Vitamine ausschwemmen. Am besten geschieht das gleich mehrmals in stehendem Wasser. Das ist sparsamer, als unter fließendem Wasser zu schrubben.

SCHONEND SCHÄLEN

Wenn möglich, sollte die Schale mit verwendet werden. Das gilt vor allem für zartes, junges Gemüse. Ein Kompromiss ist das Abrubbeln mit einem unbehandelten Stahlschwamm, was dem Schaben mit einer Messerklinge gleichkommt – dabei gehen harte Teile

mit. Wenn wirklich geschält werden muss, greifen Sie zum Kippschäler, schält der doch besonders dünn und schonend.

GEMÜSE KLEINKRIEGEN

Man kann oft schon an den Messern sehen, ob in einem Haushalt Gemüse gegessen wird. Dieses ohne gute, scharfe Messer zu zerkleinern ist eine Sisyphusarbeit. Wichtig ist ein großes breites Messer, mit dem man Kürbis, Kohl, Rüben und Co. zu Leibe rückt. Zusätzlich sollte ein langes Küchenmesser vorhanden sein, das auch Riesen-Endivien voll erfasst. Dann ein zierliches Allroundmesser mit dünner Klinge, das auch feine, schmale Scheiben schneiden kann. Schließlich ein kurzes, festes, scharfes Küchenmesser zum Schnitzen und Bearbeiten. Und für dünnschalige Gemüsesorten wie Tomaten ein Messer mit geriffelter Schneide. Keine Sorge: Sie müssen sich finanziell nicht verausgaben. Selbst günstige Messer oder Aktionsware von Discountern können mitunter von guter Qualität sein, wie ein Test von Kochmessern ergeben hat. Ohne gute Messer jedenfalls macht Gemüseküche keinen Spaß. Am wichtigsten ist das regelmäßige Schleifen – sonst hilft Ihnen auf Dauer auch das teuerste Messer nichts. Unmittelbar nach jedem Gebrauch sollte es kurz geschliffen werden – ganz automatisch. Die Stiftung Warentest hat auch Messerschärfer und Schleifsteine getestet.

RASPELN, REIBEN, HACKEN

Wie Gemüse zerkleinert wird, das beeinflusst maßgeblich den Geschmack. Auch hier sollten Sie es sich einfach machen. Wer häufig für viele Personen kocht, für den lohnt sich eine große Küchenmaschine mit Raspelfunktion. In der Regel sind für diese feine und grobe Raspeln erhältlich – und Kronenreiben, die das Gemüse ganz zermahlen. Der Blitzhacker ist für den kleinen Haushalt gut geeignet, hier kann man den Zerkleinerungsgrad durch die Betriebsdauer bestimmen, allerdings nicht ganz so genau, das Resultat liefert eher grobe Stücke. Wer feine, gerade Julienne-Streifen mag, sollte eine Handreibe mit austauschbaren Einsätzen für dünne bzw. dicke Scheiben und dünne bzw. dicke Streifen wählen. Kleine Mengen grober oder feiner Raspeln gelingen am leichtesten mit der neuen Generation von Reiben.

GEMÜSE DÄMPFEN

Gebraten wird in der Pfanne, gedünstet und gekocht im Topf, geschmort in der Kasserolle. Aber gedämpft? Hier können Sie wählen: Entweder Sie erstehen einen flexiblen Dämpfeinsatz aus Edelstahl, den Sie in den Topf stellen können, oder Sie schaffen sich einen elektrischen Dampfgarer an. Gute Geräte gab es beim letzten Test bereits für unter 50 Euro. So ein Dampfgarer hat mehrere Vorteile: Durch die Zeitschaltuhr wird das Gemüse garantiert nicht zu weich – und Sie haben eine extra Kochstelle, wenn der Herd belegt ist. Dämpfen ist die schonendste Möglichkeit der Gemüsezubereitung.

AUGEN AUF BEIM KAUF

Frische erkennen Sie auf den ersten Blick. So sollten Schnittstellen von Spargel, Pilzen oder Salat nicht braun und vertrocknet aussehen. Frische Kohlblätter fühlen sich fest an, frische Erdbeeren haben straffe Kelchblätter und Äpfel eine knackige Schale. Sobald Obst oder Gemüse nicht mehr gut riecht und nicht frisch aussieht, lassen Sie es besser liegen. Eine Vielzahl von Obstsorten wird unreif geerntet und kann bei Zimmertemperatur ein paar Tage zum Nachreifen gelagert werden. Allerdings gibt es auch nicht nachreifende Sorten – diese darf man stets nur voll ausgereift kaufen.

Nachreifende Früchte sind Äpfel, Aprikosen, Avocados, Bananen, Birnen, Feigen, Heidelbeeren, Kiwis, Mangos, Nektarinen, Pfirsiche, Pflaumen, Tomaten, Wasser- und Zuckermelonen.

Nicht nachreifende Früchte sind Ananas, Auberginen, Brombeeren, Clementinen, Erdbeeren, Paprika, Granatäpfel, Grapefruit, Gurken, Himbeeren, Kirschen, Limetten, Litchis, Orangen, Trauben und Zitronen.

Gemüse reift in der Regel nicht nach – Blattgemüse wird schnell welk, während Wurzeln und Knollen schrumpeln oder zu keimen beginnen.

RICHTIG LAGERN

In einem luftdurchlässigen oder gelochten Folienbeutel lassen sich fast alle Obst und Gemüsesorten im Obst- und Gemüsefach des Kühlschranks ein paar Tage lagern. Bei Blattgemüse darf die Tüte auch luftdicht sein. Wichtig: bei Radieschen, Möhren und Kohlrabi oder Sellerie das Grün nach dem Kauf entfernen und für die weitere Verwendung extra aufbewahren. Andernfalls zieht das Grün weiter Nährstoffe und Wasser aus Knollen oder Wurzeln.
Kräuter sollten niemals wie Blumen in ein Wasserglas gestellt werden: Dadurch läuft der Stoffwechsel weiter und die Kräuter welken. Vielmehr ist eine Lagerung in einer dicht schließenden Box im Kühlschrank angesagt – so bleiben sie mindestens eine Woche frisch. Probieren Sie es aus und vergleichen Sie!
Kälteempfindliche Obst- und Gemüsesorten gehören jedoch nicht in den Kühlschrank, sondern an einen dunklen kühlen Ort. Dazu gehören Auberginen, Gurken, grüne Bohnen, Kartoffeln, Kürbis, Paprika, Tomaten, Zucchini sowie Ananas, Bananen, Zitrusfrüchte, Avocados und Melonen.

ZÜGIG VERARBEITEN

Auch wenn viel über den Handel geschimpft wird: Im Haushalt verliert Gemüse durch langes Lagern und falsche Behandlung weit mehr Nährstoffe als zuvor. Sie sollten bedenken: Wenn Gemüse oder Früchte von ihrer schützenden Haut befreit sind, dann wirken Wärme, Licht und Sauerstoff ungeschützt auf die Inhaltsstoffe ein: Der Abbauprozess beginnt. Frisches deshalb immer erst kurz vor der Zubereitung oder dem Essen schälen und zerkleinern. Langes Wässern ist tunlichst zu vermeiden – das tat man früher, um Bitterstoffe zu entfernen. Doch die sind mittlerweile so mild gezüchtet, dass das nicht mehr nötig ist.

GARWASSER MIT VERWENDEN!

Nicht nur beim Wässern – auch beim Kochen werden Nährstoffe aus dem Gemüse ins Wasser geschwemmt. Verwenden Sie deshalb immer nur so viel Garflüssigkeit wie unbedingt nötig. Etwas Zitronensaft oder Wein kann weiteren Vitaminabbau verringern. Nichts ist für eine Sauce besser als das Garwasser. Bleibt etwas übrig, friert man den Rest ein und gießt ihn in die nächste Suppe oder Sauce.

ENDIVIEN

Endiviensalat gehört zu den Bittersalaten und hat folglich einen leicht bitteren Geschmack. Verantwortlich dafür sind Bitterstoffe, die verdauungsfördernd wirken und die Gallenfunktion unterstützen. Die glatte Endiviensorte (Winterendivie) hat ungeteilte Blätter. Grüner Endiviensalat hat stark geschlitzte, gezackte Blätter. Dieser Gruppe gehört auch der Frisée (Krause Endivie) an. Endiviensalat ist botanisch gesehen nicht mit den Kopfsalaten, sondern mit Chicorée und der Zichorie verwandt.

Auch als Suppe oder Gemüse geeignet Endiviensalat kennt man oft nur als Salat. Dabei lässt sich auch ganz einfach eine Suppe (Seite 43) oder eine Gemüsebeilage aus ihm zubereiten. Wichtig: Endivie nicht wie einen Kopfsalat zupfen – dazu sind die Blätter zu hart. Man halbiert sie besser, wäscht sie im Ganzen und schneidet sie dann quer zur Wuchsrichtung in feine Streifen.

KOHLRABI

Die zarten grünen oder lila Knollen sind vor allem in Deutschland, Österreich und der Schweiz ein beliebtes Gemüse. Kohlrabi ist der durch Züchtung verdickte Stängel der Kohlpflanze – daher auch seine Neigung zum Verholzen. Mit anderen Worten: Sie können auch die Blätter mitessen, schließlich handelt es sich um Kohlblätter. Sie enthalten mehr Vitamine und Eiweiß als die Knolle selbst. Allerdings, wie sämtliches Blattgemüse, auch etwas Nitrat. Deshalb sollten nur zarte, junge Blätter Verwendung finden, alte, matte weggeworfen werden. Beim Einkauf ist unbedingt auf knackige Blätter zu achten. Auch lila Sorten sind erhältlich, die Farbe beschränkt sich aber auf die Schale. Bei jungen Kohlrabi wird die Schale einfach abgezogen, bei älteren wird großzügig geschält. Kohlrabi lassen sich toll füllen und gardünsten, schmecken aber auch als Rohkost vorzüglich: Bereits 150 Gramm Kohlrabi, eine kleine Knolle, deckt den Tagesbedarf an Vitamin C. Den zarten Kohlrabi also ruhig auch mal roh genießen. Auch sein Mineralstoffgehalt ist nicht zu verachten: reichlich Magnesium für die Muskulatur, Kalzium für die Knochen und Zähne, Zink fürs Immunsystem, Eisen zur Blutbildung.

Auch die Blätter sind essbar! Wie bei Radieschen und übrigens auch bei Möhren können Sie das Grün mitverwenden. Es enthält zwei- bis dreimal so viele Mineralstoffe und Vitamine wie die Knolle! Verwenden Sie zarte, frische Blätter in jedem Fall mit. Rissige Kohlrabiknollen lässt man am besten liegen. Die Knolle sollte nicht zu groß sein (ungefähr acht Zentimeter Durchmesser) – größere sind meist holzig.

KÜRBIS

Der Kürbis ist vor allem ein Herbstklassiker, der auf der ganzen Welt in über 1000 Sorten auftritt und eine große Vielfalt in Form, Größe und Geschmack aufweist. Die Kürbispflanzen bringen weltweit die größten Früchte hervor. Speisekürbisse finden in der Küche Anwendung, Ölkürbisse werden jedoch nicht wegen ihres Fruchtfleisches, sondern wegen der ölreichen Samen geerntet. Es gibt Sommer- und Winterkürbisse. Sommerkürbis, zu denen die Zucchini gehört, werden meist unreif geerntet, haben eine dünne Schale – die mitgekocht werden kann –, eine kurze Garzeit und sollten nicht länger als drei Wochen gelagert werden. Der Winterkürbis oder Speisekürbis hingegen wird reif geerntet, beispielsweise Muskatkürbis, in der Regel ohne Schale zubereitet, hat eine längere Garzeit, ist dafür bei kühler und trockener Lagerung aber länger haltbar. Ein wichtiger Vertreter ist der japanische Hokkaido-Kürbis. Die handballgroße Frucht ist sehr festfleischig, kernarm und wird nicht geschält. Besonders beliebt ist er in der Bio-Branche, da kein Düngemitteleinsatz notwendig ist und die dicke Haut als natürlicher Schädlingsschutz gilt.

Das steckt drin Kürbisse enthalten 90 Prozent Wasser und zählen deshalb zu den kalorienarmen Gemüsesorten. Außerdem punkten sie durch reichlich Betacarotin, der Vorstufe des lebensnotwendigen Vitamin A und gleichzeitig ein wichtiges Antioxidans zum Schutz vor gefäßschädigenden Radikalen. Kalium hilft beim Entwässern, der hohe Ballaststoffgehalt gegen Verstopfung. Die Kürbiskerne dagegen sind fett- und somit auch kalorienreich. Sie stecken voller mehrfach ungesättigten Fettsäuren und Vitamin E und enthalten Substanzen, die Nieren- und Prostatafunktion fördern. Als Topping oder Snack nur in Maßen genießen, ebenso das Kürbiskernöl – es hat einen intensiven Eigengeschmack und sollte wegen seiner Hitzeempfindlichkeit eher für Salat und Rohkostgerichte zur Anwendung kommen.

Kürbis kleinkriegen Kürbis kann je nach Sorte sehr hartleibig sein. Deshalb ein breites, schweres Messer verwenden, das nicht so leicht abrutscht. Immer auf

einem Holzbrett arbeiten. Das kernige, faserige Innere mit einem scharfen Löffel entfernen. Die Kerne sind hell. Sie können sie waschen, trocknen lassen und mit etwas Salz in einer beschichteten Pfanne rösten. Essbar ist allerdings nur das nussige Innere – die Schale wird aufgebissen oder ausgespuckt. Die handelsüblichen grünen Kürbiskerne kommen aus speziellen Sorten der Steiermark: Dort werden die Kerne geröstet und zu „Kernöl" gepresst – und die Kürbisse als Dünger untergepflügt.
Wer Kürbis im Garten anpflanzt, kann auch die Blüten und zarten Blätter verwenden. Sie lassen sich ideal füllen (Seite 46). Außerdem hat die Pflanze mehr Kraft für die Kürbisse, wenn überschüssige Blüten abgenommen werden. Vergleichbar sind Zucchiniblüten, die Sie zur Saison auf dem Markt bekommen.

MÖHREN

Sie sind unter den Gemüsesorten sehr beliebt. Ihr Betacarotingehalt ist unschlagbar. Betacarotine sind die Vorstufe für das Haut- und Haarvitamin A. Außerdem wird ihnen auch zellschützende Wirkung gegen Krebs zugeschrieben. Ihre Ballaststoffe bringen den Darm in Schwung.

Öl nicht vergessen Die wertvollen Betacarotine sind fettlöslich und müssen deshalb in Kombination mit Fett aufgenommen werden, sonst werden sie vom Körper ungenutzt wieder ausgeschieden. Da Betacarotin hitzefest ist, wird es vom Körper aus gegarten Möhren noch besser aufgenommen. Wenn Sie Bundmöhren verwenden, nehmen sie einen Teil des frischen Grüns und hacken diesen klein. Wie bei vielen anderen Gemüsesorten sind hier viele wertvolle Inhaltsstoffe enthalten.

Möhren und Wurzeln reiben Je nachdem wie Möhre geraspelt werden, können sie sehr unterschiedlich schmecken: Im Blitzhacker werden sie eher körnig und ausgesprochen bissfest. Auf einer feinen Raspel werden sie zart streifig, auf einer gröberen etwas derber.

RADIESCHEN

Sie enthalten Senföle, die ihnen zu ihrer bekannten Schärfe verhelfen. Diese Inhaltsstoffe machen sie außerdem wertvoll für die Gesundheit. Sie wirken antibiotisch und unterstützen die Gallenfunktion. Frisches Grün können Sie wie beim Kohlrabi ebenfalls verwerten. Dieses aber nicht zusammen mit den Radieschen aufbewahren. Die Blätter am besten abschneiden und getrennt in einer Plastikbox aufbewahren, sonst werden die Radieschen „lätschert".

Nicht nur für Salat geeignet Die meisten kennen Radieschen als Scheiben, Viertel oder fein geraspelt im Salat. Doch die scharfen Wurzeln samt Blättern eignen sich auch wunderbar für warme Gerichte. Gerade wer es nicht so scharf mag, sollte Radieschen garen, denn so verlieren sie etwas an Schärfe. Achten Sie beim Kauf darauf, dass die Radieschen noch schön knackig sind.

RÜBEN

Sie zählen fast alle zu den Herbst- und Wintergemüsesorten und punkten neben viel Vitamin C für die Abwehrkräfte mit reichlich Kalzium für Knochen und Zähne. Die Kohlrübe – dazu gehören auch Teltower Rüben, Herbst- und Mairüben, Butterrüben, Steckrüben, aber auch Zuckerrüben – zählt, wie der Name schon sagt, zur großen Kohlfamilie. Sie stellen den verdickten Teil der Kohlpflanzenwurzel dar. Wir nehmen sie aber nicht als Kohl wahr, sondern eher als ganze Wurzel oder Knolle vergleichbar mit der Möhre, Roten Bete oder Sellerie. Alle Rübensorten eignen sich geraspelt als Salat, gedünstet als Gemüsebeilage oder auch als Püree. Meist haben sie einen leichten Bitterton.

Kaufen Sie kleine Exemplare, sind diese meist nicht holzig. Im Kühlschrank halten sich Rüben länger.

BUTTERRÜBEN

Sie sind rund, faustgroß und haben eine orange-gelbliche Farbe. Ihre Saison haben sie wie die Steckrüben im Herbst, denen sie im Geschmack ähneln. Allerdings ist ihnen ein leichter Bitterton eigen. In Rezepten sind alle Rübenarten untereinander austauschbar.

MAIRÜBCHEN

Sie sind klein, kugelig und fleischig, geschmacklich zarter und milder als die Herbstsorten. Der Grund: Sie sind, wie der Name schon sagt, nicht im Herbst, sondern von Mai bis Juni erhältlich. Ihnen sehr ähnlich sind die Teltower Rüben (oder auch die Butterrüben). Allerdings haben sie einen etwas süßlichen Geschmack und eine leicht gelbliche Farbe.

STECKRÜBE

Früher war die Steckrübe, auch Kohlrübe genannt, Grundlage für Arme-Leute-Essen. Im Ersten Weltkrieg war sie fast die alleinige Nahrungsgrundlage. Deshalb verschwand die Steckrübe in den besseren Zeiten von den Speisekarten, erlebt derzeit aber eine Renaissance – und das völlig zu recht wie das Curry auf Seite 60 zeigt. Die Steckrübe ist würzig, etwas süßlich und leicht bitter im Geschmack.

SELLERIE

Bei den Selleriearten wird zwischen Knollen- und Stangensellerie unterschieden.
Sellerie ist vor allem wegen seiner Bitterstoffe und der insulinähnlichen Substanzen von Bedeutung. Sie wirken auf die Verdauung und das Nervensystem. Der heimische Knollensellerie wird gekocht verwendet, schmeckt aber auch als Rohkost. Er ist wichtiger Bestandteil des Suppengemüses. Verwenden Sie auch sein frisches Grün, sofern vorhanden, denn es enthält um ein Vielfaches mehr an Vitaminen und Mineralstoffen. Knollensellerie schmeckt sehr gut vorgekocht und als panierte Scheiben oder als Püree (Seite 59). Wer mag, kann Kartoffeln und Sellerie für ein Püree auch mischen. Stangensellerie schmeckt roh in Stücke geschnitten im Salat, geschmort harmoniert er gut in Kombination mit Tomaten.

SPITZKOHL

Beim Spitzkohl sind die Köpfe lockerer und leichter als beim Weißkohl. Die zartere Struktur wird auch durch seine zeitige Ernte bedingt. Er ist er auch schneller gar und schmeckt feiner. Ursprünglich wurde Spitzkohl zur Sauerkrautherstellung angebaut. Aufgrund seines milden, leicht süßlichen Geschmacks eignet er sich für viele Kohlgerichte. Wie alle Kohlsorten ist er ein idealer Vitamin-C-Lieferant.

GURKE

Gurken gehören zur gleichen Familie wie Kürbis und Melone.
Im Gegensatz zur Salat- ist die Schmorgurke heutzutage kaum noch bekannt. Hierbei handelt es sich um Freilandgurken, welche weniger wasserhaltiges und somit festeres Fruchtfleisch sowie eine dicke Schale haben. Deshalb eignen sie sich ideal zum Schmoren und lassen sich beispielsweise wunderbar füllen (Seite 56). Aber die Schmorgurke kann auch für Tsatsiki verwendet werden (Seite 57) – allerdings ohne Kerne. Letztere schmecken gedünstet sehr mild und sind dann für empfindliche Menschen besser verträglich. Optisch unterscheidet sich die Schmor- von der Salatgurke gut, da sie kleiner und dicker ist. Gurken wirken harntreibend und helfen mit jeder Menge Kalium, den Wasserhaushalt zu regulieren.

WIRSING

Wirsing ist wie der Spitzkohl eng mit dem Weißkohl verwandt und gehört zur Gruppe des Kopfkohls. Er ist ganzjährig frisch erhältlich und sehr vielseitig verwendbar, da seine krausen Blätter zarter sind als die der meisten anderen Kohlsorten. Der kräftigere Geschmack des Herbst- und Winterwirsings eignet sich besonders gut für Eintöpfe und Kohlrouladen. Der zarte Frühwirsing kann sehr gut zu Beilagen und Salaten verarbeitet werden. Im Winter unterstützt er mit Vitamin C, Folsäure und Betacarotin das Immunsystem.

Verwendung Eintöpfe auf Fleischbasis, Wirsingrouladen, Wirsingwickel oder -röllchen, Gemüsebeilagen wie Sahne-Wirsing: Die dunkelgrünen Blätter sind dafür prädestiniert. Sie können Wirsingkohl auch füllen (Seite 48). Hierzu aus dem Kopf am Strunk ein herzgroßes Stück herausschneiden, die Füllung, beispielsweise einen Hackfleischmix, hineingeben, mit einem Außenblatt abdecken, den Kopf mit einem Küchentuch umhüllen und auf einem Dämpfeinsatz in einem Topf mit Wasser garen.

ZWIEBELN

Die Zwiebel ist eine der ältesten Gemüsepflanzen. Sie hat antibiotische Wirkung und ist schleimlösend. Dies verdankt sie ihren ätherischen Ölen, die auch ihre Schärfe ausmachen. Rote Zwiebeln gehören zu den milden Sorten, ebenso die Gemüsezwiebeln. Lauch- und Frühlingszwiebeln sind kräftiger im Geschmack. Sehr aromatisch dagegen sind Schalotten, von eher geringer Größe und häufig länglicher Form, was sie von der Gemüsezwiebel gut unterscheidbar macht. Der Gehalt an Fluor und Zink in Zwiebeln ist auch nicht zu verachten.
Wer rohe Zwiebeln nicht verträgt, sollte sie vorher kurz blanchieren, so verlieren sie zudem etwas an Schärfe. Gegart haftet ihnen ein etwas süßlicherer Geschmack an als im rohen Zustand.
Gerade gegart sind Schalotten oder Rote Zwiebeln auch als Beilage zu kurzgebratenem Fleisch oder Risotto eine hervorragende Wahl (Seite 65).

BOHNEN

Sie gehören zu den Hülsenfrüchten, weil ihre Samenkerne in länglichen Hülsen reifen. Bei grünen Bohnen werden Hülsen samt Kernen gegessen. An dieser Stelle geht es aber um weiße Bohnenkerne, getrocknet

von langer Haltbarkeit. Ihr hoher Eiweißgehalt macht sie wie alle Hülsenfrüchte zu einer guten Alternative zu Fleisch. Außerdem punkten Bohnen mit ihrem hohen Ballaststoffgehalt – so kommt die Verdauung in Schwung, und Sie bleiben lange satt. Auch ihr Gehalt an Eisen macht Bohnen sehr wertvoll.

Sortenvielfalt Erhältlich sind Bohnen getrocknet, in Dosen oder frisch. Das Angebot ist sehr groß. In getrockneter Form gibt es kleine Mungobohnen, weiße, rote sowie Wachtelbohnen. Die größten Bohnen sind die Limabohnen. Besonders aus weißen Bohnen lassen sich Salate, Eintöpfe aber auch Bohnenpüree zubereiten (Seite 73). Frische Sorten sind die grünen und gelben Bohnen.

Immer garen! Rohe Bohnen müssen immer gegart werden, da sie das Protein Phasein enthalten, das für Menschen unverträglich ist. Durch kochen wird es jedoch zerstört.
Getrocknete Bohnen haben eine lange Garzeit, vor allem wenn sie sehr alt sind (1½ Stunden). Verkürzen können Sie dies, indem Sie die Bohnen über Nacht in kaltem Wasser einweichen.

Erst später salzen und säuern Säure und Salz verhindern das Weichwerden der Bohnenkerne, weshalb erst am Ende der Garzeit gesalzen oder mit säuerlichen Zutaten gewürzt werden sollte. Es sei denn, das Garwasser ist sehr weich und kalkarm: Dann darf von Anfang an gesalzen werden.

Tipp: Schneller geht's, wenn Sie Hülsenfrüchte im Schnellkochtopf garen. Die Garzeit verkürzt sich auf die Hälfte. Den Topf halb mit Wasser und Hülsenfrüchten füllen, denn diese quellen stark nach. Getrocknete Bohnen können Sie kühl und trocken in einem verschlossenen Behälter ungefähr ein Jahr lagern. Gegart halten sie eine Woche im Kühlschrank.

Übrigens: Die Zugabe von Kümmel, Senfkörnern, Lorbeer, Bohnenkraut oder Säure macht Bohnen verträglicher.

LINSEN

Linsen sind Früchte sehr alter Kulturpflanzen, die im Vergleich zu anderen Hülsenfrüchten nicht vorher eingeweicht werden müssen. Auch sie versorgen wie die Bohnen den Organismus mit wertvollem Eiweiß. Sind die Linsen geschält, wie rote oder gelbe Linsen, kochen sie schnell zu Brei. Auch Bratlinge oder Saucen lassen sich aus ihnen gut zubereiten. Sie sind mit einer Garzeit von 15 Minuten schnell fertig. Puy-Linsen sind grünlich oder auch schwarz gesprenkelt, bleiben nach dem Kochen bissfest und haben einen nussigen Geschmack. Sie eignen sich bestens für Salate (Seite 71). Die kleinen schwarzen Beluga-Linsen bleiben ebenfalls bissfest, ähnlich wie Chateau- oder Berglinsen. Geschmacklich ergänzen sich Linsen sehr gut mit Sahne oder Schmand (Seite 71) und sind abgekühlt eine preiswerte und sättigende Salateinlage.

ÄPFEL

Der Apfel ist die beliebteste Obstsorte bei den Deutschen. Im Apfel sind circa 10 000 verschiedene Bioaktivstoffe enthalten. Die wichtigsten sind die Polyphenole Quercetin, Catechin, Chlorogensäure und Phloridzin. Polyphenole wirken antioxidativ und beugen so Krebs und Herz-Kreislauf-Erkrankungen vor. Sie verbessern die Lungenfunktion und senken die Anfälligkeit für Asthma. Weitere Bioaktivstoffe im Apfel sind Ballaststoffe, Zellulose und Pektin. Sie haben antikanzerogene Effekte, senken den Cholesterinspiegel, sorgen für einen ausgeglichenen Blutzuckerspiegel und eine gesunde Darmflora. Die Bioaktivstoffe sitzen vor allem in der Randschicht des Apfels, deshalb sollte ein Apfel immer mit seiner Schale gegessen werden. Wahrscheinlich sind sie der Grund für die Volksweisheit: „An apple a day keeps the doctor

away." Während 100 Gramm Apfelfruchtfleisch ungefähr 20 Milligramm Vitamin C enthalten, finden sich daneben etwa 1000 Milligramm Vitamin-C-Äquivalente. Mit Vitamin-C-Äquivalenten macht man die antioxidative Kapazität von Bioaktivstoffen vergleich- und messbar.

Apfel ist nicht gleich Apfel Koch- und Backäpfel sind fest, ihr säuerlicher Geschmack macht sie ideal für Süßspeisen wie Puffer (Seite 76) oder Aufläufe. Aber auch in herzhaften Rezepten (Seite 74) ergänzen sie sich gut mit pikanten Zutaten. Als Koch- und Backäpfel eignen sich Sorten wie Boskoop, Jonagold, Berlepsch, Glockenapfel, Breaburn, Idared, Roter Boskoop. Zur Bereitung von Apfelmus dienen vor allem McIntosh, Golden Delicious – und Fallobst. Gala und Gloster sind dagegen besser zum Rohverzehr geeignet.

RHABARBER

Er wird häufig zu den Obstsorten gezählt, gehört aber botanisch gesehen zum Gemüse, nämlich zur gleichen Familie wie Sauerampfer und Buchweizen. Es gibt zwei Sorten: Der Himbeerrhabarber hat hellrotes Fleisch und einen milden Geschmack, der Blutrhabarber ist dagegen herber und hat rotes Fleisch. Rhabarber ist vor allem reich an Vitamin K und damit begünstigt er die Blutbildung.

Oxalsäure Rhabarber enthält reichlich Oxalsäure, die den Kalziumstoffwechsel im Körper negativ beeinflussen kann. Man kann das am stumpfen Geschmack nach dem Genuss selbst beobachten. Deshalb wird empfohlen, ihn stets in Kombination mit einem Milchprodukt wie Vanillesauce, Joghurt oder Quark zu essen. Denn die Oxalsäure bildet mit dem Kalzium aus der Milch Oxalat und wird dadurch gebunden. Nach dem Rhabarbergenuss können Sie aber genauso gut ein Glas Milch in kleinen Schlückchen trinken.

Nicht roh essen Wegen des hohen Säuregehaltes sollte Rhabarber nicht roh gegessen werden. Die Stängel schälen und blanchieren (Seite 78). Dabei zum Blanchieren keine Gefäße aus Aluminium verwenden, da der hohe Säuregehalt der Stängel mit dem Metall reagieren kann. Geeigneter sind Töpfe aus Edelstahl oder Emaille. Für einen Kuchen, der im Ofen gebacken wird, muss der Rhabarber vorher nicht blanchiert werden (Seite 79).

Mit oder ohne Schale? In vielen Rezepten wird empfohlen, die Stangen zu schälen. Doch die Schale enthält nicht nur viele Nährstoffe, sondern auch die rote Farbe. Außerdem ist sie nicht ausgesprochen hart. Deshalb können Sie sie unbesorgt verwenden.

RADIESCHEN-CURRY

Für 4 Portionen

2–3 Bund Radieschen mit Grün
1 Zwiebel
2 Knoblauchzehen
2 EL Öl
1 EL Currypulver
Salz, Pfeffer aus der Mühle
2 EL Sonnenblumenkerne
1 EL Sahne-Meerrettich
200 g körniger Frischkäse

30 Min.
Pro Portion 190 kcal, 10 g E, 14 g F, 6 g KH

1. Radieschen samt Grün waschen. Grün und Wurzelenden abschneiden. Das Grün fein hacken. Radieschen je nach Größe vierteln oder halbieren. Zwiebel abziehen. Halbieren und fein würfelig scheiden. Knoblauchzehen abziehen und in hauchdünne Scheiben schneiden.
2. In einer beschichteten Pfanne Öl mit Curry erhitzen, Zwiebeln und Knoblauch zugeben und glasig dünsten. Dann Radieschen zufügen, salzen und pfeffern und zugedeckt etwa 15 Minuten schmoren. Eventuell etwas Wasser zufügen. Nach 10 Minuten das Grün zugeben und mitdünsten.
3. Die Sonnenblumenkerne in einer Pfanne ohne Fett rösten, bis sie duften. Curry mit Meerrettich und Frischkäse abschmecken. Mit Sonnenblumenkernen bestreuen.

Beilagen-Tipp: Pellkartoffeln.

Tipp: Wenn das Radieschengrün zu schlapp ist, passen auch Spinat, Rucola oder Kresse.

RADIESCHENSALSA

Für 4 Portionen

1 Bund Radieschen mit Grün
2 Tomaten
1 rote Zwiebel
1 grüne Chilischote
1 unbehandelte Limette
2 EL Rapsöl
1/2 TL Salz, Pfeffer
1 EL brauner Zucker/Rohrzucker

30 Min.
Pro Portion 90 kcal, 1 g E, 6 g F, 6 g KH

1. Radieschen samt Grün waschen. Grün und Wurzelenden abschneiden. Die Hälfte des Grüns fein hacken. Radieschen klein würfeln.
2. Tomaten waschen, Zwiebel schälen und beides ebenfalls klein würfeln.
3. Chilischote und Limette waschen. Chilischote aufschneiden, scharfen Kern und die Trennwand entfernen, fein würfeln. An der Oberfläche der Limette fein etwas Schale abreiben, dann halbieren und auspressen.
4. Radieschen, Grün, Tomaten, Zwiebel und Chili mischen. Aus 2 EL Limettensaft, der Schale, und Rapsöl ein Dressing anrühren. Mit Salz, Pfeffer und Zucker abschmecken und mit dem Gemüsemix vermischen.

Dazu schmeckt: Baguette oder die Kürbisschnitzel von Seite 44.

Info: Das Grün der Radieschen nach dem Kauf immer sofort abtrennen und getrennt in einer verschließbaren Plastikdose aufbewahren. Inhaltsstoffe des Grün entziehen den Radieschen Wasser und lassen sie schrumpfen. Gleiches gilt auch für Möhren, sie werden sonst gummiartig.

KALTE RADIESCHENCREME

Für 4 Portionen

2 Bund Radieschen mit Grün
200 g Schmand
Salz, Pfeffer
2 EL Olivenöl
2 EL Zitronensaft
100 g Feta

15 Min.
Pro Portion 270 kcal, 7 g E, 26 g F, 3 g KH

1. Radieschen waschen. Das Grün abschneiden, trocken tupfen und grob hacken. Radieschen putzen und vierteln.
2. Radieschen mit Schmand sowie Salz und Pfeffer in einem Mixer oder mit einem Pürierstab fein pürieren.
3. Das gehackte Grün im Blitzhacker mit dem Öl und dem Zitronensaft fein pürieren.
4. Feta zerbröseln. Die Suppe auf die Teller verteilen, mit einem Teelöffel etwas von dem Grünmix einrühren und den Feta auf der Suppe verteilen.

Beilagen-Tipp: Tafelspitz oder Forelle.

VARIANTE

Sehr erfrischend schmeckt die Suppe mit 2 Salatgurken statt Radieschen und 250 ml Buttermilch statt Schmand. Von den Gurken nur das Fruchtfleisch verwenden, die Kerne mit einem Löffel auskratzen. Statt Feta schmecken auch gehackte Walnüsse. Wer Radieschen ohne Grün kauft oder das Grün nicht mehr so frisch ist, kann alternativ 1 Bund glatte Petersilie verwenden.

ENDIVIENSALAT

Für 4 Portionen

1 Endiviensalat (ca. 450 g)
1 Zwiebel
50 g Frühstücksspeck
3 EL Rapsöl
3 EL Weinessig
100 ml Gemüsebrühe
Salz, Pfeffer
1–2 frische Pellkartoffeln (ca. 100 g)

20 Min.

Pro Portion 133 kcal, 5 g E, 10 g F, 5 g KH

1. Endiviensalat putzen, längs halbieren und gründlich waschen. Dann auf einem Brett fein nudelig schneiden. Zwiebel schälen, halbieren und fein hacken.
2. Speck fein in Streifen schneiden und im Rapsöl langsam knusprig ausbraten, ohne dass er zu dunkel wird. Die Zwiebelwürfel darin glasig dünsten. Mit Gemüsebrühe und Essig ablöschen und würzen. Die Kartoffel pellen und ins Dressing drücken.
3. Alles miteinander vermischen und abschmecken.

Variante: Mit gerösteten Walnüssen bestreuen.

Info: Endiviensalat ist oft herb und hat kräftige, feste Blätter. Die Kartoffel und das lauwarme Dressing machen den Salat milder und weicher. Wer mag, kann die Kartoffelmenge erhöhen und einen Kartoffel-Endivien-Salat daraus machen.

Tipp: Auf den Geschmack gekommen? Probieren Sie die Endivienfrittata (Seite 212) aus!

ENDIVIENGEMÜSE

Für 4 Portionen

1 Endiviensalat
1 Lauchstange
4 EL Rapsöl
Salz, Pfeffer aus der Mühle
2 EL Mehl
200 g milder Edelpilzkäse
250 ml Milch (1,5 % Fett)
geriebene Muskatnuss

35 Min.

Pro Portion 342 kcal, 17 g E, 25 g F, 12 g KH

1. Endiviensalat waschen und abtropfen lassen. Welke Blattränder entfernen. Salat längs vierteln, so dass jedes Viertel am Strunk zusammenhält. Lauch von Wurzeln und welken Blättern befreien, seitlich aufschneiden, unter Wasser gründlich waschen und in feine Ringe schneiden.
2. Backofen auf 180 Grad vorheizen. Lauch in 1 EL Öl in einem Bräter andünsten. Endivien zugeben und rundherum anbraten. Salzen, pfeffern und mit dem Mehl überstäuben.
3. Käse entrinden und in Stückchen teilen. Endivien mit der Milch angießen, mit geriebener Muskatnuss würzen, Käse darauf verteilen und in den Ofen schieben und 20 Minuten überbacken.

Dazu schmeckt: Kartoffeln.

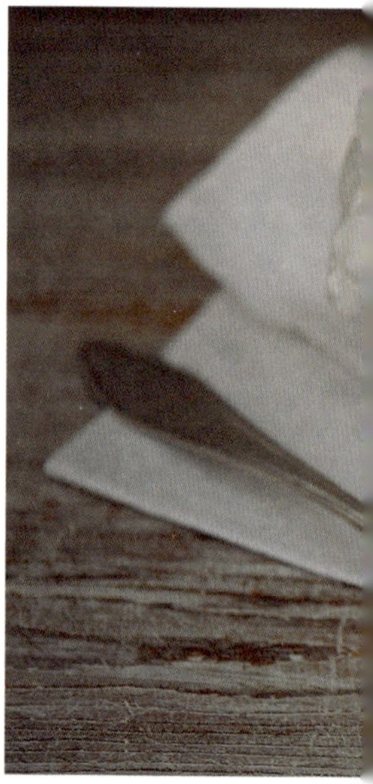

ENDIVIENCREMESUPPE

Für 4 Portionen

1 Endiviensalat (500 g)
1 Zwiebel
1 Knoblauchzehe
100 g fetter Speck
1 EL brauner Zucker
2 EL Mehl
Salz, Pfeffer
Muskatnuss
1 Stück Ingwer
1/2 Zitrone
100 ml süße Sahne

30 Min.
Pro Portion 340 kcal, 5 g E, 30 g F, 13 g KH

1. Endiviensalat putzen, halbieren und gründlich waschen, quer in Streifen schneiden. Zwiebel und Knoblauch schälen, halbieren und würfeln.
2. Speck fein würfeln und in einem Topf auslassen, Speckwürfel absieben. Zwiebeln im Fett glasig dünsten. Zucker zugeben und braten bis zur Bräunung. Mehl darüberstäuben, den Endiviensalat zugeben, zusammenfallen lassen. Mit 500 ml Wasser ablöschen, salzen, aufkochen lassen.
3. Mit dem Pürierstab die Suppe fein pürieren und mit Salz, Pfeffer und Muskat, Ingwer und dem Saft der halben Zitrone abschmecken. Sahne steif schlagen, unter die Suppe heben und mit dem Speck bestreut servieren.

Tipp: Für eine Sauce einfach die Wassermenge um die Hälfte reduzieren.

Variante: Dieses Rezept schmeckt mit jeder Salatsorte. Sie können auch mischen. Dekorativ: rohe Radicchiostreifen darüberstreuen.

KÜRBISSCHNITZEL MIT SALSA

Für 4 Portionen

1 kleiner Hokkaido-Kürbis (1 kg)
1 Ei
1 Prise Salz
1–2 EL Mehl
2 EL Semmelbrösel
25 g geriebenen Parmesan
6 EL Öl
500 g Tomaten
1 Zwiebel
1 Knoblauchzehe
1 EL Honig
2 EL Zitronensaft
2 EL Rapsöl
Salz, Pfeffer

45 Min.

Pro Portion 403 kcal, 10 g E, 29 g F, 27 g KH

1. Kürbis waschen, halbieren, Kerne auskratzen und die Hälften in 1 cm breite Spalten schneiden.
2. Ei in einem Teller aufschlagen, Salz zugeben. In einen zweiten Teller das Mehl geben, in einem dritten Semmelbrösel und Parmesan.
3. Öl in der Pfanne erhitzen. Kürbisspalten erst im Mehl, dann im Ei, dann im Semmelbrösel-Käse-Mix wenden. In der Pfanne von beiden Seiten goldbraun braten (jede Seite ungefähr 3 bis 4 Minuten).
4. Tomaten waschen, klein würfeln. Zwiebel und Knoblauch schälen. Zwiebel klein würfeln, Knoblauch durch eine Presse drücken. Honig, Zitronensaft, Öl, Salz und Pfeffer verrühren, mit Tomaten, Zwiebel und Knoblauch mischen und in einem kleinen Schälchen anrichten.

Tipp: Kürbisspalten aus der Pfanne nehmen und auf Küchenpapier legen – so kann das Fett abtropfen. Die Spalten schmecken auch kalt.

VARIANTE

150 g der Tomaten durch Wassermelone ersetzen – schmeckt erfrischend fruchtig. Oder aus 50 g Mehl, Salz, 1 Ei, 25 g geriebenen Parmesan und 60 ml Mineralwasser einen Teig mischen. Den Kürbis darin tauchen und im Öl ausbacken. Kalorienärmer wird's, wenn Sie die Spalten im Ofen auf einem mit Backpapier ausgelegten Backblech zubereiten. Sie brauchen ungefähr 40 Minuten.

KÜRBISCREMESUPPE

Für 4 Portionen

Ca. 1 kg Kürbis (800 g Kürbisfleisch)

1 Zwiebel

1 Knoblauchzehe

2–3 EL Rapsöl

Salz, Pfeffer, geriebene Muskatnuss

100 g Schmand

etwas Balsamessig

30 Min.

Pro Portion 209 kcal, 4 g E, 17 g F, 11 g KH

1. Kürbis in grobe Spalten schneiden, Kerne samt fasrigem Fruchtfleisch entfernen. Kürbis mit einem Kippschäler schälen und das Fruchtfleisch grob zerkleinern.
2. Zwiebel und Knoblauch schälen, halbieren und fein hacken. Beides in Öl glasig andünsten, das Kürbisfleisch zugeben, ebenfalls anbraten, kräftig würzen.
3. 500 ml Wasser angießen, aufkochen lassen und bei geschlossenem Deckel und mittlerer Hitze 10 bis 15 Minuten garen, bis der Kürbis weich ist.
4. Den Kürbis im Topf mit dem Mixstab pürieren, den Schmand zugeben, auf Suppenstärke verdünnen und mit Pfeffer, Salz, geriebener Muskatnuss und Balsamessig abschmecken.

Tipp: Die einfachste Verwertung für das Innere des Halloween-Kürbis.

VARIANTEN

Da Kürbis ein sehr mildes Aroma hat, lässt er sich sehr unterschiedlich würzen: Ingwer, Orangenschale und -saft geben eine fruchtige Note, Apfelstückchen und etwas Apfelsaft machen es säuerlich, Sherry und Currypulver eher rassig. Als Garnitur eignen sich geröstete Kürbiskerne, Nüsse, geriebener Parmesan, scharfe Chorizo oder Cabanossi in Scheiben, Räucherlachs, gebratene Pilze oder Pesto.

GEFÜLLTE ZUCCHINIBLÜTEN

Für 4 Portionen

500 g gehackte Tomaten (Konserve)
2–3 EL Olivenöl
Salz, Pfeffer
Ca. 12 Zucchiniblüten
1 Bund Basilikum
500 g Magerquark
1 Knoblauchzehe
1 Ei
100 g Semmelbrösel
100 g geriebener Parmesan

50 Min.

Pro Portion 420 kcal, 31 g E, 20 g F, 27 g KH

1. Backofen auf 180 Grad vorheizen. Tomaten mit 1 EL Öl, Salz und Pfeffer in einer flachen Auflaufform verteilen. Im Ofen 30 Minuten einkochen lassen.
2. Kelch der Blüte vorsichtig öffnen und den Stempel im Innern mit einer kleinen Schere abzwicken.
3. Basilikumblätter abzupfen, waschen und mit 3 bis 4 EL Quark mit dem Pürierstab pürieren. Knoblauchzehe schälen und fein hacken. Beides mit dem übrigen Quark, Ei, Semmelbrösel und Parmesan vermengen und mit Salz und Pfeffer kräftig abschmecken.
4. Masse behutsam mit einem weichen Löffel in die Blüten füllen und mit einer leichten Drehbewegung an der Blütenspitze schließen.
5. Blüten auf die Sauce setzen. Alufolie mit Öl einpinseln, Form damit abdecken. Blüten etwa 12 Minuten garen.

Tipp: Das Rezept funktioniert genauso auch mit Kürbisblüten. Statt dem Basilikum können Sie nach Belieben auch andere frische Kräuter verwenden. Dazu passt Baguette oder Reis.

GEFÜLLTE KÜRBISBLÄTTER

Die Tomatensauce und die Füllung wie bei den Blüten zubereiten. Kürbisblätter waschen und die Stiele abschneiden. Blätter mit der Oberseite auf die Arbeitsfläche legen – zwei übereinander –, die Füllung darauf verteilen, Blätter zusammenrollen, dabei die Seiten einschlagen. Röllchen auf die Tomatensauce setzen und 20 bis 25 Minuten garen.

Dazu schmeckt: Brot.

1 Std.

Pro Portion 420 kcal, 31 g E, 20 g F, 27 g KH

GEFÜLLTER WIRSING

Für 4 Portionen

1 altbackenes Brötchen (oder 1 Scheibe Brot)
1 Wirsingkopf (1 kg)
1 Zwiebel, 2 Knoblauchzehen
250 g gemischtes Hackfleisch
1 Ei
1 EL Paprikapulver
Salz, Pfeffer
2 EL Rapsöl
1 kleine Dose Tomaten (400 g)
2–3 EL Schmand

20 Min. + 1 Std. Dämpfen

Pro Portion 356 kcal, 23 g E, 23 g F, 15 g KH

1. Das Brötchen in Wasser einweichen. Vom Wirsing die Außenblätter entfernen und beiseitelegen. Den Kopf waschen und vom Strunk her ein etwa faustgroßes Herzstück mit dem Messer auslösen.
2. Zwiebel und Knoblauch schälen, fein würfeln. Das Brötchen ausdrücken, mit Zwiebelwürfel, Hackfleisch und Ei mischen. Mit Salz, Pfeffer abschmecken.
3. Das Hackfleisch in den Wirsing füllen, die Öffnung mit einem Außenblatt verschließen. Wirsing in ein Küchenhandtuch setzen und fest zubinden.
4. In einen großen Topf einen Dämpfeinsatz stellen, 1 l Wasser hinzugeben und aufkochen. Den Wirsing auf den Einsatz stellen und zugedeckt ungefähr 1 Stunde dämpfen. Eventuell Wasser nachfüllen.
5. Das Wirsingherz klein hacken. Knoblauch schälen und klein hacken. Das Öl in einer Pfanne erhitzen, Knoblauch anbraten und den Wirsing zugeben, kurz mitbraten. Die Tomaten zugeben und etwas einköcheln lassen. Salzen und pfeffern und mit einem Pürierstab alles fein pürieren. Zum Schluss den Schmand untermischen.
6. Wirsing in Achtel schneiden und mit der Sauce servieren.

Tipp: Sie können die Blätter auch einzeln vom Kohl lösen, etwas von der Hackmasse in die Mitte geben und das Blatt einrollen – wie bei den Krautwickeln – und in der Sauce gar schmoren.

VARIANTE

Für eine helle Sauce 2 EL Öl in einem Topf erhitzen, Wirsingherz klein hacken und kurz anbraten. Dann mit 1 EL Mehl überstäuben, 500 ml Milch zugeben und 5 Minuten gar dünsten. Alles fein pürieren, etwas Zitronenschale untermischen, salzen und pfeffern. Zum Schluss 1 EL Senf unterrühren. Auch lecker: mit 2 EL Kapern.

WIRSING-LASAGNE

Für 4 Portionen

1 kleiner Wirsingkopf (ca. 700 g)

2 TL Salz

200 g Polenta (Maisgrieß)

1 EL mildes Paprikapulver

250 g Mozzarella

200 g Schmand

100 ml Milch

Salz, Pfeffer

1/2 unbehandelte Zitrone

40 Min. + 30 Min. Backzeit

Pro Portion 546 kcal, 24 g E, 30 g F, 46 g KH

1. Die Blätter vom Wirsing lösen, waschen und die Rippen begradigen. 1 l Wasser mit 2 TL Salz in einem Topf zum kochen bringen und die Blätter kurz blanchieren. Blätter herausnehmen und abtropfen lassen.
2. Das restliche Wasser auf 800 ml ergänzen und die Polenta mit dem Paprikapulver einrühren, kurz aufkochen lassen und vom Herd nehmen.
3. Mozzarella in kleine Würfel schneiden. Schmand und Milch zugeben und mit Pfeffer, Salz und einer abgeriebenen Zitronenschale würzen.
4. In eine gefettete Auflaufform Wirsingblätter, Polenta und die Schmandmischung schichtweise verteilen. Die Wirsingblätter kommen zuerst, Schmand zuletzt.
5. Die Lasagne auf der mittleren Schiene des Backofens bei 200 Grad 30 Minuten backen.

Tipps: Ist die Polenta zum Schichten zu dicklich, einen angefeuchteten Teigschaber nehmen oder die Polenta kurz erwärmen – dann wird sie wieder weicher.

Beim Blanchieren die großen Blätter nach unten und die kleinen, zarten Blätter nach oben legen. Das Wasser aufkochen lassen und die Wirsingblätter relativ weich werden lassen.

Aus den restlichen Blättern können Sie eine Sauce zubereiten (siehe Gefüllter Wirsing). Dabei das Blanchierwasser verwenden.

KRAUTSALAT

Für 4 Portionen

400 g Spitzkohl oder Weißkohl
1 Zwiebel
150 ml Gemüsebrühe
2 EL Rapsöl
1 EL Essig
1 TL Senf
Pfeffer, Salz

15 Min.

Pro Portion 82 kcal, 2 g E, 6 g F, 4 g KH

1. Den Spitzkohl waschen, den harten Strunk entfernen und in schmale Streifen schneiden. Zwiebel schälen, halbieren und würfeln.
2. Zwiebeln in einer beschichteten Pfanne in Öl glasig dünsten, mit Brühe ablöschen und vom Herd nehmen. Essig und Senf zugeben und mit Pfeffer und Salz würzen.
3. Die Vinaigrette über das Kraut geben und kurz durchziehen lassen.

Dazu schmeckt: Laugenbrötchen, Vollkornbrot.

Variante: rote Paprikawürfel oder ein geraspelter Apfel dazu.

KRAUTFLECKERL

Für 4 Portionen

200 g Nudeln (z. B. Farfalle oder Penne)
1 Spitzkohl (ca. 800 g) oder Weißkohl
1 Knoblauchzehe
1 Zwiebel
1 EL Rapsöl
2 EL Paprikapulver edelsüß
1/2 TL Salz
50 g roher Schinken
100 ml Apfelsaft
50 ml Sahne

30 Min.

Pro Portion 338 kcal, 13 g E, 12 g F, 44 g KH

1. Nudeln nach Packungsanleitung gar kochen.
2. Den Spitzkohl waschen und in schmale Streifen schneiden. Knoblauch und Zwiebel schälen. Knoblauch klein hacken, Zwiebel in feine Würfel schneiden.
3. Öl in einem Schmortopf erhitzen. Zwiebeln und Knoblauch zugeben, bei mittlerer Hitze 5 Minuten glasig dünsten.
4. Kohl in die Pfanne geben, mit Paprika und Salz würzen. 5 Minuten mitdünsten. Schinken in schmale Streifen schneiden und mit Apfelsaft und Sahne in die Pfanne geben. Alles geschlossen weitere 10 Minuten garen.
5. Die Nudeln zugeben und noch einmal kurz erhitzen. Mit Salz abschmecken.

VARIANTE

Statt normale Nudeln können Sie auch Schupfnudeln, statt Schinken 2 EL gehackte Walnüsse nehmen. Wer mag, kann auch den Schinken gegen 4 klein geschnittene getrocknete Tomaten oder 100 g Hackfleisch (mit den Zwiebeln kräftig braun braten) austauschen.

KRAUTWICKEL

Für 4 Portionen

1 Zwiebel
80 g Walnüsse
ca. 120 g altbackenes Brot oder Brötchen
3–4 EL Butter
120 g Ziegenweichkäse
1 Ei
Salz, Pfeffer
1 großer oder 2 kleine Spitzkohl (oder Weißkohl), etwa 1,5–1,8 kg
2–3 EL Schmand
1 Prise Kreuzkümmel oder Kümmel

45 Min. + 30 Min. Schmoren

Pro Portion 519 kcal, 21 g E, 36 g F, 28 g KH

1. Zwiebel schälen, halbieren und wie die Walnüsse fein hacken. Brötchen ebenfalls in Würfel schneiden. Zwiebeln in 2 EL Butter glasig dünsten, Brotwürfel und Nüsse zugeben und knusprig braun rösten, abkühlen lassen.
2. Käse von harter Rinde befreien, mit einer Gabel zerdrücken und mit dem Ei verrühren. Unter die geröstete Masse ziehen und würzen.
3. Den Kohl putzen und in reichlich sprudelndem Salzwasser etwa 5 bis 6 Minuten kochen, bis sich die Blätter lösen lassen. Herausnehmen, abkühlen lassen und die Blätter am Strunk abschneiden und die Mittelrippe abflachen. Das Kohlherz fein hacken und 4 EL davon zur Füllmasse geben.
4. Je 2 bis 3 Kohlblätter für 8 Rouladen überlappend zurechtlegen. Die Masse auf die Blätter verteilen, dabei Außenränder 2 Fingerbreit frei lassen. Eng einwickeln und dabei die Seiten einschlagen, mit Zahnstochern oder Küchengarn fixieren.
5. In einem Schmortopf die restliche Butter zerlassen, die Wickel von allen Seiten kurz anbraten, übriges gehacktes Kraut zugeben, salzen und pfeffern und mit 500 ml Wasser ablöschen. Deckel schließen und etwa 30 Minuten (Weißkohl 40 Minuten) bei mittlerer Hitze schmoren. Eventuell Flüssigkeit zugeben.
6. Krautwickel herausnehmen und in Alufolie warm halten. Fond fein pürieren. Mit Schmand und den Gewürzen abschmecken und zu den Krautwickeln servieren.

Tipp: Den übrigen Kohl klein hacken und in Butter in einer Pfanne goldbraun schmoren. Oder im Blanchierwasser mit Suppengemüse zu einer Suppe kochen.

KOHLRABI-HACKGRATIN

Für 4 Portionen

3 große Kohlrabiknollen mit Grün (ca. 800 g ohne Grün gewogen)
1 Zwiebel
1–2 EL Öl
250 g Rinderhackfleisch
Salz, Pfeffer
200 ml Milch
Muskatnuss
1 unbehandelte Zitrone

20 Min. + 40 Min. Backzeit

Pro Portion 256 kcal, 18 g E, 16 g F, 11 g KH

1. Backofen auf 180 Grad vorheizen. Kohlrabi samt Grün waschen. Zartes Grün von den Stielen abtrennen – höchstens 2 Handvoll – und die Blätter fein nudelig schneiden.
2. Kohlrabi schälen, je nach Größe halbieren oder vierteln und auf einem Küchenhobel oder mit der Küchenmaschine in sehr dünne Scheiben hobeln.
3. Zwiebel schälen, halbieren und klein würfeln. In einer beschichteten Pfanne in Öl glasig dünsten, das Hackfleisch zugeben und mit dem Kochlöffel zerteilen. Mit Salz und Pfeffer kräftig würzen und unter Rühren braun und krümelig braten. Am Ende das Kohlrabigrün zugeben und kurz mitbraten.
4. Kohlrabi mit dem Hackfleisch mischen und in eine gefettete, flache Auflaufform geben, andrücken. Milch mit Salz, Pfeffer, Muskat und abgeriebener Zitronenschale würzen und darübergießen. Gratin im Ofen auf der mittleren Schiene 40 Minuten backen.

Varianten: Sie können die Hälfte Kohlrabi durch Kartoffeln ersetzen – dann etwas mehr Milch zugeben. Sie können auch Hackfleisch samt Zwiebel durch Edelpilzkäse ersetzen – dann das Kohlrabigrün sehr fein hacken und roh einschichten.

KOHLRABI-CARPACCIO

Für 4 Portionen

1–2 Kohlrabiknollen mit Grün (300 g)
4 EL Kapern samt Flüssigkeit
3 EL Kürbiskernöl
Pfeffer aus der Mühle
4 EL Kürbiskerne

20 Min.

Pro Portion 313 kcal, 8 g E, 23 g F, 19 g KH

1. Kohlrabi samt Grün waschen, zartes Grün fein hacken – ungefähr 1 Handvoll –, den Kohlrabi schälen und auf einer Küchenreibe oder mit der Küchenmaschine in hauchdünne Scheiben hobeln.
2. Die Kohlrabischeiben auf 4 großen Tellern einschichtig verteilen. Zuerst die Kapern darüber verteilen, dann das gehackte Grün darüberstreuen.
3. Den Kapernsud mit dem Kürbiskernöl mischen. Mit Pfeffer abschmecken.
4. Die Kürbiskerne in einer Pfanne ohne Fett anrösten, bis sie anfangen zu duften.
5. Den Kapern-Öl-Mix über das Carpaccio träufeln und zum Schluss die heißen Kürbiskerne darüberstreuen.

Info: Die Milchsäure der Kapern unterstützt die Verdauung.

Tipp: Weniger säuerlich schmeckt das Carpaccio, wenn Sie die Kapern gegen klein geschnittene getrocknete Tomaten austauschen.

KOHLRABIRAGOUT

Für 4 Portionen

4–5 Kohlrabiknollen mit Grün (ca. 700 g ohne Grün gewogen)
1 Bund Frühlingszwiebeln
1 TL Fenchelsamen
2 EL Rapsöl
1 EL Mehl
Salz, Pfeffer
200 ml Weißwein
10 schwarze Oliven
150 g Feta
2 EL Schmand

50 Min.

Pro Portion 297 kcal, 11 g E, 18 g F, 14 g KH

1. Kohlrabi samt Grün waschen, zartes Grün von Stielen befreien und fein hacken. Knollen schälen und in etwa 1 cm große Würfel schneiden. Frühlingszwiebeln waschen, Wurzeln abtrennen und Zwiebeln in feine Ringe schneiden.

2. Fenchelsamen in einem Schmortopf rösten, bis sie duften. Dann das Öl und die Zwiebelringe zugeben, Hitze herunterschalten, mit dem Mehl überstäuben und anschwitzen. Kohlrabiwürfel sowie Grün zugeben, salzen und pfeffern. Alles mit 200 ml Weißwein ablöschen und zugedeckt 30 Minuten garen lassen. Wenn nötig etwas Wasser zufügen.

3. Oliven vierteln, Feta zur Hälfte mit dem Schmand pürieren, zur Hälfte in Würfel schneiden, beides unter das Ragout mischen, erhitzen und eventuell noch mit etwas Wasser verdünnen. Dazu passen Kartoffeln oder Reis.

Varianten: Je nach Saison schmecken auch Butterrüben, Teltower Rübchen oder Steckrüben anstelle des Kohlrabis. Wer mag, kann den Feta durch Hackfleisch und die Pinienkernen gegen Mandeln austauschen.

GEFÜLLTE GURKEN

Für 4 Portionen

4 Schmorgurken (je 200–250 g)
Salz, Pfeffer
500 ml Milch (1,5 % Fett)
150 g Polenta (Maisgrieß)
Muskatnuss
100 g Feta
100 g grüne Oliven ohne Kern
2 EL Rapsöl
1 Zwiebel
2 Knoblauchzehen
200 ml Weißwein
150 g Sauerrahm (20 % Fett)

15 Min. + 30 Min. Schmoren

Pro Portion 516 kcal, 15 g E, 27 g F, 43 g KH

1. Gurken waschen, schälen, längs halbieren, die Kerne mit einem Teelöffel herauskratzen, beiseitelegen. Gurke salzen und pfeffern.
2. Topf mit Wasser ausschwenken, die Milch mit 1 TL Salz zugeben und zum Kochen bringen, die Polenta einrühren, pfeffern und mit reichlich Muskatnuss würzen.
3. Polenta bei kleiner Hitze dick kochen. Feta und Oliven hacken, unter die Polenta ziehen und abschmecken.
4. Mischung in die Gurkenhälften füllen, fest andrücken. Zwiebeln und Knoblauch schälen und klein hacken. In einer Pfanne im Öl andünsten, mit Weißwein ablöschen, Gurkeninneres zugeben und würzen. Gurken hineinsetzen und bei mittlerer Hitze zugedeckt 30 Minuten schmoren.
5. Gurken herausnehmen. Zum Fond Sauerrahm geben und dazu servieren.

Varianten: Klappt auch mit Salatgurke – dann sollte man aber die Schale streifenweise dranlassen. Statt Feta schmecken auch gehackte Walnüsse, getrocknete Tomaten oder Hackfleisch.

RUTSCHEGURKEN

Für 4 Portionen

- 2 Salatgurken
- 1 Zwiebel
- 1/2 unbehandelte Zitrone
- 2 Bund Dill
- 2 EL Öl
- 100 ml Milch
- 2 EL saure Sahne
- 2 EL Senf
- Salz, Pfeffer

25 Min.

Pro Portion 143 kcal, 5 g E, 8 g F, 11 g KH

1. Gurken waschen, möglichst nicht schälen, halbieren und die Kerne herauskratzen, dann in fingerdicke Scheiben schneiden. Zwiebel schälen und fein würfeln. Zitronenschale fein abreiben und den Saft auspressen. Dill abbrausen, die Spitzen fein hacken.
2. Die Zwiebeln in einer beschichteten Pfanne in Öl glasig dünsten, Gurken zugeben und kurz mitdünsten. Milch angießen. Saure Sahne, Senf, Zitronensaft und -schale zugeben. Salzen und pfeffern. Gurken zugedeckt bei mittlerer Hitze 15 Minuten. garen. Nach 10 Minuten den Dill zugeben.

TSATSIKI

Für Tsatsiki (4 Portionen) 2 Schmorgurken (300–400 g) waschen, Kerne entfernen und grob raspeln. 1 Bund Dill abbrausen, trocken schütteln und Spitzen abzupfen. 1 bis 3 Knoblauchzehen abziehen, durch die Presse drücken und mit 1 EL Olivenöl und 250 g griechischem Joghurt zu den Gurkenraspeln geben. Mit Salz, Pfeffer und 1 TL Zitronensaft abschmecken. Schmeckt gut zu Fladenbrot, als Dip zu Gemüse oder zu Kartoffeln.

15 Min.

Pro Portion 147 kcal, 3 g E, 13 g F, 4 g KH

SELLERIEPUFFER

Für 4 Portionen

1 große Knolle Sellerie mit Grün (ca. 600 g)
1 Lauchstange
2 Eier
2–3 EL Mehl
Salz, Pfeffer
1 EL Kreuzkümmel
4–5 EL Öl
500 g Apfelmus

30 Min.

Pro Portion 302 kcal, 8 g E, 17 g F, 30 g KH

1. Sellerie waschen. Zartes Grün von den Stielen abtrennen (als Ersatz: Grün von Staudensellerie, Liebstöckel oder glatte Petersilie), Mittelrippe entfernen und die Blätter fein nudelig schneiden. Knolle schälen und beides fein raspeln. Lauch von Wurzel und Blattenden befreien, aufschneiden, waschen, erst längs in Streifen, dann quer in Würfel schneiden.
2. Gemüse mit Eiern, etwas Selleriegrün und zunächst 2 EL Mehl vermengen. Mit Salz, Pfeffer und Kreuzkümmel würzen. Ist die Masse zu weich, mehr Mehl zufügen.
3. In einer beschichteten Pfanne Öl erhitzen. Je Puffer ungefähr 2 gehäufte EL in der Hand flach drücken und in die Pfanne geben. Bei mittlerer Hitze von beiden Seiten goldbraun braten. Puffer mit Apfelmus reichen.

Tipp: Sie können das Apfelmus selber herstellen: 4 Äpfel waschen, schälen und in Spalten schneiden. Dann in einem Topf mit einigen Löffeln Wasser 10 Minuten kochen lassen und mit Zucker abschmecken. Wer es feiner mag, kann das Apfelmus pürieren. Wer es mag, kann eine Zimtstange mitkochen.

SELLERIEPÜREE

Für 4 Portionen

- Ca. 600g Sellerieknolle mit Grün
- 1 Zwiebel
- 2 EL Rapsöl
- 250 ml Apfelsaft
- Salz, Pfeffer, geriebene Muskatnuss
- 1 rote Chilischote (oder 1/2 TL Pul Biber)
- 50 g Walnüsse
- 2 EL Schmand
- Öl zum Ausbacken des Grüns

50 Min.

Pro Portion 87 kcal, 2 g E, 7 g F, 5 g KH

1. Sellerie waschen, Blätter samt Stängel abschneiden. Knolle schälen und in 2 cm große Würfel schneiden. Grün vom Stiel abschneiden.
2. Zwiebel schälen, würfeln und in einem Topf im Öl anbraten. Selleriewürfel zugeben und mitbraten.
3. Apfelsaft angießen, würzen und zugedeckt 20 Minuten bei mittlerer Hitze schmoren, dann pürieren.
4. Chilischote waschen, aufschneiden, Kerne entfernen. Schote in feine Streifen schneiden, dann würfeln.
5. Walnüsse grob hacken, in einer Pfanne rösten, bis sie duften, und mit Chili und Schmand unter die Creme ziehen und abschmecken.
6. In einem kleinen Topf 3 cm hoch Öl einfüllen und zum Sieden bringen. Selleriegrün 2 Minuten ausbacken, salzen und zum Püree essen.

Varianten: Mit Flüssigkeit verdünnt, wird das Püree zur Sauce oder Suppe.

Tipp: Das Grün nach dem Ausbacken auf Küchenpapier abtropfen lassen. Ist es abgekühlt. Im Ofen aufbacken oder in der Mikrowelle offen kurz erhitzen.

SELLERIEESSENZ

Für 4 Portionen

- 1 Sellerieknolle (am besten mit Grün)
- 2 Zwiebeln
- 2 TL Kreuzkümmel
- 2 EL Öl
- 1 TL Salz
- 2 Lorbeerblatt
- evtl. 1 Bund Liebstöckel

20 Min. + 2 Std. Simmern

Pro Portion 82 kcal, 2 g E, 6 g F, 4 g KH

1. Selleriegrün samt Lauch waschen. Wenn kein Grün vorhanden ist, dann Liebstöckel nehmen. Die Knolle schälen und grob raspeln. Grün samt Stiel grob hacken. Zwiebeln schälen und halbieren.
2. In einem Topf Zwiebeln mit der Schnittseite nach unten und Kreuzkümmel anrösten. Dann Sellerieraspeln und Öl zugeben, 2 Minuten anbraten. Mit 1 l Wasser ablöschen, Salz, Selleriegrün und -stiel und Lorbeerblatt zugeben und etwa 2 Stunden leicht simmern lassen.
3. Ein Mulltuch in ein Sieb geben, Suppe hineingießen und gänzlich abtropfen lassen. Wenn es mehr als 500 ml sind, in einer Pfanne einkochen lassen.

Varianten: Essenzen sind konzentrierte klare Brühen. Die Aromastoffe werden durch das Kochen extrahiert. Schmeckt, wenn es mit aromatischem Gemüse wie Fenchel, Rote Bete, Zwiebeln oder Pilzen zubereitet wird.

Info: Simmern bedeutet, in Flüssigkeit direkt am Siedepunkt zu garen – also nicht sprudelnd, sondern eher „lächelnd".

ÜBERBACKENE ORANGENRÜBCHEN

Für 4 Portionen

1 kg Butterrüben
2 EL Öl
Salz, geriebene Muskatnuss
1 unbehandelte Orange
200 g Ofen- oder Raclettekäse
1/2 TL Pul Biber (Chiliflocken)

40 Min.

Pro Portion 261 kcal, 13 g E, 18 g F, 12 g KH

1. Rüben waschen, Grün und Wurzelansatz entfernen, schälen und in Viertel schneiden.
2. In einer großen Pfanne das Öl erhitzen, Rübchen darin andünsten, mit Salz und Muskatnuss würzen und geschlossen bei kleiner Hitze ungefähr 20 Minuten garen.
3. Inzwischen die Orange waschen, Schale rundherum oberflächlich abreiben. Dann Orange halbieren und auspressen. Sollten die Rübchen ansetzen, etwas Saft zugeben. Sind sie gar, die Orangenschale und den restlichen Saft zugeben. Offen etwas einköcheln lassen. Den Käse in dünne Streifen schneiden.
4. Käse über die Rüben legen, mit Pul Biber bestreuen. Den Deckel auf die Pfanne legen und den Käse schmelzen lassen.

RÜBENROHKOST

500 g Rüben waschen, Grün und Wurzelansatz entfernen und sehr fein raspeln. Mit dem Saft und der fein abgeriebenen Schale einer Zitrone mischen. 2 Birnen waschen, halbieren, klein würfeln und mit 1 Handvoll klein gehackter Walnüsse, 100 ml süßer Sahne, 1 TL Honig, Salz und Pfeffer unter den Salat mischen. 150 g Rucola waschen, grob hacken und unter den Salat ziehen. Würzen.

STECKRÜBEN-CURRY

Für 4 Portionen

700 g Steckrüben
70 g Trockenaprikosen
1 Zwiebel
1 Knoblauchzehe
1 Stück Ingwer
2 EL Rapsöl
1 EL Curry
Salz, Pfeffer
500 ml Tomatensaft
125 ml süße Sahne

45 Min.

Pro Portion 256 kcal, 5 g E, 16 g F, 22 g KH

1. Steckrüben schälen und in ca. 2 cm große Würfel schneiden. Aprikosen in kleine Würfel schneiden. Zwiebel, Knoblauch und Ingwer schälen. Zwiebel fein würfelig schneiden.
2. In einer beschichteten Pfanne Öl mit Curry erhitzen, Zwiebeln zugeben und andünsten. Rüben und Aprikosen zugeben, Ingwer und Knoblauch durch die Presse dazudrücken, mit Salz und Pfeffer würzen und schmoren. Wenn das Gemüse beginnt anzusetzen, mit Tomatensaft ablöschen.
3. Bei mittlerer Hitze zugedeckt etwa 30 Minuten garen. Zwischendurch nach Bedarf etwas Wasser zugeben. Mit Sahne und Gewürzen abschmecken.

Beilagen-Tipp: Reis, Couscous, Brot.

Variante: Je nach Saison können Sie auch Möhren statt Rüben verwenden.

MAIRÜBCHEN MIT MANDELBLÄTTCHEN

Für 4 Portionen

1 kg kleine Mairübchen

2–3 EL Butter

1 EL Zucker

1 EL Mehl

250 ml kräftige Fleischbrühe

2–3 EL Mandelblättchen

Salz, Pfeffer, Muskat

35 Min.

Pro Portion 445 kcal, 2 g E, 38 g F, 26 g KH

1. Rübchen waschen, putzen und schälen. In einer beschichteten Pfanne Butter schmelzen und mit dem Zucker hellbraun werden lassen.
2. Rübchen zugeben und unter Rühren karamellisieren, mit Mehl bestäuben und die Fleischbrühe zugießen, würzen. Bei mittlerer Hitze etwa 20 Minuten garen lassen, bis sie weich sind.
3. Mandelblättchen in einer beschichteten Pfanne ohne Öl rösten, bis sie duften.
4. Rübchen mit Salz, Pfeffer und Muskat abschmecken. Mit Mandeln bestreut servieren.

Dazu schmeckt: Kotelett oder Kassler, Püree oder Bandnudeln.

Tipp: Die Rübchen möglichst rund lassen – so karamellisieren sie am besten.

Info: Karamell bildet sich, wenn Zucker schmilzt und braun wird. Er muss dann schnell abgelöscht werden, sonst verbrennt er und wird bitter.

ORANGEN-MÖHRENROHKOST

Für 4 Portionen

500 g Möhren
1 unbehandelte Orange
30 g Datteln
30 g Walnüsse
3 EL Magerquark
1 EL Rapsöl
1 Prise Salz
1 Messerspitze Zimt

20 Min.

Pro Portion 163 kcal, 6 g E, 8 g F, 16 g KH

1. Möhren waschen, schälen und mit einer Küchenraspel fein raspeln. Die Orange waschen und die Schale mit einer Reibe fein abreiben. Danach schälen, filetieren und in mundgerechte Stücke schneiden.
2. Die Datteln klein würfeln und die Walnüsse grob hacken.
3. Alles in eine Schüssel geben und mit dem Quark und Öl vermengen, mit Salz und Zimt würzen, kurz durchziehen lassen und servieren.

Variante: Anstatt Datteln können Sie auch einfach Trockenpflaumen, Rosinen oder Cranberries nehmen. Wer es süß mag, kann etwas Honig dazugeben.

GESCHMORTE MÖHREN MIT MANDELN

Für 4 Portionen

800 g Möhren

50 g Mandeln (ungeschält)

2 EL Butter

Salz, Pfeffer, Muskatnuss

25 Min.

Pro Portion 178 kcal, 4 g E, 13 g F, 10 g KH

1. Möhren waschen, schälen und je nach Größe ganz lassen, längs halbieren oder vierteln. Mandeln grob hacken.
2. In einer großen beschichteten Pfanne Butter schmelzen, Möhren und Mandeln zugeben und kräftig anrösten. Mit Salz, Pfeffer und Muskatnuss würzen und 200 ml Wasser ablöschen. Zugedeckt bei mittlerer Hitze etwa 15 Minuten schmoren lassen.

Beilagen-Tipp: Kartoffelpüree.

Variante: Statt Mandeln schmecken auch Cashewnüsse. Statt Wasser kann man auch Apfelsaft oder Cidre zugeben. Mit etwas Sahne wird das Gemüse soßig und schmeckt dann auch zu Nudeln.

OFEN-MÖHREN

Für 4 Portionen

800 g Möhren

1 unbehandelte Orange

Salz, Pfeffer

3 EL Olivenöl

45 Min.

Pro Portion 148 kcal, 2 g E, 9 g F, 13 g KH

1. Backofen auf 200 Grad vorheizen. Möhren waschen, schälen und je nach Größe und Dicke ganz lassen, längs halbieren oder vierteln. Die Orange waschen und die Schale mit einer Reibe fein abreiben. Saft auspressen.
2. Die Möhren in eine ofenfeste Form geben und mit Salz, Pfeffer und Orangenschale würzen. Dann mit Olivenöl und Orangensaft beträufeln und im Ofen 35 bis 45 Minuten braten, dabei gelegentlich wenden.

Beilagen-Tipp: Stampfekartoffeln (Seite 94), Reis, Polentagröstel (Seite 120) und Rippchen (Seite 154).

Tipp: Ofen-Möhren schmecken auch als kalte Antipasti.

VARIANTE

Statt der Möhren lassen sich auch Fenchel, Rüben oder Petersilienwurzel so zubereiten. Champignons, Lauch und Zwiebeln sind schneller gar. Einen süßlichen Geschmack bekommt das Gemüse durch Zugabe von 1 bis 2 EL Honig. Als Gewürze passen noch: Ingwer, Kreuzkümmel oder Curry – alles im Öl gelöst.

ZWIEBELCREMESUPPE

Für 4 Portionen
500 g Zwiebeln
1 Knoblauchzehe
3 EL Butter
3 EL Mehl
300 ml Milch
Salz, geriebene Muskatnuss
1 EL Senf
1 Prise Zimt
100 ml süße Sahne
Für das Röstbrot/Croûtons:
4 altbackene Brotscheiben
3 EL Butter

50 Min.
Pro Portion 471 kcal, 9 g E, 30 g F, 42 g KH

1. Zwiebeln und Knoblauch abziehen, halbieren, würfeln und in einem Topf in der Butter bei kleiner Hitze 20 Minuten dünsten. Mehl zugeben, weiterrösten bis es ansetzt.
2. 300 ml Wasser angießen und die Suppe 20 Minuten bei schwacher Hitze kochen lassen, bis die Zwiebeln ganz weich sind. Milch zugeben und mit Salz, Muskatnuss, Senf und Zimt würzen.
3. Mit dem Pürierstab die Suppe pürieren und abschmecken. Sahne steif schlagen.
4. Brot entrinden, würfeln und in der Butter knusprig rösten. Suppe erhitzen, Sahne darunterziehen, mit den Brotstückchen servieren.

Tipp: Je nachdem, ob Sie es etwas stückig oder sehr cremig mögen, können Sie die Suppe länger oder kürzer pürieren.

Variante: Wer Kalorien zählen muss, schlägt mit dem Pürierstab Milch auf und mischt den Milchschaum am Ende unter die Suppe. Fruchtig wird's mit einem geriebenen Apfel.

ZWIEBEL-PORTWEIN-KOMPOTT

Für 4 Portionen

500 g Schalotten oder Rote Zwiebeln

2 EL Rapsöl

1 EL Tomatenmark

1 EL Honig

200 ml roter Portwein

200 ml Rotwein

Salz

1 EL Worcestersauce

1–2 EL Balsamessig

Schwarzer Pfeffer aus der Mühle

20 Min.

Pro Portion 222 kcal, 2 g E, 6 g F, 18 g KH

1. Schalotten schälen und längs halbieren oder vierteln. In einer beschichteten Pfanne Öl erhitzen, die Zwiebeln unter Rühren anbraten, bis sie beginnen anzusetzen.
2. Dann das Tomatenmark und den Honig zugeben und mit den beiden Weinen ablöschen, salzen. Bei schwacher Hitze etwa 10 Minuten offen köcheln lassen, bis die Zwiebeln gar sind und der Saft dick wird.
3. Mit Worcestersauce und Balsamessig abschmecken, mit Pfeffer übermahlen. Schmeckt warm oder auch kalt.

Tipp: Das Kompott ist eine tolle Beilage zu kurzgebratenem Fleisch, zu Pasteten, aber auch zu Risotti oder einfach als Brotaufstrich.

ZWIEBELKUCHEN

Für 1 Blech (8 Stücke)
1 Würfel Hefe,
1 TL Honig
50 g Griebenschmalz oder Öl
400 g Mehl (Type 1050)
1–2 TLSalz
1,2 kg Zwiebeln
150 g durchwachsener Speck
2 EL Öl
Salz, Pfeffer, Muskatnuss
3 Eier
200 g Sauerrahm

1 Std. + 40 Min. Backzeit

Pro Portion 411 kcal, 15 g E, 20 g F, 43 g KH

1. Hefe in 5 EL warmem Wasser mit dem Honig auflösen. Schmalz schmelzen, abkühlen lassen. Mehl in einer Schüssel mit Hefe, 175 ml lauwarmem Wasser, Schmalz und 1 bis 2 TL Salz zu einem Teig verkneten, bis er nicht mehr klebt. Abgedeckt 30 Minuten gehen lassen.
2. Zwiebeln schälen und in Scheiben schneiden. Speck fein würfeln, auf 2 Pfannen verteilen und im Öl bei mittlerer Hitze glasig ausbraten. Zwiebeln zufügen und unter Rühren 10 Minuten glasig dünsten. Mit Salz, Pfeffer und Muskat würzen.
3. Ofen auf 200 Grad heizen. Teig durchkneten, ausrollen und auf ein mit Backpapier ausgelegtes Blech legen. Zwiebelmix darauf verteilen.
4. Eier mit Sauerrahm verquirlen und würzen, auf den Zwiebeln verteilen. Auf mittlerer Schiene 40 Minuten goldbraun backen.

Dazu schmeckt: Federweißer.

Variante: 1 EL Kümmel unter die Eier-Sauerrahm-Mischung heben.

LINSEN-KRAUT-CURRY

Für 4 Portionen

200 g Tellerlinsen
1 Stück Ingwer
1 Limette
1 Zwiebel
1 Knoblauchzehe
500 g Weißkohl
2–3 EL Gänse- oder Schweineschmalz
1–2 EL mildes Paprikapulver
Salz
Chilipulver
1–2 TL Honig

40 Min.

Pro Portion 313 kcal, 14 g E, 13 g F, 35 g KH

1. Linsen kalt abspülen und in einem Topf mit 400 ml Wasser bedecken. Ingwer schälen und durch die Knoblauchpresse in die Linsen drücken, Limettenschale fein oberflächlich abreiben, zu den Linsen geben. Alles zum Kochen bringen, geschlossen bei mittlerer Hitze ungefähr 12 Minuten kochen lassen.
2. Inzwischen Zwiebel und Knoblauch abziehen und fein hacken. Das Kraut (Weißkohl) waschen und in Würfel beziehungsweise Rauten schneiden.
3. Die Zwiebeln im Schmalz mit Paprikapulver in einer großen Pfanne andünsten, dann das Kraut zugeben, salzen, mit Chili würzen und etwa 15 Minuten schmoren, bis das Kraut bräunt und gar ist. Dabei eventuell etwas Fett zugeben.
4. Dann die Linsen samt Flüssigkeit zugeben, mit dem Saft der Limette und dem Honig abschmecken und zu Tisch geben.

Beilagen-Tipp: Kartoffelknödel! Auch Reis und Schmand passen dazu.

Info: Curry bedeutet eigentlich „Sauce" und gilt in Indien als Bezeichnung für Schmortöpfe wie diesen hier.

VARIANTEN

Sie können 250 g Lamm- oder Rinderhack mit den Zwiebeln anbraten oder später 150 g Cabanossi dazugeben. Als Beilage passt eine halbe gegrillte Ananas. Dazu die Ananas schälen, halbieren, längs in schmale Streifen schneiden, das harte Mark entfernen. 2 EL Ketchup und 1 EL Sojasauce vermengen, die Ananasscheiben damit einstreichen und unter dem Backofengrill etwa 2 bis 3 Minuten grillen, bis sie braun werden.

RAHMLINSEN

Für 4 Portionen

- 1 Zwiebel
- 1 Knoblauchzehe
- 2 EL Rapsöl
- 1 EL Currypulver
- 300 g rote Linsen
- 250 ml Gemüsebrühe
- 100 g Schmand
- 1 unbehandelte Orange
- 1 Bund Rucola

40 Min.

Pro Portion 433 kcal, 23 g E, 16 g F, 48 g KH

1. Zwiebel und Knoblauchzehe schälen, halbieren und fein hacken. In einem Topf mit Öl und Currypulver glasig dünsten.
2. Linsen kalt abwaschen und zugeben, mit Brühe und Schmand ablöschen. Bei schwacher Hitze ungefähr 15 Minuten köcheln lassen. Sie sollten nicht verkochen.
3. Inzwischen die Orange heiß abwaschen, Schale oberflächlich fein abraspeln und den Saft auspressen. Rucola waschen, Blätter in kleine Stücke schneiden.
4. Rucola, Orangensaft und -schale in den Linsen heiß werden lassen, abschmecken.

Beilagen-Tipp: Spätzle oder Kartoffeln.

Saison-Variante: Im Sommer 200 g Aprikosenspalten mit den Linsen mitkochen und ein Schuss Orangensaft zugeben. Dann mit Ingwer abschmecken.

LINSENSALAT

Für 4 Portionen

- 200 g Puy- oder Beluga-Linsen
- 1 Knoblauchzehe
- 1 Lorbeerblatt
- Salz
- 2 Frühlingszwiebeln
- 1 kleiner Radicchio oder Chicorée (100 g)
- 1 EL Senf
- 3 EL Balsamessig
- 3 EL Rapsöl
- Pfeffer aus der Mühle
- 1 Apfel
- 3 EL Zitronensaft

30 Min.

Pro Portion 246 kcal, 13 g E, 10 g F, 26 g KH

1. Linsen kalt abspülen und mit 350 ml Wasser bedecken. Knoblauch abziehen und mit dem Lorbeerblatt zu den Linsen geben. Alles zum Kochen bringen und geschlossen bei kleiner Hitze ungefähr 25 Minuten kochen lassen bis die Linsen bissfest sind. Nach 15 Minuten salzen. Wenn nötig, noch etwas Wasser zugeben. Linsen abgießen, Sud auffangen, Knoblauch und Lorbeer entfernen.
2. Von den Frühlingszwiebeln die Wurzeln entfernen, Zwiebeln und Radicchio waschen und in feine Streifen oder Ringe schneiden.
3. Senf mit Essig, Öl, Salz und Pfeffer cremig rühren, dann 3 bis 4 EL Linsenwasser unterziehen und mit den Linsen, Zwiebeln und Radicchio mischen.
4. Apfel waschen, das Kerngehäuse ausstechen und den ganzen Apfel in hauchfeine Ringe hobeln, auf den Teller verteilen und mit Zitronensaft beträufeln. Salat auf den Apfelscheiben anrichten.

Info: Apfelsorten, die kaum braun werden: Elstar, Jonagold, Pink Lady, Gala, Braeburn, Golden Delicious.

WEISSER BOHNENSALAT

Für 4 Portionen

150 g getrocknete weiße Bohnen
oder 375 g gekochte weiße Bohnen (Dose)
1 Lorbeerblatt
100 g Trockenpflaumen
3 EL Balsamessig
Pfeffer, Salz
1 EL scharfer Senf
100 g Radicchio oder Feldsalat
50 g Frühstücksspeck in Scheiben
2 EL Rapsöl

15 Min. + 1 Std. Garzeit + über Nacht einweichen

Pro Portion 216 kcal, 11 g E, 7 g F, 26 g KH

1. Bohnen und Lorbeerblatt mit 600 ml Wasser bedecken und über Nacht einweichen. In diesem Wasser die Bohnen zum Kochen bringen und ungefähr 1 Stunde garen, bis sie weich sind.
2. Pflaumen in Würfelchen hacken. Mit Essig und Öl, Pfeffer, Salz und Senf unter die noch warmen Bohnen ziehen und abkühlen lassen.
3. Salat putzen und waschen, Radicchio in feine Streifen schneiden. Speck quer in schmale Streifen schneiden und im Rapsöl langsam knusprig ausbraten, ohne das er zu dunkel wird.
4. Blattsalat unter die Bohnen ziehen, abschmecken und Speckstückchen samt Öl über dem Salat verteilen.

Tipp: Beim Kochen der Bohnen kein Salz und keine Säure zugeben, da sie sonst nicht weich werden.

BOHNENEINTOPF MIT SPECK

Für 4 Portionen

300 g getrocknete weiße Bohnen
2 Zwiebeln
2 Knoblauchzehen
300 g Bauchspeck
1 Lorbeerblatt
Salz, Pfeffer

1 Std. 35 Min. + über Nacht einweichen

Pro Portion 795 kcal, 19 g E, 68 g F, 30 g KH

1. Bohnen mit 1,5 l Wasser bedecken und über Nacht einweichen. In diesem Wasser die Bohnen zum Kochen bringen.
2. Zwiebel und Knoblauch schälen, Zwiebel in Streifen schneiden, Knoblauch grob hacken und Bauchspeck in kleine Würfel schneiden. Zusammen mit dem Lorbeerblatt in den Topf geben und 75 Minuten bei mittlerer Hitze halb offen köcheln lassen.
3. Kurz vor dem Servieren Lorbeerblatt entfernen und die Suppe mit Salz und Pfeffer abschmecken.

Beilagen-Tipp: Kartoffeln, Brot.

Tipp: Den Speck können Sie auch gegen ein Wiener Würstchen pro Portion austauschen.

WEISSES BOHNENPÜREE

Für 4 Portionen

1 TL Fenchelsamen (oder 1 Teebeutel Fencheltee)

1 unbehandelte Zitrone

200 g getrocknete weiße Bohnen (Cannellini)

1 Knoblauchzehe

2 Zwiebeln

1 kleine Lauchstange

3 EL Olivenöl

1 EL Kreuzkümmel

Pfeffer, Salz

15 Min. + 1 Std. Kochen + über Nacht einweichen

Pro Portion 233 kcal, 12 g E, 10 g F, 23 g KH

1. 500 ml kochendes Wasser mit den Fenchelsamen und der abgeschälten Zitronenschale aufbrühen (Zitrone bis zum nächsten Tag aufheben), ziehen lassen. Durch ein Sieb abgießen, abkühlen lassen, die Zitronenschale wieder zum Tee geben, über die Bohnen gießen und über Nacht einweichen lassen.
2. Zwiebeln und Knoblauch abziehen und grob würfeln. Lauch von Wurzel und Blattenden befreien, längs aufschneiden, unter Wasser säubern und grob in Ringe schneiden.
3. Kreuzkümmel im Öl andünsten, das Gemüse zugeben und kurz mitdünsten. Bohnen samt Wasser zugeben und zugedeckt bei mittlerer Hitze in etwa 1 Stunde weich kochen. 100 ml Wasser unterrühren.
4. Alles pürieren, eventuell etwas Wasser zugeben. Mit Pfeffer, Salz und dem ausgepressten Saft der Zitrone abschmecken.

Beilagen-Tipp: Steaks, gepökeltes Fleisch wie Kassler, Bratwürstchen – vor allem kleine, Lachssteak.

Info: Perlbohnen sind die ganz ordinären weißen Bohnen. Aus Italien kommen die Cannellini-Bohnen, die etwas feiner schmecken. Beide Sorten sind mehligkochend und daher gut für Püree geeignet.

Tipp: Anstelle von getrockneten Bohnen kann man 500 g schon vorgekochte weiße Bohnen aus der Dose verwenden.

APFEL-LAUCHRAHM

Für 4 Portionen

3–4 Lauchstangen (geputzt ca. 700 g)
2 Kochäpfel (ca. 250 g)
2 EL Butter
Salz, Pfeffer, geriebene Muskatnuss
1 Prise Zimt
200 ml Weißwein
100 g Edelpilzkäse

25 Min.

Pro Portion 246 kcal, 10 g E, 13 g F, 14 g KH

1. Wurzeln und welke Blattenden vom Lauch abschneiden, Stangen seitlich aufschlitzen und unter fließend Wasser waschen, in 5 cm lange Abschnitte teilen. Äpfel waschen, vierteln, das Kerngehäuse entfernen und die Viertel in Spalten schneiden.
2. In einer großen beschichteten Pfanne Butter schmelzen und den Lauch kräftig anbraten, mit Salz, Pfeffer, Muskat und einer Spur Zimt würzen.
3. Wenn der Lauch beginnt anzusetzen, mit Weißwein ablöschen und einmal aufkochen lassen. Dann Apfelspalten zugeben, den Deckel auflegen und bei kleiner Hitze etwa 6 bis 8 Minuten garziehen lassen. Lauch und Apfel sollten nicht völlig zerfallen.
4. In der Zwischenzeit den Käse würfeln, dann zum Apfel-Lauch-Mix zugeben und schmelzen lassen.

Beilagen-Tipp: Nudeln, Kurzgebratenes und Kartoffeln.

Varianten: Mit einer Handvoll Walnusshälften wird das Gemüse noch sättigender, mit Cidre statt Weißwein süßer.

HIMMEL UND ERDE

Für 4 Portionen

800 g Kartoffeln
800 g Äpfel
Salz, Pfeffer, Muskatnuss
100 g Frühstücksspeck in Scheiben
3 Zwiebeln
2 EL Rapsöl
150 g Buttermilch

45 Min.

Pro Portion 361 kcal, 11 g E, 9 g F, 56 g KH

1. Den Backofen auf 200 Grad vorheizen. Kartoffeln waschen und schälen, in Würfel schneiden. Äpfel waschen, achteln und die Kerngehäuse entfernen. Kartoffeln und Äpfel mit Salz, Pfeffer und Muskatnuss vermischen und auf ein mit Backpapier ausgelegtes Backblech verteilen. Mit dem Frühstücksspeck abdecken. Für etwa 30 Minuten in den Backofen schieben.
2. Die Zwiebeln schälen, halbieren und in feine Scheiben schneiden. Im Rapsöl unter Rühren kräftig braun braten. Frühstücksspeck aus dem Ofen nehmen und quer in Streifen teilen.
3. Buttermilch erwärmen. Äpfel und Kartoffeln mit einem Kartoffelstampfer zerdrücken, nach und nach die Buttermilch zugeben und mit Salz, Pfeffer und Muskatnuss abschmecken. Mit Speck und Zwiebeln darüber anrichten.

Beilagen-Tipp: Bratwurst oder gebratene Blutwurstscheiben.

Tipp: Statt Buttermilch können Sie auch fettarme Trinkmilch (1,5 % Fett) verwenden.

APFELPUFFER

Für 4 Portionen
500 g Kochäpfel
100 g Zwieback oder Semmelbrösel
2 Eier
250 g Magerquark
1 Prise Salz
1 Packung Vanillezucker
100 g Mandelblättchen
ca. 6 EL Rapsöl zum Braten
2 EL Zucker
1 TL Zimt

35 Min.
Pro Portion 584 kcal, 20 g E, 35 g F, 46 g KH

1. Äpfel waschen und mit Schale grob raspeln. Zwieback in einer Gefriertüte mit einem Nudelholz zerdrücken.
2. Eier mit Quark, Salz und Vanillezucker cremig rühren, dann Zwieback- oder Semmelbrösel und die Raspeläpfel unterziehen, 5 Minuten quellen lassen. Ist die Masse noch zu weich, etwas Brösel zufügen.
3. Mit nassen Händen etwa 20 kleine Puffer formen. Von beiden Seiten in Mandelblättchen wenden und festdrücken. In einer beschichteten Pfanne 2 EL Öl erhitzen, Puffer darin von beiden Seiten je 4 Minuten knusprig braun braten. Auf Küchenpapier abtropfen lassen. Mit Zimtzucker bestreut zu Tisch geben.

Variante: Zum Panieren statt Mandeln Semmelbrösel oder Sesamsamen verwenden.

Info: Kochäpfel wie Boskop, Berlepsch und Glockenapfel haben einen säuerlichen Geschmack. Sie bilden einen guten Kontrast zum eher süßen Teig.

OFENSCHLUPFER

Für 4 Portionen
600 g Äpfel
200 g Brotreste
3 Eier
50 g Zucker
1 TL Zimt
250 ml Milch
250 mg Joghurt
50 g gehackte Walnüsse
40 g Rosinen
40 g Butter
1 Pckg. Vanillezucker
1 El Puderzucker

55 Min.
Pro Portion 594 kcal, 16 g E, 26 g F, 73 g KH

1. Backofen auf 180 Grad vorheizen. Äpfel waschen, vierteln, entkernen und quer in dünne Scheiben schneiden. Brotreste in Würfel schneiden.
2. Eier trennen, Eigelb mit dem Zucker und Zimt cremig rühren, Milch und Joghurt unterziehen. Mit dem Brot, Äpfeln, Nüssen und Rosinen mischen.
3. Eiweiß steif schlagen und unterziehen. Masse in eine gefettete Auflaufform geben, glatt streichen und mit Butterflöckchen belegen. Im Backofen auf mittlerer Schiene bei 180 Grad ungefähr 35 Minuten backen.
4. Vanillezucker und Puderzucker vermischen und den abgekühlten Auflauf damit bestäuben.

Varianten: Anstatt Rosinen eignen sich auch andere Trockenfrüchte wie Backpflaumen oder Aprikosen.

Tipp: Vanillezucker lässt sich ganz einfach selber herstellen. Einfach eine Vanilleschote mit Zucker bedecken und etwa 3 Wochen ziehen lassen. Die Zuckerkristalle nehmen das Vanillearoma an, ohne dass Sie die Schote auskratzen müssen.

RASPELAPFEL MIT ZIMT

Für 4 Portionen

3 EL Rosinen
2 EL Rum
4 säuerliche Äpfel (Boskoop)
2–3 EL Honig
1 TL Zimtpulver

10 Min.

Pro Portion 165 kcal, 1 g E, 1 g F, 34 g KH

1. Die Rosinen im Rum einlegen.
2. In der Zwischenzeit die Äpfel waschen, vierteln und das Kerngehäuse entfernen. Mit einer Raspel grob raspeln.
3. Honig mit dem Zimt mischen und dann gut mit dem Raspelapfel mischen und die Rum-Rosinen zugeben. Kurz durchziehen lassen und servieren.

Beilagen-Tipp: Gehackte Walnüsse.

Tipp: Für Zimthonig zum Selbermachen einfach eine Zimtstange für 1 bis 2 Wochen in ein Honigglas stellen. Und fürs Frühstück oder für Kinder den Rum durch Orangen- oder Apfelsaft ersetzen!

RHABARBERKOMPOTT MIT QUARKCREME

Für 4 Portionen

600 g Rhabarber

3 EL Zucker

500 g Magerquark

150 g Sahne oder Milch

2 Packungen Vanillezucker

1–2 EL Honig

15 Min.

Pro Portion 307 kcal, 19 g E, 12 g F, 29 g KH

1. Rhabarber putzen, waschen und in 2 cm große Stücke schneiden. Mit Zucker und 2 EL Wasser in einem Topf aufkochen lassen und bei niedriger Hitze etwa 8 Minuten weich köcheln lassen.
2. In einer Schüssel, Quark, Sahne, Zucker und Honig verrühren. In 4 Trinkgläser mit etwa 300 ml Inhalt schichtweise Kompott und Quarkcreme füllen.

RHABARBERTARTE MIT BAISERHAUBE

Für eine Springform (12 Stück)

200 g Mehl
50 g Zucker
1 Packung Vanillezucker
Prise Salz
2 Eier
100 g Butter
500 g Rhabarber
100 g Puderzucker

15 Min. + 20 Min. Backzeit
Pro Portion 192 kcal, 3 g E, 8 g F, 26 g KH

1. Backofen auf 200 Grad vorheizen. Mehl, Zucker, Vanillezucker, Salz, Eigelb und Butter zu einem Teig verarbeiten. In eine Springform geben, den Rand hochziehen und 10 Minuten auf mittlerer Schiene vorbacken.
2. Rhabarber putzen, waschen und in 2 cm große Stücke schneiden. Auf den Teig verteilen. Eiweiß sehr steif schlagen, dabei nach und nach den Puderzucker einrieseln lassen. Baiser über den Rhabarber geben, die Ofentemperatur auf 180 Grad runterschalten und 20 Minuten backen.

Tipp: Verwenden Sie zum Kochen von Rhabarber keine Aluminiumgefäße. Die Töpfe würden sich verfärben und der Rhabarber einen unangenehmen Nebengeschmack erhalten. Besser eignen sich Emaille- und Edelstahltöpfe.

DIE GUTE KARTOFFEL

„Schön rötlich die Kartoffeln sind und weiß wie Alabaster. Sie däun sich lieblich und geschwind und sind für Männer, Frau und Kind ein wahres Magenpflaster“, dichtete Christian Morgenstern. Kartoffeln beendeten die Hungersnöte in Mitteleuropa: Pro Hektar ergeben sie mehr Kalorien als Getreide, vor allem bei mageren Böden. Deutschland wurde zum Land der Kartoffelesser. Jeder hatte seinen Kartoffelvorrat im Keller, täglich standen sie auf dem Tisch. Doch das hat sich dramatisch geändert: In den 50er-Jahren lag der Verbrauch noch bei über 150 Kilogramm pro Kopf und Jahr, im Jahr 2000 nur noch bei etwa 70 Kilogramm und inzwischen gar nur noch bei 60 Kilogramm. Nur 27 Kilogramm davon sind frische Kartoffeln. Der Rest besteht aus Fertig- oder Halbfertigprodukten wie Pommes, Puffern und Püree. Doch nichts geht über frisch zubereitete Kartoffeln. Lassen Sie sich überzeugen.

GESUNDE KNOLLEN

Die Kartoffel wurde als einjährige, blühende Zierpflanze von den Konquistadoren aus Südamerika nach Europa gebracht. Dass man die verdickten Teile der unterirdischen Sprossen gegart essen kann, wurde erst später entdeckt. Es dauerte Jahrhunderte, bis Friedrich der Große sie als Volksnahrung durchsetzte. Kartoffeln enthalten einen beachtlichen Anteil an Mineralstoffen, Vitaminen und biologisch wertvollem Eiweiß. Letzteres bedeutet, ihr Eiweiß besteht aus Aminosäuren, die denen im Körper sehr ähnlich sind und somit besonders gut verwerten werden können. Dies ist in erster Linie für Nierenkranke wichtig, da sie nur wenig eiweißreiche Lebensmittel essen dürfen. Kartoffeln geben also ein Grundnahrungsmittel der besten Art ab – nur Fett enthalten sie nicht.

LINDA UND DIE VIELFALT DER SORTEN

Derzeit sind in Deutschland 149 Speisesorten zugelassen und zusätzlich 99 Sorten aus anderen EU-Ländern, die überall angebaut werden dürfen und wohlklingende Frauennamen haben – zumindest in

Deutschland. Für Otto Normalverbraucher beschränkt sich die Auswahl im Handel meist auf 25 Sorten, die rund 60 Prozent des gesamten Kartoffelmarktes ausmachen. Der Kampf um den weiteren Anbau der Sorte „Linda" hat gezeigt, wie große Züchter Einfluss nehmen können auf die Vielfalt: Die Zulassung dieser Sorte wurde vom Züchter nicht verlängert, weil er andere kommerzielle Interessen verfolgte. Eine Initiative kämpfte vor Gericht für die weitere Nutzung von „Linda" – mit Erfolg! Heute ist die Sorte lizenzfrei: Jeder kann sie anbauen. Ein Sieg für die Vielfalt! Viele alte, ebenfalls lizenzfreie Sorten sind nur regional zu bekommen, denn verschiedene Sorten setzen sich individuell nach Bodenbeschaffenheit und Klima durch. Große Vielfalt findet sich deshalb auf Bauernmärkten oder in Hofläden. Längliche Formen wie „Bamberger Hörnchen" oder „La ratte" sind bei Feinschmeckern wegen ihres Aromas besonders begehrt, daneben auch violette oder schwarze Sorten, die Farbe in den Kartoffelsalat bringen. Sie alle sind eher festkochend.

VOM SOMMER BIS IN DEN HERBST

Durch Folienanbau und gute Witterung können die ersten einheimischen Frühkartoffeln ab Ende Mai geerntet werden. Sie enthalten mehr Wasser als die späten Sorten, und sie umgibt eine zarte Schale. Beispiele sind „Berber" und „Atica". Im Juli/August kommen frühe Sorten („Cilena", „Karlena", „Sieglinde" und „Agaga") auf den Markt. Sie haben im Gegensatz zu den Frühkartoffeln eine etwas festere Schale und sind bedingt lagerfähig. Mittelfrühe Sorten werden Ende August geerntet. Sie bilden die größte Sortengruppe und gelten als Einkellerungskartoffeln. Zu dieser Gruppe gehören „Nicola", „Agria", „Linda" und „Quarta". Zum Jahresende (September/Oktober) sind die mittelspäten bis späten Sorten zu finden. Typisch hierfür sind „Aula", „Donella", „Atlanta" und „Panda". Die letzten Kartoffeln werden vor dem Frost im Herbst geerntet – sie enthalten mehr Stärke, sind oft mehligkochend und haben eine dicke Schale.

DIE KOCHTYPEN

Je nach Kocheigenschaften werden die Kartoffeln in drei unterschiedliche Klassen eingeteilt. Das erleichtert schon beim Kauf die spätere Verwendung. Entscheidend ist dabei der Stärkegehalt – er prägt die Kocheigenschaften der Knolle. Nur bei Speisefrühkartoffeln fehlt diese Klassifizierung manchmal – sie sind in der Regel eher festkochend. Ihre Schale ist hauchdünn. Sie lässt sich beim Waschen mit einem neutralen Stahlschwämmchen ganz einfach abrubbeln.

Festkochende Kartoffeln

... behalten beim Garen ihre Struktur und bleiben auch nach dem Kochen fest. Da sie vergleichsweise wenig Stärke enthalten, sind sie sehr gut für Gerichte geeignet, bei denen feste Kartoffelscheiben benötigt werden, wie Salat, Bratkartoffeln, Gratin und Pellkartoffeln. Zu ihnen zählen die Sorten „Cilena", „Nicola", „Selma" und „Sieglinde", Letztere schmeckt wenn sie als „Moorsieglinde" auf moorigen Böden angebaut wurde, besonders aromatisch. Manchmal werden festkochende auch als Salatkartoffeln angeboten.

Vorwiegend festkochende Kartoffeln

... haben eine mittelfeste bis leicht mehlige Konsistenz und sind so für fast alle Rezepte geeignet, da sie beide Eigenschaften in sich vereinen. Sie springen beim Kochen leichter auf, haben aber trotzdem eine gewisse Festigkeit. Sie sind wie geschaffen für Eintöpfe, weil sie ganz bleiben, aber trotzdem etwas binden. Auch für Puffer, Bratkartoffeln oder einfach als Pell- oder Salzkartoffeln sind sie ideal, weil sie Sauce aufnehmen können, ohne zu zerfallen.
Typische Vertreter sind die Sorten „Agria", „Berber", „Granola", „Marabel", „Quarta", „Satina", „Secura", „Solara", „Velox".

Mehligkochende Kartoffeln

... zeichnen sich durch einen sehr hohen Stärkegehalt aus, besitzen die dickste Schale und zerfallen leicht beim Garen. Nur mit ihnen gelingen luftige Pürees, Gnocchi, Klöße oder Knödel und schön cremige Suppen. Auch für Kroketten oder Plätzchen eignen sie sich bestens. Nur mit richtig mehligen Kartoffeln bekommen Sie diese Gerichte gut hin. Dabei sind sie im Supermarkt schwer zu bekommen, weil sie vorwiegend für die Lebensmittelindustrie

angebaut werden. Die braucht sie nämlich auch für ihre Instant-Pürees und -Klöße. Doch die Suche lohnt sich – vor allem im Herbst werden die mehligen Sorten wie „Adretta", „Afra", „Freya", „Karlena", „Likaria" geerntet. Die holländische „Bintje" dagegen wird kaum im Einzelhandel angeboten. Versuchen Sie es direkt beim Bauern – oder auch übers Internet.

IMMER SCHÖN LOCKER: TIPPS & TRICKS

Pürees, Cremesuppen oder Stampfekartoffeln setzen die Verwendung von mehligkochendes Sorten voraus. Doch auch sie können kleistrig und matschig werden, bearbeitet man sie zu stark. Rücken Sie den Kartoffeln deshalb nie zu lange auf den Pelz – und schon gar nicht mit dem elektrischen Stabmixer oder Rührgerät. Zerdrücken Sie sie entweder mit dem guten alten Kartoffelstampfer oder geben Sie die Kartoffeln durch die Presse – das macht den Kartoffelschnee noch lockerer. Wer's cremiger mag, kann das Püree noch kurz mit dem Schneebesen durchschlagen. Nur Suppen oder Pürees, die zur Hälfte aus Gemüse wie Sellerie, Karotten oder Kürbis bestehen, können mit dem Stabmixer püriert werden, da ihr Stärkegehalt deutlich geringer ist. Übrigens: Kochen Kartoffeln in säuerlicher Flüssigkeit wie Sauerkraut- oder Tomatensaft, dann werden sie nicht weich. Garen Sie vorzugsweise extra und mischen erst dann.

GANZ UND UNGESCHÄLT KOCHEN

Am schonendsten kochen Kartoffeln im Topf mit wenig Wasser, ungeschält und unzerkleinert, und am besten isst man sie als Pellkartoffeln. Geschälte Kartoffeln laugen beim Kochen aus, wertvolle Vitamine und Mineralstoffe gehen verloren. Die geringsten Vitamin-C-Verluste treten beim Dünsten von Kartoffeln auf: Der Vitamin-C-Gehalt von geschälten Kartoffeln nimmt beim Kochen durchschnittlich um 16 Prozent, beim Druckgaren um 27 Prozent und beim Dünsten um sieben Prozent ab. Das Dünsten von Kartoffeln, das Kochen mit wenig Wasser, schont Geschmack und Vitamine. Dabei müssen die Kartoffeln nicht vollständig mit Wasser bedeckt sein. Allerdings sollte der Topf immer mit dem Deckel verschlossen werden, damit der Dampf nicht entweichen kann und sich die Garzeit nicht unnötig verlängert. Das spart Energie und erhält sowohl den guten Geschmack als auch Vitamine. Gepellt werden die Kartoffeln dann erst nach dem Garen.

NIE WÄSSERN!

Rohe Kartoffeln verfärben sich, wenn sie nach dem Schälen länger an der Luft stehen: Sie werden grau und unansehnlich. Deshalb wurden sie früher geschält und mit Wasser bedeckt bis zum Garen stehen gelassen. Doch das laugt die wertvollen Nährstoffe zusätzlich aus. Kochen Sie die Kartoffeln deshalb vorzugsweise mit Schale – oder schälen Sie sie erst unmittelbar vor dem Garen!

DAS PROBLEM MIT DER SCHALE

Das Beste sitzt bekanntlich in oder unmittelbar unter der Schale. Nicht so bei der Kartoffel: Ihre Schale enthält natürliche Abwehrstoffe gegen Fraßschäden, die Glycoalkaloide Solanin und Chaconin. Durch Erhitzen werden sie leider nicht entschärft. Ihr leicht bitterer Geschmack macht sie leicht erkennbar – manchmal, aber nicht immer kann man sie auch anhand einer grünen Verfärbung der Schale ausmachen. Nässe und Temperaturen unter zehn Grad vor der Ernte erhöhen den Anteil dieser Nervengifte. Bei diesen Rahmenbedingungen tut man gut daran, Kartoffeln möglichst zu schälen. Zum Pellen eignet sich ein

einfaches Küchenmesser. Rohen Kartoffeln nimmt man am besten mit einem Pendelschäler ihr Äußeres. Grüne Stellen sind immer zu entfernen und Keimansätze auszustechen. Sind die Keime schon gesprossen, eignen sich Kartoffeln nicht mehr zum Verzehr.

ACRYLAMID?!

Vor diesem krebserregendem Inhaltsstoff wurde in der Vergangenheit stark gewarnt. Acrylamid entsteht beim Zubereiten von Kartoffeln bei Temperaturen von über 120 Grad und wenig Feuchtigkeit wie beim Backen, Braten, Rösten und Frittieren. Beim Garen und Dünsten besteht diese Gefahr nicht. Um die Bildung von Acrylamid gering zu halten, gilt: goldbraun zubereiten und nicht verkohlen. Ofen-Pommes aus diesem Grunde nur bei 200 Grad zubereiten (Umluft 180 Grad), braten nur bei mittleren Temperaturen und frittieren bei maximal 175 Grad.

DIE RICHTIGE LAGERUNG

Kartoffeln warten mit reichlich gesundheitlichen Pluspunkten auf. Damit diese auch erhalten bleiben, kommt es auf die richtige Lagerung an. Werden Kartoffeln nicht richtig ausgereift gelagert oder ruhen sie den Winter über zu hell, bildet sich schnell das giftige Alkaloid Solanin. Es ist farblos, befindet sich aber meist im Bereich ergrünter Stellen. Einzelne grüne Flecken lassen sich entfernen, sind die Stellen größer oder ist die ganze Knolle grün, ist sie nicht mehr genießbar.

Helle und zu warme Lagerräume fördern das Keimen der Kartoffeln. Sind die Keime bereits länger als einen Zentimeter, sollten die Kartoffeln nicht mehr verzehrt werden. Grundsätzlich gilt, Kartoffeln möglichst kühl, dunkel und trocken zu lagern. Fünf Grad Celsius Umgebungstemperatur sind optimal, da die Kartoffeln unter diesen Bedingungen am wenigsten atmungsaktiv sind und daher kaum keimen. Am besten mit Papier oder Säcken abdecken, um den Verdunstungsverlust, vorzeitiges Ergrünen und Schrumpfen einzuschränken. Alles, was unterhalb dieser Grenze liegt, würde dazu führen, dass sich die Stärke in Zucker umwandelt. Zu viel Wärme lässt sie schrumpeln.

Tipp: Wenn kein Keller oder kühler Vorratsraum vorhanden ist, kaufen Sie besser kleine, Ihrem Verbrauch angepasste Mengen.

DIE GUTE ALTE ZEIT?

In meiner Kindheit befand sich im Keller ein Holzgestell, in dem Kartoffeln für den Winter lagerten. Sie wurden vom Bauern in einem Sack gebracht – begleitet von einer Streudose Antikeimpulver, das aussah wie Scheuerpulver. Ganz abgesehen davon, dass es sicher ziemlich giftig war, vollkommen konnten sie das Keimen nicht verhindern. Und runzelig wurden die Knollen im Lauf des Winters ohnehin. Sicher: Die regionale Vielfalt war größer. Aber wer will, kann diese auch heute genießen. Wochenmarkt und Bioladen haben die besten Sorten – oder Sie kaufen direkt beim Bauern.

ROSMARINKARTOFFELN VOM BLECH

Für 4 Portionen

1 kg kleine Kartoffeln

4 EL Olivenöl

1 EL Salz

4 Rosmarinzweige

10 Min. + 25 Backzeit

Pro Portion 284 kcal, 5 g E, 12 g F, 37 g KH

1. Den Backofen auf 200 Grad vorheizen. Kartoffeln gründlich waschen und längs halbieren. Auf ein mit Backpapier ausgelegtes Blech legen und mit Olivenöl beträufeln, salzen.
2. Rosmarin waschen, trocken schütteln und etwas zerkleinern. Auf das Kartoffelblech verteilen und im Ofen in 25 Minuten weich backen.

Tipp: Sind die Kartoffeln etwas größer, entweder die Garzeit um etwa 10 bis 15 Minuten verlängern oder in kleinere Spalten schneiden.

Variante: Anstatt Rosmarin einfach Kümmelsamen oder Thymian verwenden.

Beilagen-Tipp: Schnittlauchquark (als Variante beim Liptauer-Rezept, Seite 224)

NUSSKARTOFFELN

Für 4 Portionen

800 g Kartoffeln

Salz

90 g Nüsse oder Kerne (Walnüsse, Mandeln, Haselnüsse, Kürbiskerne, Sonnenblumenkerne)

3 EL Butter

25 Min.

Pro Portion 352 kcal, 10 g E, 20 g F, 32 g KH

1. Kartoffeln waschen und in einem Topf im Salzwasser 20 bis 25 Minuten gar kochen, dann pellen und je nach Größe halbieren oder vierteln.
2. In der Zwischenzeit die Nüsse klein hacken. In einer beschichteten Pfanne Butter schmelzen, Nüsse goldbraun rösten, Kartoffeln zugeben und schwenken.

Beilagen-Tipp: Ofen-Möhren (Seite 63).

MINIKARTOFFELN MIT GUACAMOLE

Für 4 Portionen

800 g Minikartoffeln
1 reife Avocado
1 Knoblauchzehe
1 Bund Basilikum
1/2 Zitrone
150 g Sauerrahm (10 % Fett)
Salz, Pfeffer aus der Mühle

1 Std.

Pro Portion 306 kcal, 7 g E, 16 g F, 33 g KH

1. Backofen auf 180 Grad vorheizen. Kartoffeln gründlich waschen, auf ein mit Alufolie ausgelegtes Backblech oder in einen Römertopf geben und im Ofen auf mittlerer Schiene ungefähr 50 Minuten backen. Abkühlen lassen.
2. Für das Dressing Avocado halbieren und mit einem Löffel das Fruchtfleisch aus der Schale kratzen. Knoblauch abziehen, grob zerkleinern. Basilikum waschen, trocken schütteln und die Blättchen abzupfen. Den Saft der Zitrone auspressen und alles mit dem Sauerrahm mit dem Pürierstab fein pürieren. Mit Salz und Pfeffer abschmecken.
3. Die Minikartoffeln zum Dressing geben, kurz durchziehen lassen und servieren.

Tipp: Sind die Kartoffeln zu groß, einfach halbieren oder vierteln.

Variante: Statt Basilikum schmeckt auch glatte Petersilie.

RAHMIGER KARTOFFELSALAT

Für 4 Portionen

800 g Salatkartoffeln (festkochend)
200 g Naturjoghurt
100 g saure Sahne
1 EL Weißweinessig
1 EL Senf
1 unbehandelte Zitrone
Salz, Pfeffer
2 Frühlingszwiebeln
100 g Kirschtomaten
2 Putenwiener
2 EL Sonnenblumenkerne

35 Min.

Pro Portion 290 kcal, 11 g E, 10 g F, 36 g KH

1. Kartoffeln waschen, in Salzwasser 20 Minuten gar kochen. Abkühlen lassen.
2. In einer Schüssel Joghurt, Sahne, Essig und Senf verrühren. Zitrone waschen, fein etwas Schale abreiben, halbieren, eine Hälfte auspressen. Saft und Schale in die Schüssel geben. Salzen und pfeffern.
3. Frühlingszwiebeln waschen, von der Wurzel befreien und in feine Ringe schneiden. Tomaten waschen und halbieren. Wiener in Ringe schneiden. Kartoffeln pellen, in dünne Scheiben schneiden und mit Tomaten und Wiener zur Vinaigrette geben. Gut mischen und kurz durchziehen lassen.
4. Sonnenblumenkerne in einer Pfanne ohne Fett rösten, bis sie duften. Abgekühlt über den Salat streuen.

Info: Der Salat schmeckt auch ohne Senf. Einfach 1 EL mehr Joghurt nehmen.

TRÜFFEL-KARTOFFEL-SALAT

Für 4 Portionen

400 g Trüffelkartoffeln (alternativ die Sorten „Blauer Schwede" oder „Salad Blue")
400 g Salatkartoffeln (festkochend)
50 g getrocknete Tomaten in Öl
1 Ei, kernweich gekocht
2 EL kleine Kapern mit Sud
2–3 EL Tomatenöl
100 ml Bouillon
2 EL Dijon-Senf
Salz, Pfeffer aus der Mühle
200 g Feldsalat

35 Min.

Pro Portion 306 kcal, 8 g E, 15 g F, 34 g KH

1. Kartoffeln waschen und in Salzwasser in circa 20 Minuten gar kochen. Abgießen, etwas abkühlen lassen und pellen. Völlig erkalten lassen – am besten bis zum nächsten Tag.
2. Tomaten fein hacken. Ei pellen und mit 2 EL Kapernsud, 3 EL Tomatenöl, Bouillon und Senf cremig pürieren. Mit Salz und Pfeffer kräftig abschmecken.
3. Kartoffeln in feine Scheiben schneiden. Feldsalat waschen, putzen und mit Tomaten, Kartoffeln und Kapern in einer Schüssel mischen. Dressing zugeben und vermengen. Salat etwas ziehen lassen.

Dazu passt: Rindersteak, Lachs, Thunfisch oder ganz klassisch ein paar Wiener.

Info: Die Trüffelkartoffel ist eine edle französische Sorte, die dem Salat ein feines Nussaroma verleiht.

Varianten: Verlängern Sie den Salat mit Basilikumblättern oder Rucola oder jungen Spinatblättern.

KARTOFFEL-SCHICHTTOPF

Für 4 Portionen

300 g Schweinebauch (ohne Knochen)
Salz
1 kg festkochende Kartoffeln
200 g Zwiebeln
2 Rosmarinzweige
25 g getrocknete Tomaten
100 ml milder Weißwein
2–3 EL Schmand
Pfeffer aus der Mühle
Öl zum Einpinseln

15 Min. + 2 Std. 45 Min. Garzeit

Pro Portion 450 kcal, 20 g E, 21 g F, 41 g KH

1. Die Schwarte vom Schweinebauch kreuzweise einschneiden. Das Fleisch anschließend mit Salz würzen und mit der Schwartenseite nach unten in einen Topf geben. 250 ml Wasser angießen, aufkochen lassen und bei schwacher Hitze 1 Stunde geschlossen kochen. Eventuell Wasser zugießen.
2. Inzwischen die Kartoffeln waschen, schälen und in dünne Scheiben schneiden. Zwiebeln schälen und in dünne Ringe schneiden. Rosmarin waschen und die Nadeln abzupfen. Tomaten klein schneiden.
3. Schweinbauch aus dem Topf nehmen und in dünne Scheiben schneiden. Weißwein nach und nach zum Kochsud geben und einköcheln lassen. Schmand einrühren, mit Salz und Pfeffer abschmecken.
4. Backofen auf 180 Grad vorheizen. Einen Bräter mit etwas Öl einpinseln. Dann die Kartoffelscheiben, Zwiebelringe, Rosmarin, Tomaten und Schweinebauchscheiben abwechselnd hineinschichten, mit einer Schicht Kartoffeln enden. Alles mit dem Weißweinsud begießen und geschlossen im Ofen auf unterster Schiene 1 Stunde und 45 Minuten garen.

Tipp: Der Schichttopf lässt sich wunderbar am Vortag vorbereiten. Einfach eine Stunde vorgaren und am nächsten Tag bei 180 Grad fertig garen.

KARTOFFEL-LACHS-PUFFER

Für 4 Portionen

1 Ei

250 g Magerquark

600 g festkochende Kartoffeln

200 g Räucherlachs

5 EL Haferflocken

Salz, Pfeffer

Muskatnuss

2–3 EL Rapsöl zum Anbraten

25 Min.

Pro Portion 371 kcal, 25 g E, 15 g F, 33 g KH

1. Ei mit Quark verrühren.
2. Kartoffeln waschen, schälen, fein reiben und unter den Quark ziehen.
3. Räucherlachs klein schneiden und zusammen mit den Haferflocken ebenfalls unter den Quark heben. Mit Salz, Pfeffer und Muskat würzen.
4. In einer beschichteten Pfanne das Öl erhitzen. Die Kartoffelmasse löffelweise hineingeben und bei mittlerer Hitze von beiden Seiten ungefähr 23 Minuten goldbraun braten. Wenden, sobald sich eine feste Kruste gebildet hat. Auf Küchenpapier abtropfen lassen.

PASST DAZU: GURKENSALAT

2 Gurken waschen, nach Geschmack schälen und grob raspeln. Kurz abtropfen lassen. 100 g Quark mit 2 EL Zitronensaft, Salz, Pfeffer und 1 EL Öl verrühren. Gurkenraspel unterziehen. 1 Bund Dill abbrausen, trocken schütteln, Spitzen abzupfen, hacken und unterziehen.

MÖHREN-BRATKARTOFFELN

Für 4 Portionen

600 g festkochende Kartoffeln
450 g Möhren mit Grün
2–3 EL Öl
3 EL Frühstücksspeck, gewürfelt
Pfeffer

25 Min.

Pro Portion 215 kcal, 7 g E, 9 g F, 26 g KH

1. Kartoffeln und Möhren samt Grün waschen, schälen und mit einem Küchenhobel in feine Scheiben hobeln. Etwas Grün fein hacken.
2. Öl in einer großen Pfanne erhitzen und die Kartoffel- und Möhrenscheiben darin bei mittlerer Hitze zirka 15 Minuten braten, bis die Kartoffelscheiben braun sind, ab und zu wenden. Nach 4 Minuten den Speck und 2 bis 3 EL Möhrengrün zugeben. Bei geschlossenem Deckel fertig braten. Zum Schluss pfeffern.

Variante: Statt Speck auf den Kartoffeln 200 g Frühlingsquark als Tupfen verteilen oder 6 EL Mandelblättchen mit den Kartoffeln braten.

POMMES FRITES

Für 4 Portionen

Etwa 0,5–1 l Öl zum Frittieren (Raps- oder Sonnenblumenöl)
800 g mehligkochende Kartoffeln
Salz

30 Min.

Pro Portion 361 kcal, 5 g E, 25 g F, 30 g KH

1. Das Öl in einer Fritteuse oder in einen großen Topf auf 160 Grad erhitzen. Inzwischen die Kartoffeln schälen und in 1 cm dicken Stäbchen schneiden. Kurz mit Wasser abbrausen, damit die Stärke entfernt und eine gleichmäßige Bräunung erzielt wird, auf einem Küchentuch gut abtropfen.
2. Die Kartoffeln portionsweise im heißen Öl 5 Minuten backen, herausnehmen und abtropfen lassen. Das Öl auf 180 Grad erhöhen und die Pommes nochmals portionsweise in etwa 3 Minuten knusprig backen. Herausnehmen, auf Küchenpapier abtropfen lassen, salzen und heiß servieren.

Variante: Chips. Anstelle der Streifen werden die Kartoffeln in dünne Scheiben gehobelt und wie oben beschrieben frittiert und gesalzen.

PILLEKUCHEN

Für 4 Portionen (4 Stück)

100 g Weizenmehl (Type 1050)
Salz
2 Eier (Größe M)
150 ml saure Sahne
2 Zwiebeln
3–4 EL Rapsöl oder Schweineschmalz
800 g fest kochende Kartoffeln

50 Min.
Pro Portion 372 kcal, 11 g E, 14 g F, 48 g KH

1. Eier in einer Schüssel verrühren, nach und nach Mehl, Salz und saure Sahne zu einem glatten Teig vermengen.
2. Zwiebeln schälen und fein hacken. In einer großen Pfanne in 2 EL Fett einige Minuten glasig andünsten. Inzwischen die Kartoffeln waschen, schälen und grob raspeln (am besten mit der Küchenmaschine). Dann zu den Zwiebeln geben und etwa 10 Minuten unter Rühren anschmoren, in eine Schüssel geben.
3. Wieder etwas Fett in die Pfanne geben, ein Viertel der Kartoffelmasse hineingeben, flach drücken und mit einem Viertel des Teiges übergießen. Etwa 5 Minuten auf niedrigster Stufe braten, bis der Pillekuchen braun wird. Den Pillekuchen auf einen Deckel gleiten lassen, wieder in die Pfanne stürzen und weitere 5 Minuten knusprig braun braten. Im Backofen warm stellen.
4. Aus der restlichen Menge 3 weitere Pillekuchen zubereiten.

Info: Pillekuchen ist ein Kartoffelpfannkuchen und kommt aus der Bergischen Küche.

Dazu passt: Endiviensalat, Tomatensalat, Tsatsiki oder Apfelmus.

Variante: Pikanter wird er, wenn Sie mit den Zwiebeln 50 g Speckwürfel auslassen. Für süße Pillekuchen die Zwiebel weglassen, Rosinen zugeben und dazu Zimtzucker und Kompott essen.

GRUNDREZEPT STAMPFEKARTOFFELN

Für 4 Portionen

800 g mehligkochende Kartoffeln
1/2 TL Salz
50 ml Milch (1,5 % Fett)
1 EL Fett (Öl, Butter oder Schmalz)
Salz, Pfeffer, geriebene Muskatnuss

35 Min.

Pro Portion 171 kcal, 5 g E, 3 g F, 30 g KH

1. Kartoffeln waschen, schälen und in ungefähr 200 ml Salzwasser in 20 bis 25 Minuten zugedeckt gar kochen. Es sollte kaum Wasser übrig bleiben.
2. Die Milch leicht erwärmen. Die Kartoffeln im Topf mit dem Kartoffelstampfer grob zerstampfen. Nach und nach die Milch und das Öl zugeben und mit Salz, Pfeffer und Muskatnuss würzen.

Tipp: Würziger werden die Stampfekartoffeln durch 2 EL rotes oder grünes Pesto statt Fett.

VARIANTEN

Mit Radicchio: 500 g Radicchio waschen, klein schneiden und zusammen mit 1 klein gewürfelten Zwiebel in einer Pfanne mit Öl dünsten, bis er zusammengefallen ist. Mit Salz und Pfeffer würzen. 550 g Kartoffeln wie im Grundrezept garen und wie im Schritt 2 mit dem Radicchio-Zwiebelmix zerstampfen. Funktioniert auch mit Spinat oder Mangold.

Kürbis-Stampfkartoffeln: 400 g der Kartoffeln durch Kürbis ersetzen. Kartoffeln und Kürbis waschen, beides schälen (Hokkaidokürbis muss nicht geschält werden) und klein schneiden. Kartoffeln und Kürbis in einen Topf geben, salzen und mit 200 ml Wasser bedeckt 25 Minuten garen. Eventuell etwas Wasser zugeben. Anschließend zerstampfen, nach Geschmack Buttermilch zugeben. Mit Salz, Pfeffer und Muskatnuss abschmecken. Mit Kürbiskernöl beträufelt servieren.

Auch lecker: Kartoffeln wie im Grundrezept knapp mit Wasser bedeckt garen. In der Zwischenzeit 1 Zucchini (300 g) waschen, Enden entfernen, in kleine Würfel schneiden und 5 Minuten vor Ende der Kartoffelgarzeit mit dazugeben und mitgaren. 1 klein gehackte Knoblauchzehe, etwas gehackter Rosmarin und 1 EL Olivenöl zu den Kartoffeln geben. Alles mit einem Kartoffelstampfer zerstampfen.

GRUNDREZEPT KARTOFFELPÜREE

Für 4 Portionen

800 g mehligkochende Kartoffeln

Salz

250 ml Milch (1,5 % Fett)

2–3 EL Fett (Öl, Butter oder Schmalz)

Pfeffer, geriebene Muskatnuss

50 Min.

Pro Portion 239 kcal, 6 g E, 9 g F, 33 g KH

1. Kartoffeln waschen und in wenig Salzwasser 30 bis 40 Minuten zugedeckt weich kochen. Kartoffeln abgießen, kurz kalt abschrecken, pellen und in einem Topf grob zerstampfen oder durch die Kartoffelpresse drücken.
2. Milch und Fett zugeben und die Kartoffelmasse mit einem Schneebesen cremig rühren. Mit Salz, Pfeffer, Muskatnuss abschmecken.

Info: Püree nicht mit einem Rührgerät aufschlagen, es wird sonst klebrig.

Varianten: Feiner wird es, wenn Sie die Kartoffeln durch eine Presse drücken. Tomatig, wenn Sie statt Milch 1 kleine Dose geschälte Tomaten, Schmand und Pfeffer zugeben und mit den Kartoffeln einmal aufkochen lassen. 300 g Rahmspinat mit einem Schuss Milch verleiht dem Püree eine grüne Farbe.

KARTOFFEL-NOCKERLN

Für 4 Portionen

500 g mehligkochende Kartoffeln
80 g Weizenmehl (Type 1050)
40 g Vollkorngrieß
1 Ei
Salz
Muskatnuss

50 Min.
Pro Portion 211 kcal, 8 g E, 2 g F, 39 g KH

1. Die Kartoffeln waschen und in wenig Wasser in etwa 30 Minuten gar kochen.
2. Kartoffeln pellen und durch die Kartoffelpresse oder ein Sieb auf ein Holzbrett drücken, ausdampfen lassen. Dann zügig mit Mehl, Grieß, Ei, Salz und Muskatnuss zu einem formbaren Teig verarbeiten – eventuell noch etwas mehr Mehl zugeben. Nicht zu viel kneten, sonst wird der Teig klitschig.
3. In einem großen Topf Wasser mit Salz zum Kochen bringen. Mit zwei nassen Esslöffeln Nockerln abstechen und in das kochende Wasser geben und offen ziehen lassen, bis sie oben schwimmen.
4. Mit einer Schaumkelle Nockerln aus dem Wasser heben und kurz abtropfen lassen.

Tipp: Die Nockerln lassen sich besser abstechen, wenn der Löffel immer wieder in kaltes Wasser getaucht wird.

Tipp: Sie können die Konsistenz der Nockerln selbst bestimmen. Mit ein bisschen mehr Grieß werden sie härter, mit mehr Mehl dagegen weicher.

VARIANTE

Als Hauptgericht in einer Pfanne 40 g Butter zerlassen, Salbeiblätter darin braten und die Nockerln darin schwenken. Oder 50 g Griebenschmalz oder Speckwürfel zerlassen und die Nockerln darin schwenken. Dazu passt Salat.

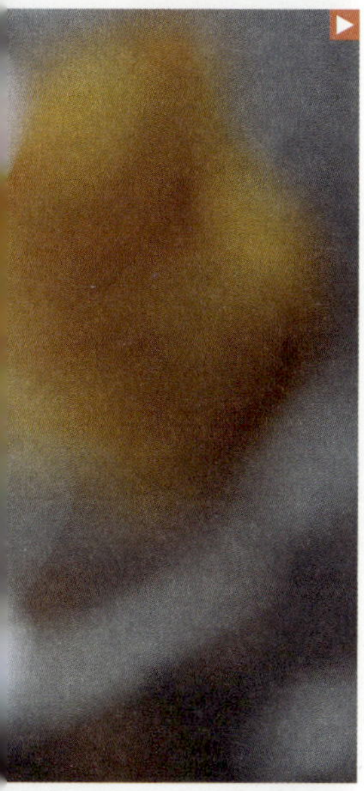

HERZOGIN-KARTOFFELN

Für 4 Portionen

750 g mehligkochende Kartoffeln

70 g Butter

2 Eier

Salz, Pfeffer, Muskatnuss

45 Min. + 10 Min. Backzeit

Pro Portion 309 kcal, 8 g E, 18 g F, 28 g KH

1. Kartoffeln waschen, in einem Topf im Salzwasser 20 bis 25 Minuten weich kochen, noch heiß pellen und durch die Kartoffelpresse auf ein großes Brett drücken. Ausdampfen lassen.
2. Backofen auf 225 Grad vorheizen und ein Backblech mit Backpapier auslegen. Nach und nach 50 g Butter und die Eier unterheben und mit Salz, Pfeffer und Muskat würzen. Achtung: nicht zu heftig rühren, sonst wird die Masse kleisterig.
3. Die Masse in einen Spritzbeutel mit Sterntülle füllen und zu Rosetten auf das Backblech spritzen. Die restliche Butter zerlassen, die Kartoffeln damit einpinseln und im Ofen auf unterer Schiene 10 Minuten knusprig backen.

Variante: Die Rosetten lasen sich auch mit geriebenem Parmesan bestreuen oder mit gemahlenen Nüssen. Statt Butter eignet sich auch Öl zum Beträufeln.

KARTOFFEL-CREMESUPPE

Für 4 Portionen

750 g mehligkochende Kartoffeln

1 Lauchstange

1 Petersilienwurzel

1 Knoblauchzehe

2 EL Rapsöl

1 EL Kreuzkümmel

Salz, Pfeffer, Muskatnuss

200 ml Weißwein

125 ml Sahne

4 Wiener Würstchen

1 Bund Koriandergrün oder Petersilie

50 Min.

Pro Portion 463 kcal, 13 g E, 26 g F, 36 g KH

1. Kartoffeln waschen, schälen und grob zerkleinern. Wurzeln und welke Blattenden vom Lauch abschneiden, Stangen seitlich aufschlitzen und unter fließendem Wasser waschen, in Scheiben schneiden. Petersilienwurzel waschen, schälen und in Würfel schneiden. Knoblauch abziehen und würfeln.
2. In einem beschichteten Topf mit 1 EL Öl den Lauch mit dem Kreuzkümmel glasig dünsten und mit 1,25 l Wasser ablöschen. Kartoffeln und Knoblauch zugeben, mit Salz, Pfeffer und Muskat würzen. Geschlossen etwa 20 bis 30 Minuten garen, bis die Kartoffeln weich sind. Dann Weißwein zugeben.
3. Kartoffeln erst stampfen und dann mit einem Pürierstab sehr kurz fein pürieren (bei längerem Pürieren werden die Kartoffeln kleistrig und zäh). Eventuell etwas Wasser zugeben. Sahne halbsteif schlagen, unterziehen. Suppe nochmals abschmecken, Würstchen darin heiß werden lassen.
4. Koriander oder Petersilie fein hacken und auf die Suppe streuen.

Beilagen-Tipp: Croûtons (Seite 64)

Variante: 1 EL Meerrettich statt Kreuzkümmel, statt Wiener als Einlage pro Teller 1 EL gewürfelter Speck oder 1 bis 2 EL klein geschnittenes Gemüse nach Saison.

DAS KRAFTKORN

Egal ob Weizen, Walnuss oder Reis: In jedem dieser winzigen oder großen „Körner" ruht die Kraft für eine neue Pflanze. Mal für eine Ähre, mal für einen ganzen Baum. Entsprechend vollwertig ist die Zusammensetzung: von hochwertigem Eiweiß über mehrfach ungesättigte Fettsäuren im Keim bis zu Vitaminen – vor allem der B-Gruppe – und Mineralstoffen strotzen Keim und Samen. Hinzu gesellen sich Kohlenhydrate und jede Menge Ballaststoffe. Das alles macht vor allem Getreide zur Basis unserer Ernährung. Gleichzeitig sind Körner, Grütze oder Grieß hochmodern: Ohne große Vorbereitung sind sie im Nu köstlich gekocht. Selbst altbackenes Brot lässt sich zu wundervollen Gerichten verwandeln!

1 Keimling 2 Mehlkörper 3 Aleuronschicht 4 Samenschale 5 Fruchtschale und Oberhaut 6 Bärtchen

KLEINE KÖRNERKUNDE

Das volle Korn enthält alle drei Schichten: Aleuron, Frucht- und Samenschale mit allen wertvollen Nährstoffen (siehe Zeichnung).

Beim polierten Korn wird die wertvolle Kleie (Frucht- und Samenschale) entfernt. Diese Maßnahme macht das Korn länger haltbar, weil auch die im Keim enthaltenen Fette beseitigt werden. Allerdings verliert es durch diesen Schritt erheblich an Nährwert.

Für Flocken werden ganze oder grob zerkleinerte Körner gepresst. Beim relativ weichen Haferkorn kann man diesen Schritt mit einer Getreidepresse sogar selbst unternehmen.

Grütze heißt nicht nur eine Art von Brei, auch grob geschrotetes Korn trägt diese Bezeichnung – neben Weizen auch Grünkern, Gerste oder Hafer. Türkischer Bulgur ist ebenfalls eine Art grobe Weizengrütze. Etwas feiner ist **Grieß**, bei dem der Mehlkörper ohne die drei Randschichten in gleichmäßige Körner vermahlen wird. Er kann aus unterschiedlichen Getreidesorten hergestellt werden. Bei uns gängig ist **Weichweizengrieß** – er eignet sich für Süßspeisen, Nockerln und Suppen. Aus **Hartweizengrieß** werden Nudeln hergestellt. Maisgrieß ist als **Polenta** bekannt. **Couscous** ist vorgekochter, also nicht mehr klebender, großkörniger Weizengrieß, der aus Nordafrika kommt.

WIE GART GETREIDE?

Der Getreidebrei ist die Urspeise des Menschen – aus den Tagen noch bevor das Brot erfunden wurde. Das Frischkornmüsli kommt diesem ersten Brei wohl am nächsten, weil es nur eingeweicht wird. Getreide wird ja in trockenem Zustand geerntet. Es muss vor allem quellen und Flüssigkeit aufnehmen – deshalb werden Nudeln in reichlich Wasser gekocht und dann abgegossen. Ebenfalls benötigen Reis oder Grütze Wasser oder Ähnliches, und letzten Endes wird auch der Teig zunächst mit Flüssigkeit vermengt. Durch Erhitzen werden negative Substanzen zerstört, auch das Säuern des Brotes oder das Gehen des Hefeteiges erhöht die Verträglichkeit. Reichen Flüssigkeit oder Quellzeit nicht, bleiben Brei und Nudeln hart. Zu viel Flüssigkeit und zu lange Garzeit lassen Nudeln, Reis oder Flocken zu weich werden. Jedes Produkt verhält sich da etwas anders – lieber zunächst etwas weniger Flüssigkeit hinzufügen und eine etwas kürzere Garzeit ansetzen – zugeben und verlängern kann man immer noch.

WIE WIRD DAS KORN „INSTANT"?

Nicht nur Reis – auch Couscous, ganze Weizenkörner oder Getreidegrützen werden als „parboiled" oder Instantprodukte angeboten. Das heißt: Das Getreide klumpt nicht und bleibt körnig. Die Gar- und Quellzeit ist erheblich – meist auf eine knappe Viertelstunde – reduziert. Durch Vorgaren mit Heißdampf wird dieser Effekt erzielt und vor allem auf Vollkornprodukte angewendet – hier ist die Zeitersparnis enorm, weil Vollkorngetreide Quellzeiten von bis zu einer Stunde hat. Wird das Korn nach der Heißdampfbehandlung noch poliert, dann bleibt ein großer Teil der Mineralstoffe und Vitamine im Korn erhalten – nur die Ballaststoffe fehlen. Reis und Weizen, aber auch Polenta werden dem Verfahren häufig unterzogen.

WAS DIE MEHLTYPE VERRÄT

Für Mehl werden die Körner fein vermahlen. Je nachdem, wie viel der äußeren Schichten des Korns dabei ausgesiebt werden, entsteht ein helleres oder dunkleres Mehl. Gemessen wird der Grad der Ausmahlung anhand des Gehaltes an Mineralstoffen. 100 Kilogramm wasserfreies Mehl werden dazu im geschlossenen Ofen verbrannt und die Asche gewogen. Die Grammzahl ergibt dann die Mehl-Type. Je höher die Typenzahl, desto mehr Mineralstoffe, Vitamine und Ballaststoffe enthält das Mehl und desto dunkler ist es. So hat weißes Weizenmehl die Type 405, Bäcker verwenden die Type 550, 1050er-Mehl ist etwas grau und wird gern für Pizzateig verwendet. Dieses Mehl enthält immerhin doppelt so viele Mineralstoffe wie weißes Mehl. Die höchste Type bei Weizenmehl beträgt 1600, bei Roggenmehl 1740.

Vollkornmehle werden nicht typisiert, weil sie das ganze Korn samt Keimling enthalten und im Mineralstoffgehalt schwanken. Weil die enthaltenen Ballaststoffe mehr davon aufnehmen, brauchen dunklere Mehle mehr Flüssigkeit zum Quellen und Backen. Wird nur Vollkornmehl verwendet, steigt die Menge um ein Viertel, bei Typ 1050 um 15 Prozent und bei einer Mischung (1:1) aus Typ 1050 und Weizenvollkornmehl um 15 bis 20 Prozent. Am einfachsten lässt sich Weißmehl in Rezepten durch Mehl der Type 1050 ersetzen.

BROT

In unseren Breiten wird Getreide in erster Linie zu Brot verarbeitet. Doch in diesem Buch geht es nicht ums Brotbacken, sondern um die Verwertung von altbackenem Brot, das zum Wegwerfen wahrlich zu schade ist. Anregungen für die Verwendung finden sich in alten Kochbüchern. Grundsätzlich sind Misch- und Weizen- oder Dinkelbrote am besten zur Weiterverwertung geeignet: Sie lassen sich einweichen, ohne schmierig zu werden. Das kann mit feinporigem Sauerteigbrot aus Roggen leicht passieren. Außerdem sind Brötchen, Baguette & Co. immer etwas luftiger – ideal für Aufläufe und Suppen. Wichtig: Altbackenes Brot luftig aufbewahren – dann wird es zwar trocken, schimmelt aber nicht. Doch nun zu den unterschiedlichen Verwendungen:

Semmelbrösel kann man ganz einfach selbst herstellen: Brot/Brötchen in Scheiben schneiden und sehr trocken werden lassen. Dann mit der Küchenmaschine wie Nüsse zu Bröseln reiben. Semmelbrösel ergeben in Butter geröstet eine köstliche

Garnitur für Kartoffeln oder Gemüse wie Blumenkohl oder für süße Nockerln oder Klöße.

Knabberbrot Besonders aromatische Brotsorten wie Oliven-, Nuss- oder Pizzabrot in hauchdünne Scheiben schneiden und auf dem Bratrost im Backofen bei 140 Grad etwa 20 Minuten trocknen: Anschließend sind sie haltbar und schmecken als Snack zu Käse und Wein.

Croûtons sind kleine Brotwürfel, die in der Pfanne in Fett knusprig gebraten werden und als Garnitur für Gemüsesuppen oder Salate dienen. Je nachdem ob in Schweineschmalz, Butter oder Olivenöl geröstet wird, ergeben sich unterschiedliche Aromen. Für Croûtons ist auch Sauerteigbrot geeignet.

Saucen Brot kann Saucen auch auf neutrale Art binden: In diesem Fall zuvor die dunklen Krusten entfernen (abschneiden oder abraspeln) und die Krume mitkochen – sie zerfällt. Ähnlich lassen sich cremige Suppen binden.

Aufläufe Brot ersetzt hier Nudeln oder Kartoffeln, es braucht lediglich Sauce zum Quellen – je älter und trockener das Brot, desto mehr –, und als Schutz vorm Verbrennen eine Käsekruste.

Eintöpfe sind wohl die älteste Brotverwertung – und waren früher oft süß, mit Trockenobst und Milch zubereitet. Hier ist locker gebackenes Brot Voraussetzung – mit Bouillon und Käse ein wunderbares Blitzessen.

HAFER

Hafer gehört zu den jüngeren Getreidearten und wird als wahre Kraftnahrung gerühmt. Er ist immerhin das Getreide mit dem höchsten Fett- und Eiweißgehalt und enthält relativ viel Eisen und Kalzium. Außerdem werden ihm legendäre „Weckamine" nachgesagt, die die Stimmung positiv beeinflussen sollen. Wissenschaftlich nachgewiesen ist das freilich nicht. Hafer schmeckt sowohl in kalten als auch in warmen Gerichten. Aufgrund seines hohen Fettgehalts kann

geschroteter Hafer ranzig werden und dadurch leicht bitter schmecken. Röstet man den Hafer in einer Pfanne, wird das nussartige Aroma verstärkt. Er ist so weich, das man ihn selbst mit einer kleinen Handpresse zu Flocken pressen kann. So lässt er sich auch als ganzes Korn wie Reis zubereiten. Der Klassiker sind Haferflocken in unterschiedlicher Härte. Im Handel ist Hafer auch als ganzes und geschrotetes Korn und als Grütze erhältlich. Als ganzes Korn schmeckt er ähnlich wie Vollkornreis und ist ebenso zuzubereiten. Schneller geht es im Schnellkochtopf!

BUCHWEIZEN

Die kleinen, dreikantigen Körner erinnern in ihrer Form an Bucheckern, daher auch der Name Buchweizen. Er ist ideal für eine glutenfreie Ernährung, da Buchweizen botanisch gesehen ein Knöterichgewächs ist. Aber durch die dem Getreide ähnliche Zusammensetzung, Verarbeitung und Verwendung wird der Buchweizen unter praktischen Gesichtspunkten zum Getreide gezählt. Allerdings enthält das Buchweizeneiweiß im Gegensatz zum Getreide die essenzielle Aminosäure Lysin, die unter anderem für das Knochenwachstum notwendig ist. Zudem ist die biologische Wertigkeit der Eiweiße sehr hoch. Großer Beliebtheit erfreut sich Buchweizen in der russischen Küche. Hier sind Buchweizenpfannkuchen, die Blinis, ein Nationalgericht. Trocken in der Pfanne geröstet, schmecken Buchweizenkörner wie Nüsse oder Kerne. Sie sind prädestiniert als Garnitur für Suppen und Salate oder untergemischt im Müsli.

GRÜNKERN

Grünkern ist unreifer, also grün geernteter und gerösteter Dinkel, der Urvater des Weizens. Er wurde einst aus der Not geboren, als verregnete Sommer die Ernte zu vernichten drohten. Durch das anschließende Darren oder Rösten wird das Korn getrocknet, also haltbar gemacht und bekommt sein leichtes Raucharoma. Um den leicht erdigen Geschmack zu dämpfen, einfach in der Pfanne kurz anrösten. Im Handel ist Grünkern als ganzes und geschrotetes Korn, Grieß und Mehl erhältlich. Als Bratling ist er ein Klassiker der vegetarischen Küche, weil er so ein würziges Aroma hat.

GERSTE/GRAUPEN

Gerste ist das älteste Getreide und war schon in der Steinzeit bekannt. Es hat einen leicht süßlichen Geschmack, ist besonders milde und gilt als milchbildend bei stillenden Müttern. Neben der Verarbeitung zu Malz in der Bierherstellung wird das rundgeschliffene, polierte Gerstenkorn zu Graupen verarbeitet, kleine Gerstenkörner heißen Perlgraupen. Nachdem Graupen in der Ernährung durch Reis verdrängt wurden, werden sie zunehmend wiederentdeckt. Ihre leicht cremige Struktur macht sie zu einer hervorragenden Basis für Risotto. Der leicht dumpfe Geschmack wird mit Kräutern und immer etwas Säure in Form von Zitronensaft und -schale, Weißwein oder Schmand spritziger. Allerdings geht durch das Abschleifen der äußeren Randschichten ein wichtiger Nährstoffteil verloren. Dennoch enthalten sie nennenswerte Mengen an Niacin, Folsäure, Zink und Eisen. Im Handel ist Gerste als Grütze, Mehl und Flocken erhältlich. In England ist „Barleywater", ein Sud aus Gerstenschrot, ein beliebtes Erfrischungsgetränk, das als besonders magenschonend gilt.

WEIZENGRIESS

Bei der Grießherstellung werden Körnchen von gleichmäßiger Größe geschliffen. Je größer die einzelnen Körner, desto gröber der Grieß. Es gibt Hartweizen- und Weichweizengrieß. Hartweizengrieß ist Grundlage von Pasta – dafür wird der Grieß sehr fein geschliffen. Bei Couscous sind die Körner größer. Dieser „Durumweizen" gedeiht eher in Italien und enthält besonders viel Klebereiweiß. Nudeln aus Hartweizengrieß behalten so auch ohne Ei Struktur und Biss, ebenso Klößchen. Weichweizen dagegen ist ein typisch deutsches Erzeugnis und Grundlage für cremigen Brei, Suppen, Klöße aller Art und Flammeris. Er quillt leichter und weicher – deshalb wird er meist mit Ei verwendet wie in Eiernudeln oder Spätzle. Als Vollkornvariante ist er ebenfalls auf dem Markt und lässt sich am besten mit Nüssen kombinieren.

REIS

Die Vielfalt der Reissorten nimmt stetig zu. Dabei gab es in Deutschland ursprünglich zwei unterschiedliche Sorten: **Langkornreis**, mit Vorliebe Patna. Er ist hart, glasig und sollte beim Kochen unbedingt körnig und locker bleiben. Er eignet sich gut für einen Salat oder als Beilage. Neben Patnareis hat sich der elegante, zarte Basmatireis etabliert. **Rundkornreis** wird meist als Milchreis angeboten, eine klassische norddeut-

sche Süßspeise. Er hat einen höheren Stärkegehalt und wird beim Kochen weich und cremig. Sogar als Brotaufstrich wurde „süßer Reis" verwendet. Auch Klebereis und der berühmte Sushireis gehören zu den Rundkornsorten.

Es gibt aber eine Zwischenart, den **Mittelkornreis**. Er wird für Risotto und auch für Paella verwendet und vor allem in Italien und Spanien angebaut. Er kocht ebenfalls weicher, wenn auch mit bissfestem Kern, und klebt nach dem Abkühlen fest zusammen. Deshalb sollte Risotto immer topfrisch zubereitet gegessen werden! Es gibt rote Reissorten und sogar schwarze – nicht zu verwechseln mit Wildreis, der kein Getreide, sondern ein Grassamen ist.

Mit Reis ging es ähnlich wie mit Mehl: Mit immer besserer Technik wurde er weißer und weißer poliert: Silberhäutchen und Keim wurden dabei entfernt – und damit auch Eiweiß, Vitamine, Mineral- und Ballaststoffe. Das führte bei einseitiger Reiskost, wie zum Beispiel bei der japanischen Marine, zu Beriberi, einer Vitamin-B1-Mangelkrankheit: Durch die Krankheit wurde dieses Vitamin Anfang des 20. Jahrhunderts überhaupt erst entdeckt. Wer nur ab und zu Reis isst, kann aber unbesorgt zu den weißen Sorten greifen.

Ein guter Kompromiss ist **Parboiled Reis:** Hier wird das Korn vor dem Polieren mit Wasserdruck und -dampf behandelt. Vitamine und Mineralstoffe wandern so aus der Schale in das Korninnere, so dass diese auch nach dem Polieren größtenteils erhalten bleiben. Er quillt aufgrund der Hitzvorbehandlung besonders schnell. Und er bleibt körnig!

Vollkornreis hat je nach Sorte eine Gardauer von bis zu einer Stunde und einen kräftigen Biss. Wie bei anderem Getreide geht's auch im Schnellkochtopf fixer! Basmati allerdings ist auch als Vollkorn zart.

Wichtig: Reis immer nach der Quellmethode garen, also kurz mit oder ohne Fett erhitzen, mit knapp der doppelten Menge – bei Vollkornreis der 2,5-fachen –

1

2

3

4

Flüssigkeit aufgießen, aufkochen und dann quellen lassen. Dadurch werden Nährstoffe und Aromen nicht ausgeschwemmt, sondern bleiben im Korn.

REIS KOCHEN

1. Reis trocken erhitzen, aufgießen (1 Tasse Reis + 2 knappe Tassen Flüssigkeit) und Salz zugeben.
2. Aufkochen lassen, Deckel schließen, bei kleiner Hitze etwa 20 Minuten ausquellen lassen.
3. Deckel öffnen: dampfenden Reis mit einer Gabel lockern.

POLENTA

Getrockneter Mais wird zu Grieß gemahlen und ist in Italien als Polenta und in Rumänien als Kukuruz bekannt. Mais enthält als einzige Getreideart größere Mengen an Carotin, der Vorstufe von Vitamin A. Maisgrieß hat ein sehr großes Quellvermögen: Für eine schnittfeste Polenta werden auf eine Tasse Grieß vier Tassen Flüssigkeit gegeben, für weichere Varianten entsprechend ein bis zwei Tassen mehr. Im warmen Zustand ist der Maisbrei noch weich, sobald er aber abgekühlt ist, wird er schnittfähig und lässt sich braten. Es gibt den Grieß von fein bis grob – dann hat er mehr Biss. Mit Maismehl dagegen wird gebacken. Als „Gehmittel" ist Hefe ungeeignet, weil Mais kein Klebereiweiß (Gluten) enthält. Stattdessen Natron oder Backpulver verwenden, bei Kuchen auch Eischnee. Maisgrieß frisch verwenden: Bei zu langer Lagerung gerät er leicht bitter.

POLENTA ZUBEREITEN

1. 1 Tasse Maisgrieß mit 4 Tassen Flüssigkeit aufkochen, je nach Sorte 5 bis 15 Minuten köcheln lassen.
2. Warme Masse flach in eine Form füllen oder auf ein Blech streichen.
3. 15 bis 20 Minuten erkalten lassen, dann schneiden.
4. In Olivenöl goldbraun ausbraten.

MANDELN

Mandeln werden in Süß- und Bittermandeln unterschieden. Letztere sind roh giftig, werden durch Hitze beim Backen unschädlich und dienen der Aromatisierung. Konzentrieren wir uns auf die süßen Mandeln: Ihre Schale schmeckt würzig-aromatisch und ist sehr reich an wertvollen unlöslichen Ballaststoffen, die eine positive Wirkung auf den Blutfettspiegel haben. Ohne Schale schmecken Mandeln noch süßer, enthalten dann aber nicht mehr so viele Ballaststoffe. Sie sind reich an gesunden mehrfach

1

2

3

4

ungesättigten Fettsäuren und Vitamin E – das Risiko für Herz-Kreislauf-Erkrankungen sinkt. Verstärkt wird die positive Wirkung durch Bioaktivstoffe wie Catechin, Epicatechin und Kaempferol, die allesamt eine antioxidative Wirkung haben. Außerdem liefern Mandeln wertvolles pflanzliches Eiweiß, Magnesium, Eisen, Kalium, Kalzium und Phosphor. Mandeln sind eine maßgeschneiderte Zutat in vegetarischen Gerichten – und gleichzeitig ein idealer Snack, der nachweislich nicht dick macht, sondern auf gesunde Weise die Leistungsfähigkeit fördert – und zwar nicht nur kurzfristig.

MARONI

Maroni sind Edelkastanien und im Gegensatz zu den Rosskastanien, mit denen sie nicht verwandt sind, essbar – aber erst, nachdem sie gegart sind. Aus der Familie der Nüsse und Kerne enthalten sie am wenigsten Fett (nur 3 bis 4 %) und viele Kohlenhydrate, daher der auch etwas mehlig-süßliche Geschmack. In Maroni stecken relativ viele B-Vitamine: Das tut den Nerven gut. Außerdem sind sie voller Tryptophan (Aminosäure, Eiweißbestandteil) – das unterstützt die Entspannung und schafft Wohlgefühl. Sie wirken basenbildend und sind deshalb eine gute Beilage auch zu Fleisch. Nährwerttechnisch kommen sie der Kartoffel nahe – so waren sie im Tessin Grundnahrungsmittel, wurden zu Mehl und dann weiter zu Brot und Nudeln verarbeitet. Im Kühlschrank kann man frische Kastanien einen Monat lagern. Gegart und geschält können sie auch problemlos für etwa sechs Monate eingefroren werden. Frische Kastanien lassen sich gut rösten – so werden sie auch im Herbst an den Straßenecken angeboten. Im Handel bekommt man Maroni von September bis Ende Februar entweder unverarbeitet mit der braunen Schale oder geschält, vorgekocht und vakuumverpackt. Sie lassen sich ganz einfach zu Hause im Ofen selbst zubereiten (siehe Seite 128): oben einritzen, entweder auf einem Blech im offenen Kamin rösten oder 25 Minuten bei 200 Grad im Backofen oder in gesalzenem Wasser etwa 15 Minuten kochen.

Maroni sind ei- bis herzförmig und haben eine flache, dreieckige Unterseite sowie eine glänzende rötlichbraune Schale mit dunklen Streifen. Am Baum sind sie von einer Stachelschale umgeben, die bei Reife aufspringt und die braunen Kerne freigibt.

HAFERRISOTTO MIT ROTER BETE

Für 4 Portionen

500 g Rote Bete
1 Zwiebel
1 EL Rapsöl
200 g Haferkörner
250 ml Apfelwein, Cidre
ca. 500 ml Gemüsebrühe
150 g Schmand
1 Stück Meerrettich oder 2 EL Meerrettich
Salz, Pfeffer
Balsamessig

1 Std.

Pro Portion 388 kcal, 10 g E, 14 g F, 48 g KH

1. Rote Beete und Zwiebeln schälen, halbieren und klein würfeln. Beides in einem Topf im Öl andünsten, Haferkörner zufügen und mit andünsten.
2. Mit Apfelwein ablöschen und die heiße Gemüsebrühe angießen und zugedeckt köcheln lassen. Ab und zu umrühren. Nach ungefähr 45 Minuten probieren, ob der Hafer gar, aber noch bissfest ist.
3. Schmand und frisch geriebenen Meerrettich unter das Risotto ziehen und mit Salz, Pfeffer und Balsamessig abschmecken. Sofort servieren.

Tipps: Gummihandschuhe zum Schneiden der Roten Beete verhindern rot gefärbte Finger.
Hafer ist das weichste Getreidekorn und lässt sich entsprechend auch wie Reis garen. Wenn das Risotto länger steht, quillt er weiter und wird trockener, Dann etwas heiße Flüssigkeit zugeben – und den Schmand erst bei Tisch unterziehen. Im Schnellkochtopf Stufe 2 braucht der Hafer nur etwa 20 Minuten Garzeit.

Info: Meerrettichwurzeln werden ab Herbst und den Winter über angeboten. Sie sind sehr scharf. Als Vorrat wie Ingwer im Gemüsefach des Kühlschranks lagern. Lässt sich mit Blitzhacker und Reibe fein reiben.

HAFERSALAT

Für 4 Portionen

200 g Haferkörner

1 Bund Frühlingszwiebeln

300 g Tomaten

100 g Feta

1 Bund Rucola

1 gelbe Paprika

1/2 unbehandelte Zitrone

1 TL Honig

1 TL Senf

4 EL Olivenöl

Salz, Pfeffer

50 Min.

Pro Portion 418 kcal, 14 g E, 22 g F, 40 g KH

1. Die Haferkörner in einem Topf ohne Öl kurz anrösten, bis sie anfangen zu duften. 600 ml Wasser angießen, salzen und zugedeckt etwa 35 Minuten köcheln lassen – ab und zu umrühren. Eventuell Wasser nachgießen. Oder 20 Minuten im Schnellkochtopf Stufe 2 garen. Dann abkühlen lassen.
2. Von den Frühlingszwiebeln die Wurzeln entfernen und in feine Streifen schneiden. Tomaten waschen, Strunk entfernen und wie den Feta klein würfeln. Rucola waschen, Blätter in kleine Stücke schneiden. Paprika waschen, entkernen und klein würfeln.
3. Zitronenschale abreiben, Saft auspressen. Die Schale in einer großen Schüssel mit Honig und Senf mischen, Öl zugeben und mit Zitronensaft, Salz und Pfeffer abschmecken. Gemüse und Hafer in die Vinaigrette geben, alles gut vermischen, abschmecken und servieren.

HAFER SELBER FLOCKEN

In der Industrie werden die Körner beim Flocken erhitzt. Das verlängert die Haltbarkeit und macht sie leichter verdaulich. Wer es pur mag, kann Hafer aber mit einem Handflocker selber zu Flocken pressen – ganz einfach und pur frisch nach Bedarf. Die Geräte gibt's im Haushaltwaren- oder Bioladen.

PIKANTE BUCHWEIZEN-PFANNKUCHEN

Für 4 Portionen

200 g Buchweizenmehl
1 Packung Trockenhefe
100 ml Weißwein oder Apfelsaft
1–2 TL getrocknete Kräuter der Provençe
500 g feste Tomaten
Salz
4 EL Olivenöl
50 g Buchweizenkörner
200 g Sauerrahm

45 Min. + 1 Std. Gehzeit
Pro Portion 425 kcal, 7 g E, 18 g F, 54 g KH

1. Mehl samt Hefe mit 100 ml Wein anrühren. 400 ml warmes Wasser unter Rühren dazugeben. An einem warmen Ort 1 Stunde gehen lassen. Dann 1 TL Salz und die getrockneten Kräuter zugeben.
2. Tomaten waschen, den Stielansatz entfernen und die Tomaten in Würfel schneiden. Buchweizen in einer beschichteten Pfanne rösten, bis sie anfangen zu duften. Beides unter den Teig heben.
3. Je Pfannkuchen 1 EL Öl in der Pfanne erhitzen und mit einer großen Kelle den Teig hineingießen. Teig reicht für etwa 8 Pfannkuchen. 3 bis 4 Minuten backen, dann wenden und fertig backen.
4. Mit Sauerrahm servieren.

Info: Buchweizenmehl bekommen Sie im Reformhaus oder im Bioladen. Sie können auch Buchweizen in einer elektrischen Kaffeemühle selber mahlen.

Tipp: Zum Wenden einen Teller auf die noch nicht gebackene Pfannkuchenseite legen, mit der Pfanne auf den Kopfstellen und vom Teller in die Pfanne zurück schieben, weiterbacken.

Varianten: Pfannkuchen ohne Tomaten, sondern nach dem Backen mit Sauerrahm bestreichen und mit Rucola bestreut servieren. Mit klein gehacktem Sauerkraut (circa 20 g pro Pfannkuchen) im Teig backen.

BUCHWEIZEN-CREMESUPPE

Für 4 Portionen

1 Zwiebel
1 Knoblauchzehe
1 rote Paprikaschote
150 g Buchweizen
2 EL Rapsöl
500 ml Tomatensaft
Salz, Pfeffer
1 TL Thymianblättchen
200 g Sauerrahm

45 Min.

Pro Portion 269 kcal, 7 g E, 12 g F, 33 g KH

1. Zwiebel und Knoblauch schälen, halbieren und grob würfeln. Paprika waschen, Stiel und Kerne entfernen und die Schote hacken. Den Buchweizen in einer beschichteten Pfanne unter ständigem Rühren anrösten, bis er duftet und leicht gebräunt ist. 3 EL als Croûtons beiseitestellen.
2. Zwiebel, Paprika und Knoblauch in einem Topf im Rapsöl kräftig anbraten. Buchweizen zugeben und mit dem Tomatensaft und 300 ml Wasser ablöschen. Kräftig würzen und den Thymian zugeben. Bei mittlerer Hitze zugedeckt etwa 25 Minuten köcheln lassen, bis der Buchweizen weich ist.
3. Im Topf mit dem Pürierstab fein pürieren, auf Suppenstärke mit Wasser (circa 500 ml) verdünnen und mit Salz und Pfeffer abschmecken.
4. Mit Sauerrahm und geröstetem Buchweizen zu Tisch geben.

GRÜNKERN-BRATLINGE

Für 4 Portionen

1 Zwiebel
150 g Grünkernschrot
2 EL Öl
1 Ei
100 g geriebener Parmesankäse
Pfeffer
30 g Mohn
Öl zum Braten

30 Min. + 15 Min. Backen

Pro Portion 347 kcal, 16 g E, 21 g F, 25 g KH

1. Zwiebel schälen, halbieren und klein würfeln. In einem Topf im Öl glasig dünsten, Grünkern zugeben, kurz mitrösten. Mit 300 ml Wasser ablöschen und zugedeckt bei mittlerer Hitze ungefähr 10 Minuten köcheln und 10 Minuten nachziehen lassen.
2. Ei und Parmesan zugeben und in einer großen Schüssel verkneten, bis die Masse gut formbar ist. Mit Pfeffer würzen.
3. Backofen auf 200 Grad vorheizen. Mit angefeuchteten Händen aus der Masse 8 Bratlinge formen und im Mohn wenden. Das Backblech mit Backpapier auslegen, Bratlinge darauflegen und auf der mittleren Schiene im Ofen etwa 15 Minuten goldbraun backen.

Info: Das Rösten von Grünkern dämpft den erdigen Geschmack und macht ihn würziger.

Tipp: Die Bratlinge können statt im Ofen in einer beschichteten Pfanne in Öl beidseitig goldbraun gebraten werden.

Variante: Getrocknete Tomaten fein hacken und etwa 1 Tomate pro Bratling unter die Masse heben. Bratlinge statt in Mohn in Sesam oder Leinsamen wenden.

GRÜNKERN-PILZ-AUFSTRICH

Für 9 Portionen

1 kleine Zwiebel (40 g)
7 g getrocknete Steinpilze
150 g frische Pilze (z. B. Champignons, Pfifferlinge, Steinpilze)
20 g Walnusskerne
1 EL Öl
40 g Grünkernschrot
Salz, Pfeffer

35 Min.

Pro Portion 46 kcal, 2 g E, 3 g F, 3 g KH

1. Zwiebel schälen, halbieren und klein würfeln. Die getrockneten Steinpilze zerbröseln. Die Champignons putzen und mit dem Blitzhacker klein hacken. Walnüsse klein hacken.
2. Zwiebeln in einer beschichteten Pfanne im Öl kräftig braun braten, das Grünkernschrot und die frischen Pilze zugeben. Kurz andünsten und 50 ml Wasser zugeben. Die getrocknete Pilze einstreuen, mit Salz und Pfeffer würzen und etwa 10 Minuten bei kleiner Hitze und geschlossenem Deckel köcheln, 10 Minuten nachziehen lassen.
3. Vom Herd nehmen, Walnüsse unterrühren, abschmecken und in ein sauberes Schraubglas füllen.

Info: Der Aufstrich ist im Kühlschrank ungefähr 5 Tage haltbar.

GRÜNKERNPFANNE

Für 4 Portionen
1 Zwiebel
1 Knoblauchzehe
2 Lorbeerblätter
Salz
200 g Grünkern
2 Lauchstangen (600 g)
500 g Möhren
4 Eier
80 ml Milch
1 TL Currypulver
3 EL Rapsöl

20 Min. + 1 Std. Quellzeit
Pro Portion 419 kcal, 19 g E, 18 g F, 45 g KH

1. Zwiebel und Knoblauch schälen und mit einem halben Liter Wasser, Lorbeer und 1 TL Salz zum Kochen bringen. Grünkern zugeben und zugedeckt bei kleiner Hitze ungefähr 1 Stunde quellen lassen.
2. Lauch von Wurzel und Blattenden befreien, längs aufschneiden, waschen und in feine Ringe schneiden. Möhren waschen, schälen und in Juliennestreifen schneiden. Eier mit der Milch verquirlen und mit Salz und Curry würzen.
3. In einem Wok Öl erhitzen, Möhren zugeben, salzen und unter ständigem Rühren 5 Minuten braten, dann Lauch zufügen und weitere 5 Minuten garen. Den Grünkern zugeben und kurz mitbraten. Die Mischung an den Rand schieben und das Rührei in die Mitte gießen, stocken lassen und mit den übrigen Zutaten vermischen.

Info: Julienne bezeichnet in der Küche eine Schneideart, in der Gemüse in sehr feine Streifen geschnitten wird. Die Möhren erst längs in dünne Scheiben und dann in etwa 5 cm lange, dünne Streifen schneiden. Geht auch mit einem entsprechenden Hobel.

Blitztipp: Im Schnellkochtopf ist Grünkern in etwa 30 Minuten gar.

GRÜNE GRAUPEN

Für 4 Portionen

1 Zwiebel
1 grüne Paprikaschote
2 EL Butter
200 g Gerstengraupen
Salz, weißer Pfeffer
2 Handvoll grüne, frische Kräuter
2 EL Schmand

45 Min.
Pro Portion 270 kcal, 7 g E, 9 g F, 39 g KH

1. Zwiebel schälen, halbieren und klein würfeln. Paprika waschen, von Stiel und Kernen befreien und ebenfalls würfelig schneiden. In einer beschichteten Pfanne Butter schmelzen und beides darin glasig dünsten.
2. Dann die Graupen zugeben und anrösten. 800 ml Wasser angießen, salzen, pfeffern und 30 Minuten bei mittlerer Hitze köcheln lassen, bis die Graupen weich sind.
3. Kräuter waschen, Blättchen abzupfen und die Kräuter grob hacken. Mit dem Schmand unter die Graupen ziehen, abschmecken.

Tipp: Ideal geeignet sind grüne, saftige Kräuter wie Basilikum, Petersilie, Rucola, Pimpinelle, Koriander oder Kresse.

Beilagen-Tipp: Graupen passen zu kurzgebratenem Fleisch oder Fisch.

Varianten: Schmeckt auch besonders gut mit Tomatensaft statt mit Wasser angegossen oder mit Pilzen, mit Paprikawürfeln oder mit gehacktem Sauerkraut. Als Würze eignet sich auch Zitronenschale und -saft.

GERSTENSUPPE

Für 4 Portionen

1 Zwiebel
1 Bund Suppengrün
1/2 unbehandelte Zitrone
1 TL Kreuzkümmel
2 EL Rapsöl
120 g Gerstengraupen
2 Lorbeerblätter
Salz, Pfeffer
50 g süße Sahne

40 Min.
Pro Portion 223 kcal, 5 g E, 10 g F, 27 g KH

1. Zwiebel schälen, halbieren und klein würfeln. Petersilie abbrausen, trocken schütteln und fein hacken. Möhren und Sellerie waschen, schälen und fein würfeln. Zitronenschale abreiben.
2. Kreuzkümmel in einem beschichteten Topf in Öl andünsten, Zwiebel und Gemüsewürfel anbraten, bis sie bräunen. Graupen zugeben, mitrösten und mit 1 l Wasser ablöschen. Salz, Pfeffer, Zitronenschale und Lorbeerblatt zugeben und zugedeckt bei mittlerer Hitze 10 Minuten köcheln lassen.
3. Lauch von Wurzel und Blattenden befreien, aufschneiden, waschen und erst fein längs in Streifen schneiden, dann würfeln. Zu den Graupen geben, und weitere 10 Minuten mitköcheln lassen. Sahne und Petersilie unter die Suppe ziehen. Mit Zitronensaft würzen.

Tipp: Statt Suppengrün nach 15 Minuten Garzeit 1 Packung Tiefkühlspinat zugeben.

BARLEYWATER

Für 1 Liter Gerstenwasser

40 g Gerstenschrot

1 Orange

250 ml Apfelsaft

1 EL Honig

35 Min.

Pro Portion 381 kcal, 6 g E, 2 g F, 81 g KH

1. 750 ml Wasser mit Gerstenschrot in einem Topf zugedeckt bei schwacher Hitze etwa 30 Minuten kochen.
2. Durch ein feines Sieb gießen und mit dem frisch gepressten Saft einer Orange und Apfelsaft mischen. Mit Honig abschmecken.

Info: Durch viel Kalium wirkt es entwässernd und leicht basenbildend.

Tipps: Schmeckt und wirkt auch kalt, statt Orange kann man auch eine Zitrone nehmen. Die weiche Gerste kann abgekühlt zu Salat verarbeitet werden.

GRIESSNOCKERLN AUF SPINAT

Für 4 Portionen

400 g Magerquark
2 Eier
150 g Vollkorngrieß
50 g mageren rohen Speck
1 Prise Salz
800 g Blattspinat (o. 450 g TK-Spinat)
1 Zwiebel
1 EL Öl
Muskatnuss
2–3 EL Frischkäse

35 Min.

Pro Portion 471 kcal, 29 g E, 24 g F, 33 g KH

1. Quark mit Eiern, Grieß, fein gehackten Speck und Salz verrühren, kurz rasten lassen. Ist der Teig nach 10 Minuten zu weich, um Nockerln abzustechen, noch etwas Grieß zugeben.
2. Spinat waschen und verlesen und klein hacken. Zwiebel schälen, halbieren und fein würfeln. Das Öl in einer Pfanne erhitzen und die Zwiebeln glasig andünsten. Spinat zugeben und mit Deckel bei geringer Hitze zusammenfallen lassen. Mit Salz, Pfeffer und Muskat würzen. Frischkäse unter den Spinat mischen.
3. Mit nassen Esslöffeln aus dem Teig Nockerln abstechen, in den Spinat legen und bei schwacher Hitze zugedeckt 5 Minuten ziehen lassen. Wenden und noch 5 Minuten ziehen lassen.

Variante: Statt Spinat kann man auch 1 große Dose gehackte Tomaten verwenden. Statt Speck schmecken auch 4 klein gehackte getrocknete Tomaten.

Tipp: Die Nockerl einfach als Suppeneinlage in Brühe oder beispielsweise auch Kürbissuppe ziehen lassen.

GRIESS-MANDEL-CREME

Für 4 Portionen

400 ml Milch
1 Prise Salz
1 Stück Vanille- oder Zimtstange
50 g Vollkorn-Weizengrieß
50 g Mandeln mit Schale
50 g Zucker
250 g Beeren
2 EL Zucker

15 Min. + 6 Std. Kühlzeit

Pro Portion 276 kcal, 7 g E, 9 g F, 41 g KH

1. In einem Topf Milch mit Salz und Vanille oder Zimt zum Kochen bringen. Grieß einrühren und 4 bis 5 Minuten dick kochen lassen.
2. Die Mandeln reiben und mit dem Zucker in der Pfanne rösten, bis der Zucker karamellisiert und die Mandeln duften. Den Grieß darübergießen, verrühren.
3. Eine Form (ungefähr 700 ml Inhalt) mit kaltem Wasser ausschwenken, Grießmasse einfüllen und mindestens 6 Stunden kalt stellen.
4. Beeren putzen und waschen, mit Zucker pürieren. Pudding stürzen und mit der Beerencreme übergießen.

Tipp: Um die Bildung einer Haut zu vermeiden, Oberfläche des Puddings nach dem Einfüllen entweder leicht zuckern oder mit einer Frischhaltefolie so bedecken, dass sie aufliegt.

Tipp: Wer es weicher mag, nimmt 500 ml Milch.

Variante: Statt Mandeln Walnüsse, 200 g Quark und 100 ml geschlagene Sahne unterziehen – den Zucker direkt in die Creme rühren. Feiner und cremiger wird es mit geschälten Mandeln und hellem Grieß.

FRUCHTIGE TOPFENKNÖDEL

Für 4 Portionen

8 essfertige Trockenpflaumen
8 Soft-Trockenaprikosen
1/2 unbehandelte Zitrone
500 g Magerquark
100 g weiche Butter
1/4 TL Salz
30 g Zucker
2 Eier
150 g Semmelbrösel
120 g Weizengrieß
Puderzucker

30 Min. + 30 Min. Quellzeit

Pro Portion 744 kcal, 31 g E, 26 g F, 93 g KH

1. Pflaumen und Aprikosen in Wasser einweichen. Zitrone waschen, fein die Schale abreiben. Quark mit 40 g Butter, Salz, Zucker und der Zitronenschale mischen.
2. Eier unter den Quark mischen, 80 g Semmelbrösel und Grieß unterrühren. Teig 30 Minuten quellen lassen.
3. Teig auf einer bemehlten Arbeitsfläche zur einer Rolle formen und in 16 Stücke schneiden.
4. Jedes Stück mit der Handfläche flach drücken, eine Aprikose oder eine Pflaume in die Mitte setzen, dann diese mit dem Teig umhüllen und einen Knödel daraus formen.
5. Wasser mit Salz aufkochen und die Knödel 12 Minuten köcheln lassen, bis sie an der Wasseroberfläche schwimmen.
6. 60 g Butter in einer Pfanne zerlaufen lassen und den Rest Semmelbrösel rösten.
7. Knödel auf einem Schaumlöffel abtropfen und in den Semmelbröseln wälzen. Mit Puderzucker bestäuben.

Variante: Wer es eilig hat, dreht Knödel pur und macht aus dem Obst eine Fruchtsauce: Eine Sorte Trockenobst mit Wasser aufkochen und dann pürieren.

PILZRISOTTO

Für 4 Portionen
1 Zwiebel
600 g Pilze (Champignons, Pfifferlinge, Steinpilze)
1 EL Rapsöl
300 g Risottoreis (am besten Carnaroli)
10 g getrocknete Steinpilze
1 TL Thymianblättchen
Salz, Pfeffer
40 g Butter
1 Handvoll Salbeiblätter
50 g geriebener Parmesan

40 Min.
Pro Portion 273 kcal, 11 g E, 17 g F, 19 g KH

1. Zwiebel abziehen, halbieren und fein würfeln. Pilze putzen, je nach Größe in Spalten schneiden oder ganz lassen. In einem Topf im Öl Zwiebeln andünsten, den Reis zufügen und mit andünsten.
2. Die getrockneten Steinpilze fein zerstoßen, mit dem Thymian in 750 ml Wasser aufkochen, mit einer Kelle nach und nach zum Risotto geben, dabei umrühren und leicht kochen lassen. Immer nachgießen, wenn die Flüssigkeit eingezogen ist.
3. Nach 10 Minuten Kochzeit die Pilze zugeben und etwa 10 Minuten weitergaren, salzen und pfeffern. Wenn nötig Flüssigkeit zufügen.
4. Salbeiblätter in der Butter anbraten. Parmesan unter das Risotto ziehen, den knusprigen Salbei darauf anrichten und sofort auftischen.

Beilagen-Tipp: Schmeckt toll mit Zwiebel-Portwein-Kompott (Seite 65).

VARIANTEN

Köstlich mit getrockneten Morcheln: 300 g frische Pilze durch 60 g getrocknete Morcheln ersetzen – diese eine halbe Stunde in der Gemüsebrühe einweichen und mit den Zwiebeln anbraten.
Auch köstlich: Statt Parmesan gehackte Walnüsse mit Salbei anbraten und über das Risotto geben.

REIS-SAUERKRAUT-AUFLAUF

Für 4 Portionen

200 g Langkornreis
Salz
1 Zwiebel
1–2 EL Rapsöl
500 g Rinderhackfleisch
Pfeffer, Paprikapulver
700 g frisches Sauerkraut
100 g süße Sahne
200 ml Milch

20 Min. + 30 Min. Backen

Pro Portion 609 kcal, 33 g E, 32 g F, 45 g KH

1. Den Reis in einem Topf erwärmen, aber nicht rösten. 350 ml Wasser angießen, 1 TL Salz zugeben und bei mittlerer Hitze zum Kochen bringen. Im geschlossenen Topf bei milder Hitze etwa 10 Minuten ausquellen lassen, er sollte noch bissfest sein.
2. Zwiebel schälen, halbieren und klein würfeln. In einer beschichteten Pfanne im Öl glasig dünsten, das Hackfleisch zugeben und mit dem Kochlöffel zerteilen. Mit Salz, Pfeffer und Paprikapulver würzen und unter Rühren in 5 Minuten braun und krümelig braten. Sauerkraut klein schneiden.
3. Den Backofen auf 200 Grad vorheizen. In eine gefettete hohe Auflaufform Reis, Hackfleisch und Sauerkraut schichtweise verteilen. Dabei mit Sauerkraut beginnen und enden und im Ofen etwa 30 Minuten backen.
4. Die Sahne mit der Milch mischen, über den Auflauf verteilen und auftischen.

POLENTA VOM BLECH

Für 4 Portionen

175 g Polentagrieß
Salz
geriebene Muskatnuss, Pfeffer
150 g Schmand
2 Maiskolben
2 EL Butter
75 g geriebenen Parmesan

1 Std.

Pro Portion 437 kcal, 12 g E, 25 g F, 41 g KH

1. 500 ml Wasser mit 2 TL Salz zum Kochen bringen, den Grieß einrühren und mit Pfeffer und reichlich Muskatnuss würzen.
2. Die Polenta bei kleiner Hitze dick kochen – je nach Sorte 5 bis 15 Minuten. Wird sie dicklich, den Schmand unterziehen und nochmals abschmecken.
3. Den Backofen auf 200 Grad vorheizen. Die Maiskolben von Blättern und Fäden befreien, waschen und auf ein Brett legen. Die Körner vom Kolben schneiden, dabei immer weiterrollen. Maiskörner unter die Polenta ziehen.
4. Eine kleine rechteckige Form (Reine, halbe Backblechgröße) mit wenig Butter ausstreichen, Polenta hineingießen und glatt streichen. Restliche Butter in Flöckchen darauflegen und schmelzend mit einem Löffelrücken verteilen. Mit dem Parmesan bestreuen.
5. Polenta auf der mittleren Schiene des Backofens 30 Minuten backen, bis die Oberfläche sich bräunt.

Beilage: Dazu passt das Schalottenkompott. Die Polenta kann auch eine Beilage zu Braten sein – dann den Käse weglassen, damit sie nicht zu mächtig wird.

Tipp: Backen Sie gleich ein ganzes Blech. Die Schnitten lassen sich auch nach 2 Tagen wunderbar aufbacken oder -braten.

VARIANTE

Sehr raffiniert mit 20 g getrockneten, im Blitzhacker fein gehackten Steinpilzen – von Anfang an zum Wasser geben und mit aufkochen. Zusätzlich 250 g Champignons blättrig schneiden und unterziehen. Oder 20 g getrocknete Tomaten hacken, zugeben und Tomatenscheiben in die Polenta drücken, bevor der Parmesan darübergestreut wird.

TASSEN-MAIS-SOUFFLÉ

Für 6 Portionen

500 ml Milch
150 g Maismehl
50 g Butter
3 Eier
1 TL Salz
1 TL Backpulver

20 Min. + 40 Min. Backzeit
Pro Portion 237 kcal, 9 g E, 12 g F, 23 g KH

1. Den Backofen auf 170 Grad vorheizen. 250 ml Milch und 250 ml Wasser in einem Topf erhitzen und das Maismehl unter Rühren einstreuen, dick kochen lassen. Butter und die restliche Milch einrühren, abkühlen lassen.
2. 6 Tassen oder Schalen für ungefähr 250 ml Inhalt ausfetten. Eier trennen und Eigelb mit dem Salz und Backpulver verrühren, unter den Teig ziehen. Dann die Eiweiß steif schlagen und unterheben.
3. Tassen mit der Masse 3/4 füllen. Im heißen Backofen 40 Minuten backen, dann sofort servieren.

Beilagen-Tipp: Fischfilet für Faule in Sardellensauce (Seite 204).

Tipp: Wer keine passenden Tassen hat, kann auch eine Auflaufform mit etwa 2 l Inhalt verwenden.

Variante: Unter den Teig etwa 200 g Zuckermaiskörner – frisch vom Kolben geschnitten – mischen.

POLENTAGRÖSTEL

Für 4 Portionen
600 ml Wasser
1 TL Salz
200 g Polentagrieß
Muskat
3–4 EL Rapsöl
1–2 EL Butter

45 Min.
Pro Portion 342 kcal, 5 g E, 19 g F, 39 g KH

1. Das Wasser mit Salz in einer beschichteten, großen Pfanne aufkochen, den Maisgrieß unter Rühren einstreuen und dick kochen lassen. Mit Muskat abschmecken.
2. Den Grieß etwa 30 Minuten erkalten lassen, aus der Pfanne stürzen und in Stücke reißen.
3. Jeweils 2 EL Öl mit 1 EL Butter erhitzen und die Polentastücken darin rundherum knusprig braun braten. Fett wenn nötig ergänzen.
4. Auf Küchenpapier kurz abtropfen lassen und im Backofen warm halten.

Varianten: Sie können die Hälfte Wasser durch Milch ersetzen und getrocknete Kräuter, gehackte Oliven, Kapern oder getrocknete Tomaten oder Pilze mit der Polenta kochen.

Beilagen-Tipp: Dazu passt eine Tomatensauce (siehe unten).

PALUCKES MIT TOMATENSAUCE

Für 4 Portionen
1 Zwiebel
2 Knoblauchzehen
1 EL Rapsöl
1 große Dose gehackte Tomaten (800 g)
1 TL Salz, Pfeffer
400 ml Milch
200 g grober Polentagrieß
100 g Schmand
Muskatnuss
1 Handvoll Basilikum
1 EL Honig

30 Min.
Pro Portion 372 kcal, 10 g E, 13 g F, 53 g KH

1. Zwiebel und Knoblauchzehen schälen, halbieren und in Würfel schneiden. In einer beschichteten Pfanne im Öl andünsten, die gehackten Tomaten zugeben und mit Salz und Pfeffer würzen. Bei mittlerer Hitze etwa 10 Minuten einkochen lassen (Spritzschutz!).
2. Die Milch mit Salz in einem Topf aufkochen, den Maisgrieß unter Rühren einstreuen und in etwa 5 Minuten dick kochen lassen, Schmand zugeben. Mit Pfeffer und Muskat abschmecken.
3. Den Grieß in eine Schüssel füllen, glatt streichen, stürzen.
4. Basilikum waschen, grob zerkleinern, unter die Tomatensauce mischen und mit Honig abschmecken. Polenta wie eine Torte in Spalten schneiden und mit der Sauce essen.

Tipp: Statt der Tomatensauce einfach mit zerlassener Butter übergießen.

Beilagen-Tipp: Bratwürstchen, Frikadellen.

Variante: Statt in Tortenform kann die Polenta auch in Scheiben geschnitten und in einer Pfanne in Öl gebraten serviert werden.

BROT-MANGOLD-AUFLAUF

Für 4 Portionen

750 g Mangold
2 EL Öl
Salz, Pfeffer
geriebene Muskatnuss
2 EL Schmand
5 altbackene Brötchen
oder 1 kleines Baguette (ca. 200 g)
300 ml Milch
3 Eier
4 EL Parmesan
4 EL Kürbiskerne

15 Min. + ca. 20 Min Backzeit

Pro Portion 529 kcal, 26 g E, 30 g F, 38 g KH

1. Mangold waschen, die Blattrippen ausschneiden, eventuell entfädeln und in kleine Stücke schneiden, die Blätter grob zerkleinern.
2. 1 EL Öl in einer Pfanne erhitzen und die Mangoldstiele darin einige Minuten anbraten. Die Blätter zugeben und zusammenfallen lassen. Mit Salz, Pfeffer und Muskat abschmecken und den Schmand unterrühren.
3. Backofen auf 180 Grad vorheizen. Eine Auflaufform (20 cm x 30 cm) mit dem restlichen Öl einpinseln. Brot in 1/2 cm breite Scheiben schneiden. Dachziegelartig im Wechsel Brot und Mangoldmix einschichten.
4. Die Milch mit den Eiern verquirlen und kräftig mit Salz und Pfeffer würzen. Den Eierguss über den Auflauf gießen und mit Parmesan und Kürbiskernen bestreuen.
5. Auflauf im Ofen auf mittlerer Schiene 15 bis 20 Minuten backen.

Variante: Anstatt Mangold kann man auch Chinakohl oder Freilandspinat verwenden.

BROTSUPPE MIT KRÄUTERN

Für 4 Portionen

500 g frische Kräuter, z. B. Basilikum, Petersilie
1 Knoblauchzehe
160 g altbackenes Brot oder Brötchen
500 ml Gemüsebrühe
125 ml Weißwein
250 ml Milch
Salz, Pfeffer
geriebene Muskatnuss
100 ml süße Sahne

20 Min.

Pro Portion 286 kcal, 11 g E, 10 g F, 32 g KH

1. Kräuter waschen, verlesen und grob zerkleinern. Knoblauchzehe abziehen. Das Brot grob zerkleinern.
2. Die Gemüsebrühe in einem Topf mit dem Brot zum Kochen bringen.
3. Milch und Weißwein eingießen, die Kräuter zugeben und den Knoblauch hineindrücken. Alles mit einem Pürierstab fein pürieren. Mit Salz, Pfeffer und Muskatnuss würzen, eventuell etwas Flüssigkeit zugeben.
4. Die Sahne halbsteif schlagen und unterziehen.

Info: Kein Roggensauerteigbrot verwenden, denn es wird beim Verarbeiten schlierig.

Tipp: Als Garnitur passt Räucherlachs in Streifen, Croûtons von Seite 64, geröstete Sesamsamen oder pochiertes Ei dazu. Statt Kräuter schmeckt auch Blattspinat.

VARIANTE

Für eine Champignoncremesuppe eine fein gehackte Zwiebel in 1 EL Öl in einer Pfanne andünsten. Champignons putzen, klein schneiden und in der Pfanne 2 bis 3 Minuten mit anbraten. Diese dann wie oben beschrieben in den Topf zur Brühe, Brot und Milch geben. Pürieren und mit den Gewürzen abschmecken. Als Topping pro Portion 1 EL gehackte Walnüsse (in der Pfanne ohne Öl anrösten, bis sie duften).

SEMMELKNÖDEL

Für 4 Portionen
4 altbackene Brötchen
oder Baguette (200–250 g)
1 Zwiebel
2 EL Butter oder Rapsöl
200 ml Milch
2 Eier
Salz, geriebene Muskatnuss
1 Bund Petersilie

30 Min.

Pro Portion 305 kcal, 12 g E, 11 g F, 38 g KH

1. Die Brötchen entrinden und in daumendicke Würfel schneiden. Die Zwiebel schälen, halbieren und in feine Würfel schneiden, in der Butter glasig dünsten.
2. Die Milch mit den Eiern verquirlen, mit wenig Salz und Muskat würzen. Petersilie waschen, Blättchen abzupfen, hacken und die Hälfte zugeben, die Eiermilch dann mit den Brötchenwürfeln mischen und kurz ziehen lassen.
3. In einem großen Topf Wasser mit Salz zum Kochen bringen. Die Hände mit Mehl bestäuben, tischtennisballgroße Knödel formen und ins kochende Wasser gleiten lassen. Bei kleiner Hitze und geöffnetem Deckel leicht kochen, bis die Knödel an die Oberfläche steigen (6 bis 8 Minuten).
4. Die Knödel mit einem Schaumlöffel aus dem Wasser heben, abtropfen lassen und mit der übrigen Petersilie bestreut servieren.

Variante: Für eine Serviettenrolle die Masse in einen großen Tiefkühlbeutel füllen – oder in ein Baumwolltuch. Zur Rolle formen und ebenfalls im kochenden Wasser garen – es dauert aber 15 bis 20 Minuten – je nach Dicke.

Info: Je trockener das Brot, desto mehr Flüssigkeit brauchen Sie.

Tipp: Wenn die Rinde nicht abgeschnitten wird, die Knödelmasse im Blitzhacker zerkleinern.

PIKANTE ARME RITTER

Für 4 Portionen

3 Eier

350 ml Milch

Salz

8 große, 1/2 cm dünne Scheiben Brot (250–300 g) oder entsprechend mehr kleine

4 EL Tomatenmark

4 Scheiben Gouda

6 EL Semmelbrösel (50 g)

5 EL Rapsöl

2 EL Butter

25 Min.

Pro Portion 625 kcal, 23 g E, 37 g F, 41 g KH

1. Ein Ei trennen und das Eiweiß beiseitestellen. Das Eigelb mit den übrigen Eiern und der Milch verquirlen, salzen und die Brotscheiben mit dieser Mischung übergießen und ziehen lassen. Das Eiweiß mit 1 EL Wasser verrühren. Die Brotscheiben auf einer Seite mit dem Tomatenmark bestreichen und über einer Scheibe Gouda zusammenklappen, andrücken.
2. Die Brotscheiben mit Eiweiß einpinseln und dann in den Semmelbröseln wenden.
3. 2 EL Öl in einer Pfanne erhitzen, Butter zugeben und jeweils zwei Brotscheiben darin von beiden Seiten goldgelb braten. Herausnehmen und auf einem Stück Küchenpapier abtropfen lassen.

Tipp: Dazu schmeckt die Tomatensalsa von Seite 44. Oder einfach grüner Salat.

Info: Je älter das Brot, desto mehr Flüssigkeit wird aufgesaugt.

VARIANTE

Dicke Brotscheiben einzeln backen und mit einem Mix aus Parmesan und Semmelbrösel panieren. Der süße Klassiker wird nur mit Semmelbrösel paniert und mit Zimtzucker bestreut. Dazu schmeckt das Apfelkompott von Seite 58.

VERMICELLES

Zutaten für 4 Portionen

400 g Maroni mit Schale
500 ml Milch (3,5 % Fett)
2 EL Kakaopulver (entölt)
3 EL Honig
100 g Sahne
1 Päckchen Vanillezucker

1 Std. 10 Min.

Pro Portion 360 kcal, 8 g E, 14 g F, 50 g KH

1. Backofen auf 220 Grad vorheizen. Ein Backblech mit Backpapier auslegen. Die Maroni kreuzweise mit einem Messer einritzen, auf das Blech geben und im Ofen 15 Minuten garen. Etwas abkühlen lassen und schälen.
2. In einem Topf die Milch zum Kochen bringen, die Maroni dazugeben und 45 Minuten weich köcheln. Anschließend die Maroni fein pürieren. Eventuell noch etwas Milch zugeben.
3. Kakao und Honig unter das Püree mischen, das Püree durch eine Spätzlepresse drücken und auf Tellern spaghettiförmig anrichten.
4. Sahne und Vanillezucker mischen, steif schlagen und die Vermicelles damit garnieren.

Info: Vermicelles kommt aus dem Französischen und heißt Würmchen. Schritt 1 beschreibt, wie sie Maroni selber frisch zubereiten können, egal was sie später daraus herstellen möchten.

Tipp: Sie müssen das Püree nicht unbedingt durch die Presse drücken, sondern können es gleich mit der Sahne servieren.
Vermicelles eigenen sich sehr gut als Crêpefüllung.

VARIANTE

500 g Hokkaidokürbisspalten mit den Maroni in Schritt 1 auf das Blech geben. Etwas salzen, alles mit Orangensaft beträufeln und 40 Minuten im Ofen garen.

MARONISUPPE

Für 4 Portionen

1 Zwiebel

2 Knoblauchzehen

1 EL Rapsöl

1 El Mehl

400 g geschälte, vorgekochte Maroni

Salz, Pfeffer

200 ml Sahne

2 EL Balsamessig

25 Min.

Pro Portion 363 kcal, 4 g E, 20 g F, 41 g KH

1. Zwiebel und Knoblauch schälen, halbieren, grob zerkleinern und in einem großen beschichteten Topf im Öl glasig dünsten, mit Mehl bestäuben.
2. Etwa 3/4 der Maroni zugeben und 800 ml Wasser aufgießen, salzen und pfeffern, aufkochen.
3. Die Suppe mit einem Pürierstab fein pürieren. Die Sahne steif schlagen und mit den übrigen Maroni unterheben. Nochmals aufkochen und mit Essig abschmecken.

Tipp: Sie können auch Kürbis- oder Sonnenblumenkerne in einer Pfanne ohne Fett anrösten, bis sie duften, und am Ende über die Suppe streuen.

VARIANTE

Als Einlage eignen sich auch gebratene Schinkenwürfel und geröstete Walnüsse. Schärfer wird die Suppe mit Curry und Ingwer, frischer mit Orangenschale und -saft statt Essig.

MARONIPFANNE MIT ROSENKOHL

Für 4 Portionen

1 Zwiebel
750 g Rosenkohl
1 EL Butter
250 ml Weißwein
Salz, Pfeffer
400 g Maroni (gegart und geschält)
2 EL Mehl
250 ml Milch (1,5 % Fett)

40 Min.

Pro Portion 362 kcal, 14 g E, 7 g F, 50 g KH

1. Zwiebel schälen, halbieren und in feine Würfel schneiden. Rosenkohl waschen, wenn nötig putzen und den Strunk einstechen.
2. Butter in einer Kasserolle erhitzen. Zwiebeln bei geringer Hitze darin glasig dünsten, Rosenkohl zugeben und andünsten. Mit Weißwein ablöschen und mit Salz und Pfeffer würzen. Nach 10 Minuten die Maroni zugeben und weitere 10 Minuten mitgaren.
3. Kasserolle vom Herd nehmen, erst das Mehl darüberstäuben und dann die Milch einquirlen. Weitere 5 Minuten garen, bis der Rosenkohl gar, aber noch fest ist.

Dazu passt Kartoffelpüree.

VARIANTE MIT TOMATEN

1. Zwiebel schälen, halbieren und in feine Würfel schneiden. Rosenkohl waschen, wenn nötig putzen und den Strunk einstechen.
2. Butter in einer Kasserolle erhitzen. Zwiebeln bei geringer Hitze darin glasig dünsten, Rosenkohl zugeben und andünsten.
3. Ein große Dose geschälte Tomaten dazugeben. Mit Salz und Pfeffer würzen und bei geschlossenem Deckel garen.
4. Nach 10 Minuten die Maroni zugeben und weitere 15 Minuten mitgaren, bis der Rosenkohl gar, aber noch fest ist.
5. 1 Packung Mozzarella in Scheiben schneiden und nach 10 Minuten auf dem Gemüse verteilen und schmelzen lassen.

MARONIGRÖSTEL

Für 4 Portionen

400 g Maroni (gegart und geschält)

2 Zwiebeln

100 g roher Schinken in Würfel

4 EL Öl

Salz, Pfeffer

1–2 Birnen (300 g)

2 EL gehackte Petersilie

25 Min.

Pro Portion 356 kcal, 9 g E, 15 g F, 46 g KH

1. Die Maroni in Scheiben schneiden oder hobeln. Zwiebeln schälen und fein würfeln.
2. Das Öl in einer Pfanne erhitzen, Schinken bei kleiner Hitze auslassen und die Zwiebeln darin andünsten. Dann die Maronischeiben zugeben, mit Salz und Pfeffer würzen und ungefähr 10 Minuten anbraten bis die Maroni gar und knusprig sind. Dabei ab und zu umrühren. Die Birnen waschen, halbieren und Kerngehäuse entfernen. In Spalten, dann quer in Stücke schneiden. Nach 5 Minuten mit in die Pfanne geben und mitgaren.
3. Das Gröstel mit Petersilie bestreut servieren.

Variante: Wer mag, kann den Schinken weglassen und nach der Zugabe der Birnen ein Ei auf dem Gröstel aufschlagen und geschlossen mitbraten.

KARTOFFELN MIT MANDELKRUSTE

Für 4 Portionen

1 kg vorwiegend festkochende kleine Kartoffeln
3 Zweige Rosmarin
70 g ungeschälte Mandeln
100 g grüne Oliven ohne Stein
4 EL Olivenöl
Salz
100 g Reibekäse

10 Min. + 40 Min. Backen

Pro Portion 508 kcal, 15 g E, 32 g F, 38 g KH

1. Die Kartoffeln gründlich waschen, samt Schale längs halbieren und einritzen. Rosmarin waschen, die Blättchen abzupfen, grob hacken und in die Ritzen hineinstecken.
2. Backofen auf 180 Grad vorheizen. Mandeln, Oliven und Öl in einem Blitzhacker zerkleinern.
3. Kartoffelhälften mit Salz würzen und den Mandel-Oliven-Mix darauf verteilen. Mit dem Käse bestreuen.
4. Die Kartoffeln auf ein mit Backpapier ausgelegtes Backblech geben und im Ofen auf mittlerer Schiene 40 Minuten überbacken.

Variante: Statt Oliven die gleiche Menge Tomaten in Öl oder 2 Bund Rucola oder Basilikum verwenden. Auch lecker: Kartoffelhälften mit etwas grünem oder rotem Pesto einstreichen, 1 bis 2 Tomatenscheiben darauflegen und mit einer Scheibe Mozzarella überbacken.

SPINAT-MANDELSAUCE

Für 4 Portionen

1 Zwiebel
1 Scheibe Bauernbrot (ca. 100 g)
40 g ungeschälte Mandeln
400 g frischer Spinat (ca. 200 g TK-Spinat)
1 EL Olivenöl
100 g Schmand
Salz, Pfeffer aus der Mühle

15 Min.

Pro Portion 257 kcal, 8 g E, 17 g F, 18 g KH

1. Die Zwiebel schälen und würfeln. Von der Brotscheibe die Ränder abschneiden, Brot würfelig schneiden. Mandeln im Blitzhacker hacken.
2. Den Spinat waschen, trocken schütteln, grob zerkleinern.
3. Das Öl in einem Topf erhitzen und die Zwiebel mit den Mandeln darin andünsten. Den Spinat zugeben und zusammenfallen lassen. 375 ml Wasser angießen und die Brotwürfel hineinbröckeln. Aufkochen und etwa 2 Minuten köcheln lassen.
4. Schmand zugeben und alles fein pürieren, mit Salz und Pfeffer abschmecken.

Tipp: Wer Kalorien sparen will, kann die Sauce mit Milchschaum statt mit Schlagsahne verfeinern. Dazu Milch – am besten fettarme – in der Mikrowelle oder im Topf bis vor den Kochpunkt erhitzen, dabei oder danach mit Milchschäumer oder kleinem Schneebesen aufschlagen. Sofort unterziehen – der Schaum fällt schnell zusammen.

WUNDERHUHN

Es ist der Inbegriff bescheidenen Wohlstands – das sonntägliche „Huhn im Topf" wünschte der französische König Heinrich IV. jedem Untertan. Tatsächlich wird – abgesehen vom Kaninchen – kein Fleisch mit so wenig Futtereinsatz produziert! Doch zunehmend verdrängen Brust, Schenkel und vorgewürzte Flügel das ganze Hähnchen aus Tiefkühltruhe oder Kühltheke. Schade, denn Hähnchen am Stück ist nicht nur viel preiswerter, durch sein Gerippe entfaltet es für Fonds und Suppen viel mehr Aroma. Meist wiegt es etwa ein Kilogramm und reicht gut für vier Personen. Es ist in allen Küchen der Welt zu Hause und unglaublich anpassungsfähig.

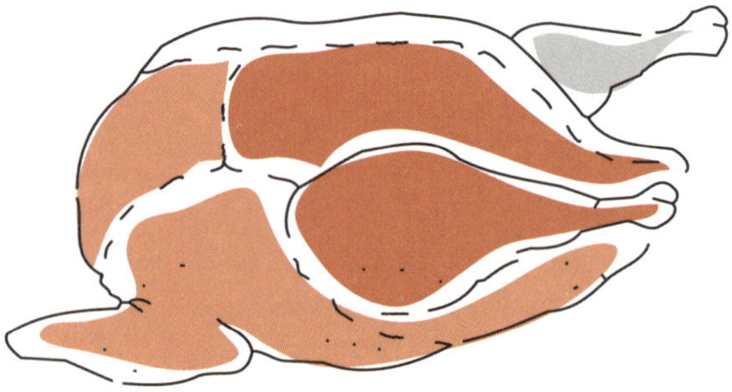

HÄHNCHEN, HUHN, BROILER, POULARDE?

Es gibt sehr unterschiedliche Bezeichnungen für Hähnchen, die meist mit der Größe zu tun haben. Sind Hähnchen jung, heißen sie Stubenküken und wiegen zwischen 650 und 750 Gramm. Broiler ist gleichbedeutend mit Hähnchen, 5 bis 6 Wochen alt und wiegt zwischen 800 und 1200 Gramm. Eine Poularde ist fleischiger, eine Woche älter und wiegt etwa 1200 Gramm. Ein junger Hahn oder Kapaun (ein kastrierter Hahn) bringt mit acht bis neun Wochen sogar 2500 bis 2800 Gramm auf die Waage. Ein zwölf bis 15 Monate altes Suppenhuhn dagegen nur ein bis zwei Kilogramm. Bio-Hähnchen bekommen etwa doppelt so viel Zeit, Fleisch anzusetzen und zu wachsen. Das tut dem Geschmack gut.

GESUND

Hähnchenfleisch gehört zu den „weißen" Fleischarten. Damit ist es besonders empfehlenswert, weil es – anders als „rotes" Fleisch – kein Risikofaktor für die Krebsentstehung darstellt. Außerdem ist ein Hähnchen ausgesprochen fettarm. Fettsparer empfehlen, die tatsächlich eher fette Haut zu entfernen. Das ist schade, weil sie ein wichtiger Aromaträger ist. Zudem besteht Hühnerfett zu etwa 45 Prozent aus einfach und zu 21 Prozent aus mehrfach ungesättigten Fettsäuren, was den Cholesterinspiegel positiv beeinflusst. Und: Fettsparen allein macht nicht schlank!

SPARTIPP

Suppenhühner sind Ex-Legehennen und deshalb älter und zäher als Hähnchen – allerdings auch besonders preiswert und oft in den Tiefen der Kühltruhe verbuddelt oder auf dem Wochenmarkt zu haben. Durch längeres Kochen werden sie zarter. Insgesamt ist das Hähnchen ein sehr guter, magerer Eiweißlieferant. Besonders günstig ist es tiefgefroren. Und frische Hähnchen vom Markt, auch in Bio-Qualität? Pur gebraten schmecken Sie den Unterschied! Mit aromatischen Zutaten gekocht oder geschmort weniger.

SALMONELLEN?!

Beim Umgang mit Geflügel sollten Sie stets sauber arbeiten. Die Geflügelhaut bietet einen idealen Lebensraum für Salmonellen, die Temperaturen zwischen zehn und 40 Grad Celsius lieben: Hier vermehren sie sich besonders schnell. Temperaturen von über 70 Grad Celsius töten Salmonellen dagegen ab, Kühlschranktemperaturen verlangsamen die Vermehrung. Bewahren Sie Hühnerfleisch im Kühlschrank auf – lassen Sie auch tiefgefrorenes Huhn im Kühlschrank auftauen, bestenfalls in einem leicht zu reinigenden Gefäß. Das Auftauwasser wegschütten, es kann Salmonellen enthalten, weshalb das Spülbecken im Anschluss auch gründlich zu reinigen ist. Säubern Sie im Anschluss alle Küchenutensilien und die Arbeitsfläche nach dem Kochen mit heißem Wasser und Spülmittel. Die Hände dabei nicht vergessen! Für das Zubereiten gilt: Hühnerfleisch getrennt von den anderen Zutaten lagern und richtig durchgaren.

DIE INNEREIEN

Hähnchen werden küchenfertig ausgenommen angeboten – meist werden Hals, Leber, Herz und Magen ins Innere gepackt. Was tun damit? Beim Magen wird nur die gelbliche dicke Innenhaut abgeschnitten – sie hilft dem Huhn, die Körner zu zerkleinern. Ins Herz hineinführende Adern und Fettränder entfernen. Wenn Sie ein Hähnchen ganz braten, können Sie die Innereien hacken, in die Füllung geben und den Hals mitbraten – er verbessert den Fond, somit also die Sauce. Bei einer Suppe entweder alles mitkochen oder einfrieren und sammeln, bis genug Leber für eine Creme da ist oder die nächste Suppe ansteht.

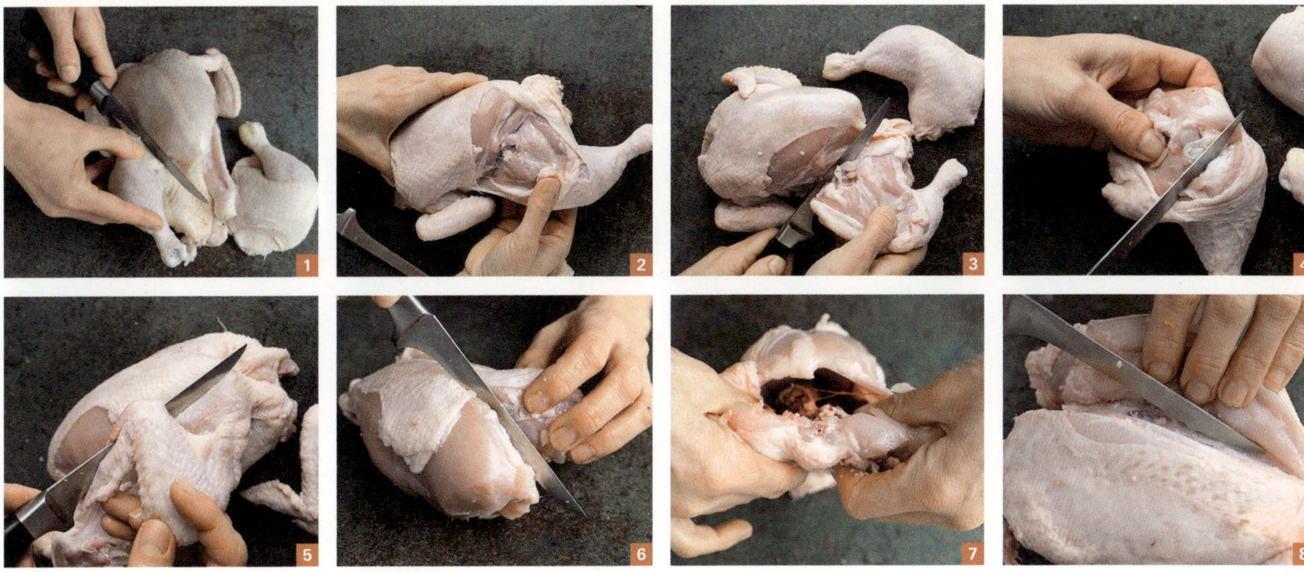

HÄHNCHEN IN FORM

„Dressieren" heißt es in der Fachsprache, wenn die Hühnerbeine miteinander verbunden und die Flügel eingeklappt ebenfalls an den Rumpf angelegt werden – mithilfe eines Küchengarns. Das sieht nicht nur gut aus, sondern verhindert das Austrocknen von Flügel und Beinen und sorgt für gleichmäßigeres Garen.

DURCHGAREN IST WICHTIG

Wegen der Salmonellen ist es wichtig, das Hähnchen wirklich durchzugaren. Doch wie stellt man fest, dass das Fleisch wirklich „durch" ist? Am besten sticht man in die dickste Stelle des Schenkels. Wenn der austretende Fleischsaft nicht mehr blutig ist, sondern hell bis rosig, dann ist das Hähnchen gar. Vor dem Tranchieren sollte es im abgeschalteten, leicht geöffneten Ofen noch etwa zehn Minuten ruhen, damit sich das Bratgut „entspannt" und beim Tranchieren nicht so viel Saft verliert.

MARINADE UND KNUSPERHAUT

Die Haut ist Geschmacksträger – würzen Sie sie vor der Zubereitung. Wählen Sie Gewürze und Kräuter, die beim Braten ihr Aroma entfalten wie Paprikapulver und Curry oder Kreuzkümmel, Koriander, Chilipulver oder Piment und Thymian, Rosmarin oder Salbei. Vorsicht mit Marinaden, die Honig, Ketchup oder Tomatenmark enthalten: sie verbrennen schnell. Zarte Kräuter können sie auch unter die Haut schieben.

HÄHNCHEN GANZ ZERLEGEN

So werden aus einem Hähnchen zehn Teile. Wichtig ist das Ertasten der Gelenke, bevor Sie Sehnen und Knorpel durchtrennen. Zum Teilen von Knochen eignen sich starke, scharfe Fleischmesser oder Geflügelscheren.

1. Zuerst die Schenkel am Rumpf abtrennen. Dabei zunächst die Haut zwischen Rumpf und Keule etwas einritzen.
2. Die Hühnerhaut bis an das Gelenk durchschneiden. Mit der Hand den Schenkel dabei nach außen biegen.
3. Den Schenkel drehen, bis das Gelenk herausspringt. Nun können Sie es mit dem Messer durchschneiden.
4. Die Schenkel sind groß, deshalb im Kniegelenk in Ober- und Unterschenkel trennen.
5. Als Nächstes sind die Flügel an der Reihe. Sie werden am Schultergelenk abgetrennt. Dabei etwas vom Brustfilet mit abschneiden.
6. Sind die Flügel ab, wird erst das Schlüsselbein gespalten – üben Sie dabei ruhig Druck aus. Anschließend den Rücken parallel zum Rückgrat teilen.
7. Dann den Rücken in der Mitte trennen. Dazu durch Biegen brechen und dann mit dem Messer trennen.
8. Zum Schluss schneiden Sie das Brustfilet ab. Dazu müssen Sie rechts und links vorsichtig am Brustbein entlangschneiden.

FRIKASSEE MIT GEMÜSE

Für 4 Portionen

1 Bund Petersilie
1 Lorbeerblatt
1 Frühlingszwiebel
2–3 Petersilienstängel
1 Stiel Estragon oder Selleriegrün
1 Hähnchen oder Suppenhuhn
500 g Spargelstücke oder Spitzen
5 EL Mehl
5 EL Kräuterfrischkäse
1 TL Zitronensaft oder Weißwein

1 Std. + Auftauzeit

Pro Portion 573 kcal, 60 g F, 26 g E, 23 g KH

1. Petersilie waschen, einige Stiele mit den übrigen Kräutern mit einem Faden zusammenbinden. Huhn mit dem Kräuterstrauß nach dem Muster des Suppenrezepts (Seite 142) bis Punkt 3 zubereiten – nur mit 1 l Wasser. Spargel waschen, wenn nötig schälen (Spitzen nicht schälen), in mundgerechte Stücke schneiden.
2. Mehl und Frischkäse verrühren und als Flöckchen in die kochende Brühe geben – kräftig rühren bis sich die Flocken auflösen.
3. Spargel zugeben und etwa 10 Minuten kochen lassen. Von der übrigen Petersilie die Blättchen abstreifen, fein hacken und mit dem ausgelösten Fleisch zufügen. Mit Zitronensaft oder Weißwein abschmecken.

Beilagen-Tipp: Dazu passen Reis, Kartoffeln oder Nudeln.

VARIANTE

Statt Spargel Kohlrabiwürfel oder 400 g Zuckererbsen oder Champignonscheiben 3 bis 5 Minuten mitkochen. Raffiniert: 30 g getrocknete Morcheln in warmem Wasser einweichen, während das Huhn kocht. Einweichwasser durch ein Sieb zur Brühe geben, Morcheln waschen und am Ende mit 300 g frischen Pilzen (Champignons, Pfifferlinge) 5 Minuten mitkochen.

SCHNELLER COQ AU VIN

Für 4 Portionen

250 g Zwiebeln oder Schalotten

500 g Champignons

50 g magerer geräucherter Speck

1 küchenfertiges Hähnchen (oder 4 Hühnerbeine)

Salz, frisch gemahlener Pfeffer

Thymian

1 EL Butter

1 Knoblauchzehe

500 ml Rotwein (Burgunder)

2 EL Mehl

1 Lorbeerblatt

1 Std. 10 Min.

Pro Portion 642 kcal, 57 g F, 31 g E, 14 g KH

1. Zwiebeln schälen und grob würfeln. Champignons putzen und halbieren. Speck in Streifen schneiden. Hähnchen in etwa 8 Teile zerlegen und mit Salz, Pfeffer und Thymian einreiben, dabei etwas von den Gewürzen unter die Haut schieben (dafür die Haut mit den Fingern etwas lockern und leicht anheben).
2. Speck in 1 EL Butter bei kleiner Hitze auslassen. Dann die Hähnchenteile zugeben und kräftig anbraten. Knoblauch schälen und klein schneiden und mit den Zwiebelwürfeln zufügen.
3. Mehl mit 100 ml Wein anrühren. Übrigen Wein in den Bräter gießen, aufkochen und den Wein mit Mehl zufügen. Lorbeerblatt zugeben und das Fleisch zugedeckt bei mittlerer Hitze 40 Minuten garen.
4. Hähnchenteile herausnehmen und warm stellen. Champignons in die Sauce geben und alles 5 Minuten köcheln lassen. Salzen und pfeffern. Hähnchenteile in der Soße kurz erwärmen.

Tipp: Aromatischer schmecken die Pilze, wenn sie extra in 1 EL Butter in einer Pfanne geschmort und dann zum Hähnchen gegeben werden.

HÄHNCHEN PROVENÇAL

Für 4 Portionen

1 Hähnchen oder Suppenhuhn
Salz
Rosenpaprikapulver
3–4 Zwiebeln (250 g)
1 Handvoll Salbeiblätter
1–2 EL Olivenöl
1 TL Kreuzkümmel
100 g getrocknete Aprikosen
1 große Dose geschälte Tomaten (800 g)

1 Std.

Pro Portion 569 kcal, 53 g E, 31 g F, 19 g KH

1. Hähnchen waschen und in 8 Teile zerlegen: Beine mit dem Schenkelansatz abschneiden, im Gelenk nochmals trennen. Flügel mit dem fleischigen Ansatz abschneiden. Brust erst längs halbieren. Mit Salz und Paprika einreiben.
2. Zwiebeln schälen, halbieren und in breite Streifen schneiden. Salbei waschen, Blätter abzupfen und mit den Zwiebeln mischen. Ofen auf 180 Grad vorheizen.
3. Hähnchenteile rundherum in einer großen Pfanne im Öl anbraten, in eine Auflaufform geben. Zwiebel-Salbei-Mischung und Kreuzkümmel im Fond etwa 5 Minuten schmoren, über den Hähnchenstücken verteilen.
4. Aprikosen in schmale Streifen schneiden. Fond mit dem Inhalt der Tomatendose ablöschen, mit 1 TL Salz würzen, Aprikosen zugeben und alles in der Form verteilen.
5. Im heißen Backofen 40 Minuten schmoren.

Beilagen-Tipp: Die Form mit dem Hähnchen auf ein mit Backpapier ausgelegtes Blech setzen und dort 750 g halbierte, ungeschälte Kartoffeln mitgaren.

Tipp: Aus dem Rumpf lässt sich mit dem Schnellkochtopf in 20 Minuten eine Suppe kochen. Als Einlage kernweich gekochte, halbierte Eier in die Suppenteller legen – so wird sie gehaltvoller.

CASSOULET VOM HUHN

Für 4–6 Portionen

150 g Kichererbsen
1 Hähnchen oder Suppenhuhn
5 Knoblauchzehen
2–3 Zweige Thymian
4 grüne Paprikaschoten (ca. 600 g)
Salz, 3 EL Tomatenmark
1 Messerspitze Sambal Oelek
80 g Semmelbrösel
4 EL Olivenöl

1 Std. + 1 Tag Einweichzeit
Pro Portion 546 kcal, 45 g E, 30 g F, 23 g KH

1. Kichererbsen am Vortag in 1 l Wasser einweichen.
2. Hähnchen waschen. Kichererbsen samt Wasser in einen Topf geben und das Hähnchen im Ganzen hineinlegen. Knoblauch abziehen und mit Thymian zugeben. Alles zum Kochen bringen, 20 Minuten leicht köcheln. Paprika waschen und in 3 cm breite Spalten teilen, Stiel und Kerne entfernen. Spalten die letzten 5 Minuten mitkochen.
3. Backofen auf 220 Grad vorheizen. Hähnchen herausheben. Inhalt des Topfes kräftig salzen, mit Tomatenmark und Sambal Oelek mischen und in einer flachen Auflaufform verteilen. Hähnchen in etwa 8 Teile zerlegen, dabei entbeinen und dazugeben. Alles mit Bröseln bestreuen, mit Öl beträufeln und im Ofen etwa 15 Minuten überbacken.

Tipp: Gesalzen wird erst, wenn die Kichererbsen fast gar sind: Salz und Säure verhindert sonst das Garen. Wer aber sehr weiches, kalkarmes Trinkwasser hat, kann von Anfang an salzen.

VARIANTE

Schmeckt auch mit 450 g gehacktem Grünkohl aus der Tiefkühltruhe statt Möhren und Tomatenmark. Grünkohl auftauen und erst in der Auflaufform unter die übrigen Zutaten mischen.

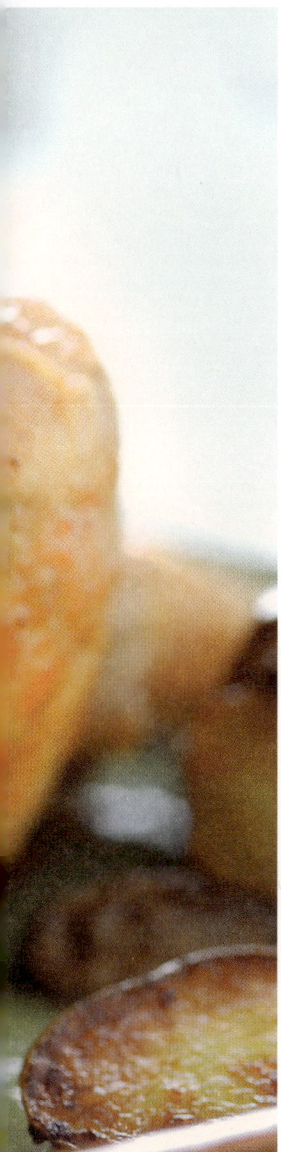

GEFÜLLTES BRATHÄHNCHEN

Für 4 Portionen

1 Hähnchen (küchenfertig, ca. 1 kg)
Salz, Pfeffer
1/2 TL mildes Paprikapulver
1 Zwiebel
1 EL Öl
1 1/2 altbackene Weizenbrötchen
4–5 EL Milch (1,5 % Fett)
1 Ei
800 g neue Kartoffeln

15 Min. + 1 Std. 10 Min. Bratzeit
Pro Portion 659 kcal, 58 g E, 29 g F, 40 g KH

1. Innereien – wenn vorhanden – aus dem Hähnchen holen, dann das Hähnchen abwaschen und mit Küchenpapier trocken tupfen und mit einem Mix aus Salz, Pfeffer und Paprika innen und außen einreiben.
2. Zwiebel schälen, fein hacken und im Öl goldbraun braten. Brötchen würfeln und mit Milch und Ei mischen. Die gehackten Innereien und abgekühlten Zwiebeln mit der Masse mischen, würzen und in das Hähnchen füllen. Mit Holzspießchen zustecken.
3. Ofen auf 180 Grad vorheizen. Das Hähnchen in auf ein mit Backpapier ausgelegtes Backblech mit der Brust nach unten legen und bei 180 Grad 70 Minuten braten. Nach 30 Minuten wenden.
4. Kartoffeln waschen, vierteln, salzen und 40 Minuten vor Ende dazugeben und mitgaren.

Dazu passt: Die Tomatensalsa von Seite 44 oder ein Gurkensalat.

Tipp: Die Kartoffeln bekommen ein Knusperkruste, wenn eine Schnittfläche auf dem Backpapier oder Blech aufliegt.

VARIANTE:

Asiatisch schmeckt das Brathähnchen, wenn Sie Paprika durch 5-Gewürz-Pulver ersetzen und das Hähnchen damit einreiben. Als aromatisierende Füllung 1 unbehandelte Orange samt Schale vierteln und als Füllung verwenden.

EXOTISCHE HÜHNERSUPPE

Für 4 Portionen

1 Zwiebel
1 Möhre
1 Knoblauchzehe
Salz
1 Messerspitze Pul Biber
4–5 Limettenblätter (Asialaden)
1 Hähnchen oder Suppenhuhn (ca. 1 kg)
1 kleine Dose Kokosmilch (200 ml)
500 g frischer Blattspinat

25 Min. + 40 Min. Kochzeit + Auftauzeit
Pro Portion 449 kcal, 52 g E, 25 g F, 5 g KH

1. Zwiebel mit Schale halbieren, Möhre waschen, in grobe Stücke teilen, Knoblauch schälen.
2. Zwiebel in einem großen Topf auf der Schnittfläche anrösten, 1,25 l Wasser mit Salz, Pul Biber, Limettenblätter, Knoblauch, Möhre und gewaschenes Huhn zugeben, zugedeckt 40 Minuten (Suppenhuhn 1,5 Stunden) leicht kochen lassen.
3. Spinat waschen, Stiele abzupfen. Nur große Blätter grob zerschneiden, zarten Sommerspinat ganz lassen.
4. Brühe durch ein Sieb gießen. Haut vom Huhn abziehen. Beine und Flügel abtrennen, Fleisch von den Knochen lösen. Brust längs am Brustbein teilen, Fleisch im Ganzen auslösen, alles klein schneiden.
5. Kokosmilch und Spinat in die Brühe geben, erhitzen, bis der Spinat zusammengefallen ist und abschmecken, dann das Hühnerfleisch zugeben.

Beilagen-Tipp: Dazu passt Brot. Wenn Sie 200 g Reis in der Brühe kochen, wird's ein Eintopf. Dann eventuell noch etwas Wasser zufügen.

Tipp: Hähnchen Innereien (Herz und Magen) können Sie einfach mitkochen, nachdem Sie sie von Fett und Adern befreit haben.

Info: Pul Biber (türkischer Blättchenpaprika) ist eine Würzmischung aus Paprika, Chili, Pflanzenöl, Gewürzextrakten und Salz. Sie wird vor allem in der türkischen Küche verwendet, ist nicht so scharf wie Chili und leicht süßlich.

KLASSISCHE HÜHNERSUPPE

Hähnchen mit Suppengrün (Möhre, Lauch, Sellerie und Petersilie zusammengebunden), Lorbeer und Pfefferkörnern zubereiten wie bis Schritt 4 beschrieben. Wenn Sie nur das Gerippe verwenden, das Gemüse vorher in 1 EL Butter oder Rapsöl anbraten. Brühe auf 1,5 l mit Wasser auffüllen, 120 g Suppennudeln zugeben und nach Packungsaufschrift garen. Suppengemüse, sofern es nicht verkocht ist, klein würfeln. Petersilie hacken. Beides mit dem Fleisch in die Suppe geben. Keine Nudeln im Haus? Aus 2 Eiern, 8 bis 10 EL Mehl, 5 EL Milch und Salz im Mixbecher zu einem Teig schütteln und durch ein Sieb in die kochende Brühe tropfen lassen – das gibt eine Art Spätzle. Danach Fleisch und Gemüse zufügen.

GRUNDREZEPT LEBERCREME

Für 150 g
100 g Hähnchenleber
2 EL Cognac
1 Thymianzweig
Salz, Pfeffer aus der Mühle
Backalufolie
50 g Butter

20 Min. + 10 Min. Ziehzeit
Pro Portion (1 EL = 20 g) 66 kcal, 2 g E, 5 g F, 1 g KH

1. Backofen auf 200 Grad vorheizen. Wenn vorhanden, die Leber von Fett und Häutchen befreien. Leber auf ein großes Stück Alufolie legen, die Seiten der Folie hochklappen. Thymian zusammen mit dem Cognac zur Leber geben. Salzen und pfeffern.
2. Die Alufolie gut verschließen. Alupäckchen in den Ofen schieben und 10 Minuten garen. Aus dem Ofen nehmen und in der Folie 10 Minuten ziehen lassen.
3. Leber samt Sud aus der Folie nehmen, Thymianzweig entfernen. Leber mit Butter pürieren und abschmecken. Im Kühlschrank ist die Creme 2 Wochen haltbar.

Tipp: Wenn Sie nicht genügend Hühnerleber haben, können Sie die Lebercreme auch mit Schweineleber strecken.

VARIANTEN

Zutaten für die Varianten können Sie am Ende daruntermischen – dann wird die Creme stückig. Wer es feiner mag, kann sie in Schritt 3 mit Butter und Leber gleichzeitig pürieren.

Würzig: 1 kleine Zwiebel schälen, fein würfeln und in einer Pfanne mit 1 EL Olivenöl knusprig braun braten und zur Lebermasse geben.

Mediterran: 3 Walnüsse hacken, 2 in Öl eingelegte Tomaten etwas zerkleinern und mit 1 EL Tomatenöl zur Lebermasse geben.

Fruchtig: 2 Trockenpflaumen grob zerkleinern und mit einer Prise Nelken und 1 EL Olivenöl zur Lebermasse geben.

GRÖSTEL

Für 4 Portionen

800 g Kartoffeln

Salz

150 g Innereien vom Hähnchen (Leber, Niere, Herz)

2–3 Zwiebeln

1 Apfel

4–5 EL Öl oder Gänseschmalz

Salz, Pfeffer

40 Min.

Pro Portion 355 kcal, 12 g E, 17 g F, 37 g KH

1. Die Kartoffeln waschen und in kochendem Salzwasser in etwa 20 Minuten gar kochen, pellen und in Scheiben schneiden.
2. Die Innereien trocken tupfen, eventuell von Adern und Fett befreien. Zwiebeln schälen, halbieren und in Halbringe schneiden. Apfel waschen, vierteln, Kerngehäuse entfernen und Viertel in Scheiben schneiden.
3. 1 EL Fett in einer beschichteten Pfanne erhitzen und die Innereien darin rundum kräftig anbraten, pfeffern und salzen, herausnehmen und in Alufolie wickeln.
4. 2 EL Fett in die Pfanne geben und die Zwiebeln darin glasig dünsten, dann Kartoffel- und Apfelscheiben zugeben, würzen und braten, bis sie bräunen. Dabei ab und zu wenden und nach Bedarf Fett zugeben.
5. Am Ende die Innereien wieder zufügen, mit einem Spritzer Essig abschmecken und auftischen.

Tipp: Reichen die Innereien nicht aus, einfach mit 200 g Blutwurst verlängern. In fingerdicke Scheiben schneiden und mit der Leber anbraten.

GLÜCKS-SCHWEIN

Fleisch – das stammt bei uns in der Regel immer noch vom Schwein. Gehen Sie zur Fleischtheke eines Supermarkts: Schnitzel, Schnitzel, Schnitzel so weit das Auge reicht – und Hackfleisch. Wahrscheinlich auch noch ein paar Rollbraten. Und natürlich wahre Wurstberge. Mehr und mehr wird Schnelles zum Kurzbraten gesucht oder gleich Wurst, die auch kalt schmeckt, kurz: ganz traditionelles Fast Food. Höchstens zur Grillzeit kommen Rippchen oder Bauchspeck verschämt mariniert zu Ehren. Dabei steckt in Schweinefleisch viel Wunderbares – oder hätten Sie gedacht, dass es der Vitamin-B1-König ist? Und sehr viel Biotin sowie Vitamin B2 und B12 enthält? Ganz zu schweigen von Eisen und Selen. Außerdem beeindrucken gerade die nicht ganz so edlen, schön durchwachsenen Teile mit einer wahren Aromawucht. Da reichen schon mäßige Mengen, um Geschmackserlebnisse auszulösen.

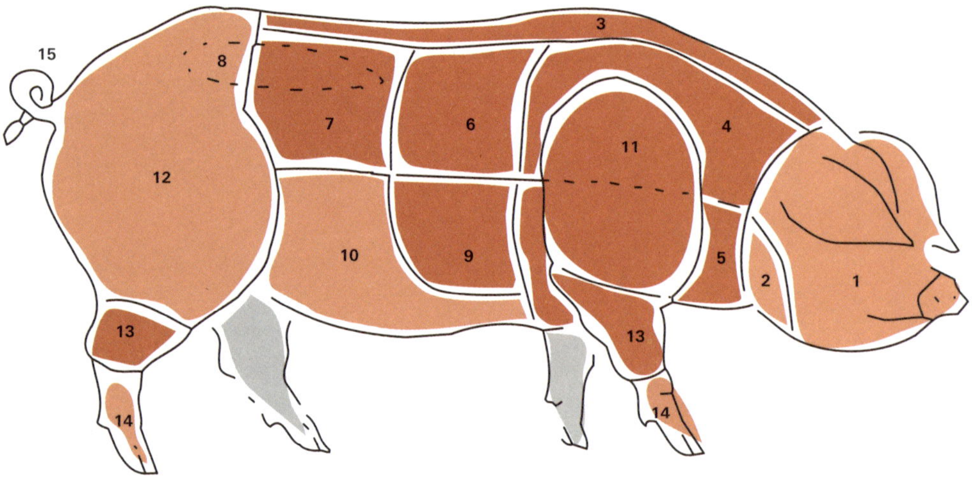

1 Schweinskopf **2** Schweinsbacke **3** Rückenspeck oder fetter Speck **4** Schweinenacken **5** Brust oder Dicke Rippe **6** Stielkotelett **7** Lendenkotelett oder Lummerkotelett **8** und **7** werden zusammen Schweinerücken oder regional auch Karree genannt, mit **4** und **8** Kotelettstück **8** Filet oder Lungenbraten **9** Schweinebauch **10** Bauchlappen **11** Schweineschulter oder Vorderschinken **12** Schinken **13** Eisbein oder Stelze **14** Schweinsfuß **15** Schweineschwanz

DER WUNDERBARE SCHWEINESPECK

Schweinezüchtern ist Schweinespeck längst nicht mehr Lebenszweck (wie noch im „Zigeunerbaron"). Im Gegenteil: Als Dickmacher wurde fettes Fleisch geächtet, die Cholesterinwerte ruinierten sein Image. Magere Rassen wurden gezüchtet, die nur noch halb so viel Fett enthalten wie die ursprünglichen. Der Tiefpunkt dieser Entwicklung war das Auftreten von PSE-Fleisch: „**p**ale" (blass), „**s**oft" (weich), „**e**xudative" (wässrig). Die Schnitzel schrumpften in der Pfanne zusammen und schmeckten nach nichts. Seither wird umgedacht. Immerhin ist Schweinefett nicht nur Geschmacksträger – es ist auch viel gesünder als sein Ruf: So enthält es nur etwa 34 Prozent der ungesunden gesättigten Fettsäuren, dafür aber 42 Prozent einfach ungesättigte und sogar 14 Prozent mehrfach ungesättigte Fettsäuren. Damit ist Schweineschmalz gesünder als Milchfett, also Butter oder Butterschmalz. Äußeres Zeichen dafür ist die Cremigkeit auch bei Kühlschranktemperatur.

VOR ALLEM: FRISCH

Schweinefleisch muss nicht „abhängen" wie Rindfleisch. Es ist nicht so lange haltbar und sollte frisch verarbeitet werden – nach zwei bis drei Tagen ist es genussreif.

DIE NEUE KÖNIGSKLASSE

Alte Rassen wie das Schwäbisch-Hällesche, das Bentheimer oder das Angler Sattelschwein schmecken viel besser als die gängige Deutsche Landrasse. Sie sind stärker gescheckt, haben genügend Auslauf, entwickeln mehr Muskeln mit einer Marmorierung und haben eine längere Mastdauer. Das hat seinen Preis – doch wer auf unsere „bescheidenen" Stücke zurückgreift, der muss keine Extra-Ausgaben fürchten. Dafür wird er mit einem tollen Geschmack belohnt.

SCHWEINESCHMALZ

Schweinespeck ist viel zu schade, um weggeworfen zu werden. Lassen Sie das, was zu viel ist, zum Schmalz aus (beispielsweise Bohnen mit Speck, Seite 150). Hierzu Schwarte oder Speck in möglichst kleine Stücke schneiden – desto besser brät dann das Fett aus. Im Kühlschrank bleibt es mindestens einen Monat frisch. Größere Mengen bewahren Sie einfach in der Gefriertruhe auf. Ungewürzt eignet es sich zum Dünsten von deftigem Gemüse wie Kohl und zum Braten von Kartoffeln oder Paniertem, aber auch zum Backen von pikantem Hefegebäck. Das gibt den Gerichten eine echte Note, wie man sie aus Großmutters Küche kennt. Gewürzt und mit Zwiebeln und Äpfeln vermengt ist Schmalz dagegen ein toller Brotaufstrich.

SCHMALZ AUSLASSEN

1. Fett in kleine Würfel schneiden
2. Langsam auslassen
3. Beim Braten der Schwarte unbedingt einen Spritzschutz verwenden und womöglich noch extra Alufolie darüberlegen – die Schwarte beginnt schnell aufzuplatzen und laut zu knallen.
4. Absieben und in ein sauberes Vorratsglas füllen. Die Grieben aufs Brot oder über den Salat streuen.

1

2

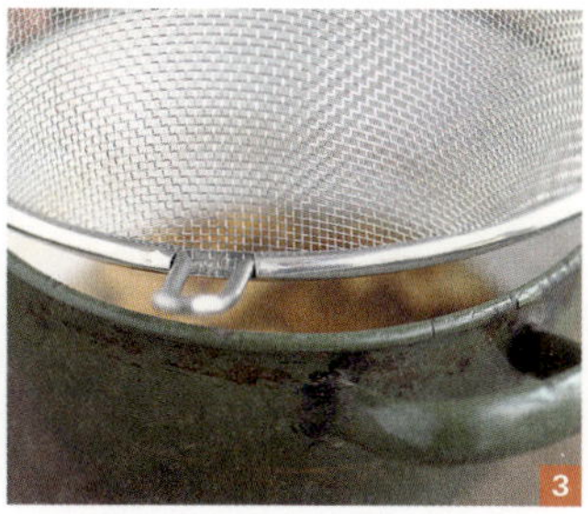

3

4

EISBEIN (SEITEN 162–163)

Der Name „Eisbein" stammt aus dem Nordischen und kommt daher, dass man aus den Röhrenknochen größerer Schlachttiere früher Schlittschuhe hergestellt hat. Die Bezeichnung beschreibt also die zum Eislauf geeigneten Knochen. Der Metzger meint damit das Stück zwischen Schulter oder Keule und der Pfote (Spitzbein). Es hat ein kräftig dunkles Fleisch, reichlich Sehnen und Schwarte. Deshalb wird es relativ lange gekocht oder geschmort und schmeckt besonders saftig und zart. Wem die Schwarte zu fett ist, der kann sie ausbacken (siehe oben) – und das Schmalz extra verwerten.

Eisbein gibt es gepökelt, also eingesalzen, oder pur. Das Gewicht kann sehr unterschiedlich sein, denn das Hintereisbein ist fleischiger als die Vorderseite.

RIPPCHEN (SEITEN 153–154)

Als Spareribs machten die „Leiterstückchen" Karriere. Und tatsächlich sind sie ein wunderbares Knabberessen. Am saftigsten bleiben sie mit einer schützenden Marinade am Stück im Ofen gebraten und erst danach in einzelne Rippchen geteilt. Die Rippenspitze lässt sich entbeinen und zum Füllen einschneiden – wie beim Kalb. Dadurch wird aus einem schmalen Stück ein großer aromatischer Braten mit viel Aroma!

BAUCH (SEITEN 150–151)

Der durchwachsene Bauchspeck hat deutlich sichtbar einen hohen Fettanteil. Oft wird er gepökelt als „Bacon" oder als Räucherspeck verwendet, um Eintöpfen Aroma zu verleihen. Frisch eignet er sich wunderbar zum Braten oder Grillen. Dabei brät das Fett aus und durchzieht die Garnitur aus Kartoffeln und Gemüse. Damit das Fett austreten kann, die Schwarte kreuzweise einschneiden.

DER SONNTAGSBRATEN (SEITEN 158–161)

… für kleine Leute stammt nicht aus der teuren Keule oder dem Filet, sondern aus dem gut durchwachsenen Hals oder der Schulter. Diese Teile müssen etwas länger schmoren oder kochen, um zart zu werden. Dabei brät das Fett kontinuierlich aus und schützt das Fleisch vor Trockenheit.

DAS KOTELETT (SEITEN 155–157)

Der Kotelettstrang ist zum Hals hin stärker marmoriert und daher saftig. Deshalb sollte man den Knochen auch erst auf dem Teller auslösen. Besonders eindrucksvoll ist es, mehrere Koteletts zusammenhängend im Backofen als „Karree" zu braten. Dieser Braten lässt sich ganz einfach für eine große Runde zubereiten – pro „Mitesser" ein Kotelett berechnen – und zur Sicherheit ein bis zwei obendrauf. Die Wirbelknochen idealerweise zuvor auslösen lassen und mitschmoren. Die Koteletts lassen sich nur schwer trennen. Am einfachsten geht es, wenn sie am Gelenk ansetzen.

GAREN: HEISS UND LANG!

Die Niedriggarmethode eignet sich nicht für stark durchwachsenes und grobfaseriges Fleisch. Denn die bindegewebigen Teile haben im Gegensatz zur Muskelfaser eine lange Garzeit bei hohen Temperaturen – und das Fett soll ja ausbraten und das Fleisch saftig halten. Würzen sollten Sie Fleisch in jedem Fall vor dem Garen – es zieht viel besser ein. Keine Sorge: In der überschaubaren Zeit kann das Salz kein Wasser ziehen!

KARTOFFELN MIT BEAMTENSTIPPE

Für 4 Portionen

1,2 kg Kartoffeln
350 g Zwiebeln
150 g magerer Räucherspeck
2 EL Butter
2 gestrichene EL Mehl
400 ml Fleischbrühe
200 g Schmand
Salz, Pfeffer, geriebene Muskatnuss
1 Bund Schnittlauch

30 Min.

Pro Portion 550 kcal, 17 g E, 28 g F, 56 g KH

1. Kartoffeln waschen und in Salzwasser gar kochen.
2. Zwiebeln schälen, halbieren und wie den Speck klein würfeln. In einer beschichteten Pfanne Butter schmelzen und Speck glasig angehen lassen, Zwiebeln zugeben und rösten, bis sie Farbe annehmen. Mehl darüberstäuben und goldgelb anschwitzen.
3. Topf vom Herd nehmen, nach und nach die kalte Brühe einrühren, würzen und bei kleiner Hitze 15 Minuten köcheln lassen. Schmand unterziehen und noch 5 Minuten köcheln lassen.
4. Schnittlauch waschen, klein schneiden und mit Kartoffeln und Sauce servieren.

Beilagen-Tipp: Gewürzgurken, Kapern, weich gekochte Eier.

VARIANTE

Anstatt Speck kann auch 200 g Hackfleisch angebraten werden. Etwas schärfer wird das Gericht durch 1 EL Paprikapulver edelsüß.

BOHNEN MIT SPECK

Für 4 Portionen

2 Scheiben durchwachsener Speck à 100 g (frisch oder gepökelt)
2 Zwiebeln
600 g grüne oder breite Bohnen
2 EL Öl
1 EL Mehl
350 ml Milch
Salz, Pfeffer, geriebene Muskatnuss

25 Min.

Pro Portion 240 kcal, 16 g E, 13 g F, 14 g KH

1. Die Schwarte vom Speck abschneiden. Dann die Scheiben in fingerdicke Streifen schneiden. Zwiebeln schälen und grob würfeln. Bohnen waschen, eventuell Fäden abziehen und in daumenbreite Stücke schneiden.
2. Das Öl in einer Pfanne erhitzen und die Speckstreifen darin glasig anbraten. Zwiebeln und Bohnen zugeben und mitdünsten. Dann das Mehl darüberstäuben und anschwitzen. Die Milch angießen, salzen und pfeffern.
3. Unter Rühren alles aufkochen und 15 Minuten bei mittlerer Hitze zugedeckt köcheln lassen, bis die Bohnen gar sind. Mit Muskatnuss abschmecken.

Dazu passt: 800 g Salzkartoffeln.

SPECKBRATEN

Für 4 Portionen

600 g frischer Schweinebauch mit Schwarte

2 cm frischer Ingwer

2 EL Sojasauce

1/2 TL rotes Chilipulver

Pfeffer aus der Mühle, 2 EL Öl

250 ml Apfelsaft, Salz

1 frische Knoblauchknolle

700 g Möhren

700 g Kartoffeln

15 Min. + 2 Std. 15 Min. Bratzeit

Pro Portion 651 kcal, 33 g E, 39 g F, 42 g KH

1. Ofen auf 80 Grad vorheizen. Schwarte des Fleisches kreuzweise einschneiden. Geschälten Ingwer in die Sojasauce pressen, Chili und Pfeffer zugeben. Gut mischen.
2. Braten mit Öl in einem kleinen Bräter oder Schmortopf auf der Fleischseite kräftig anbraten. Apfelsaft angießen, salzen und aufkochen. Braten auf die Schwarte legen, Fleischseite mit dem Sojamix einpinseln. Im Ofen zugedeckt 90 Minuten braten.
3. Knoblauchzehen trennen, nicht schälen. Möhren schälen, große teilen und halbieren. Kartoffeln waschen und halbieren. Hitze auf 220 Grad erhöhen. Braten auf die Fleischseite drehen, Schwarte salzen. Knoblauch, Kartoffeln und Möhren zugeben und würzen. Mit Deckel 45 Minuten braten.
4. Braten in Scheiben schneiden und mit den Möhren, Kartoffeln und dem Fond servieren.

Dazu passt: Grüner, Gurken- oder Krautsalat.

Tipp: Der gegarte Knoblauch kann aus der Schale gedrückt zum Fleisch verzehrt werden. Da er kaum mit Sauerstoff in Kontakt gekommen ist, schmeckt er sehr mild.
Durch das Einschneiden der Schwarte tritt Fett aus und verfeinert den Fond. Erst längs entlang der Fasern einschneiden, dann quer.

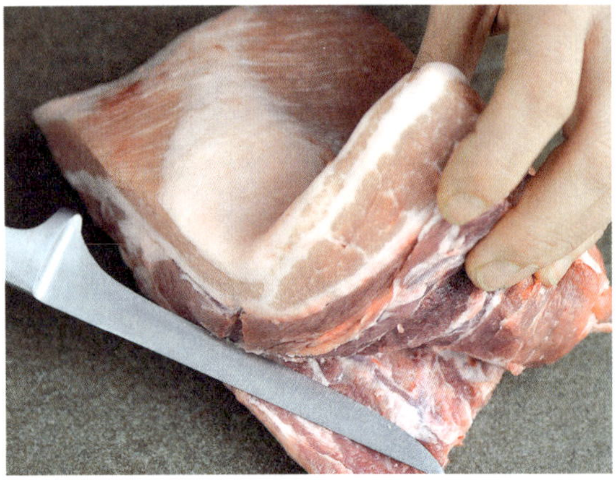

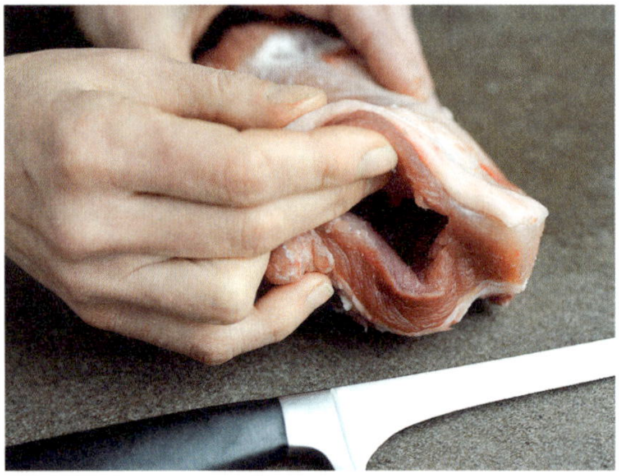

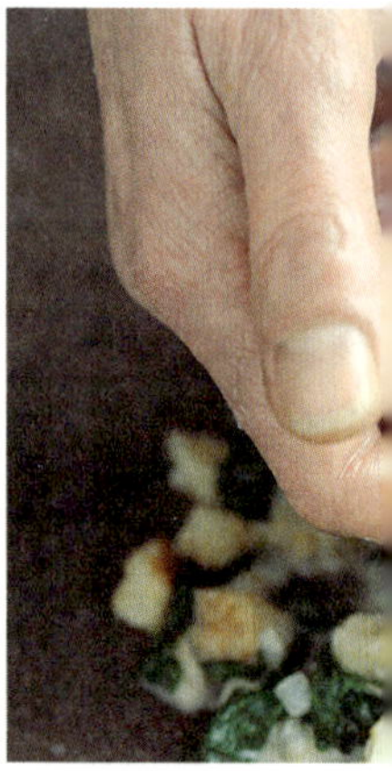

GEFÜLLTE SCHWEINEBRUST

Für 6 Portionen

Ca. 800 g Schweinebrust vom Metzger zum Füllen vorbereitet (gut 1 kg mit Knochen)
2 Brötchen oder Brotscheiben (100 g)
2 Eier
50 ml Milch
2 Zwiebeln
1 Knoblauchzehe
2 EL Rapsöl
400 g Blattspinat (oder 150 g tiefgekühlt)
Salz, Pfeffer, Muskatnuss
1 TL Mehl
Sojasauce

35 Min. + 1 Std. 30 Min. Schmoren
Pro Portion 385 kcal, 32 g E, 23 g F, 11 g KH

1. Vom Metzger Rippen entfernen und eine Tasche zum Füllen in die Schweinebrust schneiden lassen.
2. Backofen auf 220 Grad vorheizen. Brötchen in 1 cm kleine Würfel schneiden. Eier mit Milch verquirlen und über die Brötchen gießen.
3. Zwiebeln und Knoblauchzehe schälen und klein würfeln. Spinat waschen, harte Stiele entfernen und Spinat hacken.
4. Hälfte Zwiebeln, Knoblauch und Brotwürfel in einer beschichteten Pfanne in Öl 5 Minuten bei mittlerer Hitze unter Rühren braten. Spinat zugeben und zusammenfallen lassen, mit Salz, Pfeffer und Muskat würzen, abkühlen lassen.
5. Den Braten rundherum mit Salz und Pfeffer einreiben. Die Brotmasse mit dem gedünsteten Gemüse mischen und in die Fleischtasche drücken. Die Öffnung mit Holzspießchen zustecken.
6. Fleisch in eine Schmorpfanne legen, 100 ml kochendes Wasser zugießen, die übrigen Zwiebelwürfel und die Knochen um den Braten verteilen, zudecken und 15 Minuten im vorgeheizten Ofen braten. Ofen auf 180 Grad herunterschalten und das Fleisch offen ungefähr 90 Minuten schmoren. Wird der Braten braun, wenden. Zwiebeln und Knochen sollten braun werden.
7. Bratensaft mit 1 Tasse Wasser loskochen und durch ein Sieb streichen. Mehl mit 2 bis 3 EL Wasser anrühren, in den Bratensaft quirlen und mindestens 10 Minuten kochen lassen. Mit Sojasauce abschmecken und zum Braten reichen.

Beilagen-Tipp: Kartoffel-Nockerln (Seite 96) oder Bandnudeln.

Info: Bekannter ist die gefüllte Kalbsbrust. Doch Schweinerippchen sind ebenso geeignet. Der Trick: Mit der Füllung wird ein großes Bratenstück vorgetäuscht – das schont die Haushaltskasse und schmeckt besonders saftig und zart. Die ausgelösten Knochen geben der Sauce ihr Aroma.

SELBST VORBEREITEN

Wer Schweinebrust selber auslösen will: Mit einem scharfen Messer an den Knochen entlangfahren und diese herausdrücken. Für die Tasche vorsichtig mit einem langen, scharfen Messer entlang der Rippen einschneiden. Wenn das Messer doch die Tasche „löchert", einfach mit Holzspießchen zustecken.

PIKANTE KNABBERRIPPCHEN

Für 4 Portionen

1 kg fleischige Rippchen am Stück
1 unbehandelte Zitrone
1 EL Honig
1 EL Senf
1 EL Tomatenmark
3 EL Sojasauce
4–5 EL Öl
1 TL Rosmarin oder Thymian
Salz, Pfeffer

10 Min. + 1 Std. einlegen und garen
Pro Portion 734 kcal, 67 g E, 48 g F, 9 g KH

1. Rippchen wenn nötig waschen, trocken tupfen, nicht trennen.
2. Zitronenschale abreiben, Saft auspressen. Beides mit Honig, Senf, Tomatenmark, Sojasauce und Öl vermischen. Rosmarin oder Thymian fein hacken und zugeben, mit Salz und Pfeffer würzen.
3. Den Backofen auf 220 Grad vorheizen. Rippchen mit der Marinade bestreichen und eine halbe Stunde ziehen lassen.
4. Rippchen auf ein Blech legen. 25 bis 30 Minuten braten, bis sie schön knusprig sind, dabei wenden und mehrmals mit Marinade bestreichen. Zum Servieren die Rippchen voneinander trennen.

Beilagetipp: Dazu Kartoffelspalten und Paprikastreifen außen herum mitbraten oder Mischbrot reichen und einen knackigen gemischten Salat. Und weil es zu Rippchen keine „natürliche" Bratensauce gibt, sind Ketchup, Senf mit süßer Sahne cremig gerührt, Guacamole, Tomatensalsa (Seite 44) oder andere magere Dips die ideale Beilage.

Info: Bleiben die Rippchen beim Garen am Stück, trocknen sie nicht so schnell aus, sondern bleiben schön saftig. Richtig modern wurden sie als „Spareribs" – sie dürfen mit den Fingern gehalten und geknabbert werden.

VARIANTEN

Rippchen eignen sich auch besonders gut zum Grillen. Auch dabei wenden und erst nach etwa 30 Minuten in Einzelrippchen teilen. Die Marinade lässt sich auch asiatisch abschmecken mit Ingwer, Chili, etwas Knoblauch, Limette und süßsaurer Sauce.

SCHWEINEKARREE

Für 6 Portionen

1 Stück Schweinekotelettstrang mit ca. 6 Rippen (2 kg)
4 EL Rotisseursenf (körnig-pikant)
4 EL Semmelbrösel
1 TL Pesto Rosso
1 TL Thymianblättchen
2 EL Rapsöl
Salz, Pfeffer
1 Schuss Bier oder Cidre
1,2 kg Kartoffeln zum Mitschmoren
1–2 Zweige Rosmarin

20 Min. + 1 Std. 40 Min. Braten

Pro Portion 684 kcal, 78 g E, 22 g F, 40 g KH

1. Die Kotelettstränge vom Metzger für den Karreebraten zurechtschneiden lassen: Die Wirbelfortsätze abtrennen und die Fettschicht ebenfalls entfernen. Das zwischen den Rippen sitzende Fleisch bis zu dieser Linie einschneiden, so dass die Knochen frei nach oben stehen.
2. Den Backofen auf 200 Grad vorheizen. Senf, Semmelbrösel, Pesto, Thymian, Öl und Salz, Pfeffer vermischen, so viel Bier oder Cidre zugeben, dass die Masse streichfähig ist. Das Fleisch damit rundherum einstreichen. Auf ein mit Alufolie ausgelegtes Blech setzen.Braten in den heißen Ofen schieben, nach 10 Minuten die Hitze auf 160 Grad reduzieren und 90 Minuten braten lassen.
3. Inzwischen die Kartoffeln gründlich waschen und in längliche Viertel schneiden. In einer Schüssel mit Rosmarinnadeln und Salz vermischen und nach 1 Stunde Bratenzeit rund um das Fleisch verteilen – mit der Schnittstelle auf dem Blech.

Info: Die Garzeit für Kotelett ergibt sich aus der Faustregel: pro 500 g etwa 20 bis 25 Minuten Garzeit. Das Rezept eignet sich also auch für die ganz große Runde – rechnen Sie pro Person 1 Rippe und geben Sie am Ende 2 zur Sicherheit zu.

KOTELETT AUF GEMÜSEBETT

Für 4 Portionen

1 Zwiebel

1 kleine Fenchelknolle (350 g)

4 Schweinekoteletts (je 200 g)

Salz, Pfeffer

2 EL mittelscharfer Senf

2 EL Rapsöl

500 g Kirschtomaten

25 Min.

Pro Portion 375 kcal, 47 g E, 17 g F, 7 g KH

1. Zwiebel schälen, halbieren und in feine Würfel schneiden. Fenchel waschen, putzen, Grün entfernen und beiseitelegen. Die Knolle in kleine Würfel schneiden. Koteletts von beiden Seiten mit Salz und Pfeffer bestreuen und mit Senf einstreichen. Das Öl in einer großen Pfanne erhitzen und die Koteletts darin auf jeder Seite ungefähr 2 Minuten kräftig anbraten. Dann herausnehmen und in Alufolie wickeln.
2. Zwiebelwürfel in die Pfanne geben und andünsten. Fenchel zugeben und 10 Minuten mitschmoren. Die Kirschtomaten waschen, halbieren, in die Pfanne geben und weitere 5 Minuten schmoren, bis es etwas eingekocht ist. Fenchelgrün klein hacken und unter das Gemüse mischen. Mit Salz und Pfeffer abschmecken.
3. Die Koteletts wieder in die Pfanne geben und noch mal kurz erwärmen.

Beilagen-Tipp: Reis oder Polenta.

Info: Das Kotelett befindet sich beiderseits der Wirbelsäule zwischen Nacken und Hinterteil und teilt sich in einen vorderen und hinteren Teil. Der vordere Teil wird aufgrund der anliegenden Rippenknochen als Stiel- oder Rippenkotelett bezeichnet, der hintere als Lenden-, Filet- oder Lummerkotelett. Beide weisen im Vergleich zum Nackenkotelett eine geringere Marmorierung auf, weshalb sie weniger saftig, aber magerer sind.

Tipp: Mit dem Knochen gegart schmecken Koteletts kräftiger als ausgelöste oder Steaks. Vor allem der Fond hat mehr Aroma und Körper.

VARIANTEN

Am Schluss die Koteletts in der Pfanne mit etwas Mozzarella, Roquefort oder geriebenem Gruyère belegen und zugedeckt so lange erwärmen, bis der Käse schmilzt. Statt Fenchel passt auch Staudensellerie, statt Kirschtomaten kann man auch 1 kleine Dose geschälte Tomaten nehmen.

KRUSTENBRATEN

Für 4 Portionen

1 kg Schweineschulter mit Schwarte
Salz, Pfeffer
1 Zwiebel
1 Lorbeerblatt
2 Nelken
1 Bund Suppengrün
1/2 TL Pfeffer- und Senfkörner
300 ml dunkles Bier
1 EL Zucker
1 EL Essig

15 Min. + 2 Std. 15 Min. Garzeit

Pro Portion 475 kcal, 53 g E, 22 g F, 10 g KH

1. Den Backofen auf 220 Grad vorheizen. Die Schwarte kreuzweise einschneiden und rundherum mit Salz und Pfeffer würzen.
2. In einen großen Bräter fingerhoch Salzwasser geben. Den Braten in den Bräter legen und im Ofen 45 Minuten schmoren. Zum Schluss wenden.
3. In der Zwischenzeit die Zwiebel schälen und mit Lorbeerblatt und Nelken spicken. Das Suppengrün waschen und putzen oder schälen. In 1 bis 2 cm große Stücke schneiden.
4. Die Ofentemperatur auf 200 Grad reduzieren. Gemüse und Gewürze um den Braten legen und 100 ml Bier angießen. Weitere 90 Minuten garen und das Fleisch nach und nach mit dem restlichen Bier begießen.
5. In den letzten 15 Minuten Zucker in 1 EL heißem Wasser lösen, dann mit dem Essig mischen und die Kruste bestreichen.
6. Fleisch aus dem Bräter heben, warm halten. Soße durch einen Sieb streichen und mit Salz und Pfeffer abgeschmeckt zum Fleisch servieren.

Beilagentipp: Klassisch Kartoffelknödel oder Brot.

Tipp: Lösen Sie nach dem Auftischen die knusprige Kruste vom Braten und schneiden sie extra auf – eventuell mit einer Geflügelschere.

BADISCHES SCHÄUFELE MIT PFLAUMENSAUCE

Für 4 Portionen

1 Zwiebel
1 nussgroßes Stück Ingwer
2 EL Öl
600 g ausgelöstes Schäufele (gepökeltes Schulterstück)
300 ml Milch (1,5 % Fett)
60 g Trockenpflaumen
Pfeffer
2 Nelken
1–2 EL Orangensaft
1–2 TL Dijon-Senf

15 Min. + 1 Std. 30 Min. Garzeit
Pro Portion 343 kcal, 30 g E, 18 g F, 15 g KH

1. Die Zwiebel und den Ingwer schälen und fein würfelig schneiden. In einem Topf im Öl glasig dünsten. Das Schäufele zugeben. Mit Milch und 300 ml Wasser ablöschen, mit den Pflaumen, Pfeffer und Nelken zum Kochen bringen.
2. Zugedeckt etwa 90 Minuten köcheln. Das Fleisch zwischendurch einmal wenden. Nach 1 Stunde die Pflaumen zugeben.
3. Den Braten herausnehmen und in Alufolie wickeln. Die Sauce mit einem Pürierstab fein pürieren. Mit Orangensaft, Senf und Pfeffer abschmecken – nach Bedarf etwas verdünnen. Braten aufschneiden und mit der Sauce servieren.

Info: Schäufele ist eine badische Spezialität – im übrigen Deutschland pökelt man eher den mageren Rücken als Kasseler. Doch Schäufele ist viel saftiger als Kasseler – braucht aber eine etwas längere Garzeit.

Beilagen-Tipp: Einfach Kartoffeln – oder Püree. Super: Selleriepüree (Seite 59).

ITALIENISCHER SCHWEINEBRATEN

Für 4 Portionen

2 Zwiebeln

4 Knoblauchzehen

800 g Schweinebraten (Hals)

Salz, Pfeffer, mildes Paprikapulver

2 EL Olivenöl

4 EL rotes Pesto

1 große Dose gehackte Tomaten (800 g)

1/2 Bund Basilikum

100 g Schmand

1 EL Honig

1 TL Oregano

15 Min. + 1 Std. 30 Min. Garzeit

Pro Portion 497 kcal, 44 g E, 32 g F, 9 g KH

1. Zwiebeln und Knoblauch schälen, halbieren und klein würfeln. Braten rundherum mit Salz, Pfeffer und Paprikapulver einreiben.
2. Öl in einer Kasserole erhitzen, den Braten darin von allen Seiten anbraten und mit dem Pesto einstreichen. Zwiebeln und Knoblauch mit andünsten. Tomaten angießen und bei niedriger Hitze zugedeckt 45 Minuten garen. Dann wenden und weitere 45 Minuten garen. Basilikum waschen und fein hacken.
3. Braten herausheben und in Alufolie warm halten. Das Basilikum zur Sauce geben und alles fein pürieren. Dann den Schmand einrühren und mit Honig und Oregano abschmecken. Braten in dünne Scheiben schneiden und mit der Sauce servieren.

Beilagen-Tipp: Rosmarinkartoffeln, Gnocchi, Nudeln.

VARIANTE

Anstatt Dosentomaten können auch 500 g frische Kirschtomaten verwendet werden: Fleisch nach dem Anbraten mit 250 ml Rotwein ablöschen, 75 Minuten bei 180 Grad im Backofen schmoren, dann die ganzen Tomaten und Basilikum weitere 15 Minuten mitgaren.

MOSTBRATEN

Für 4 Portionen

1 Zwiebel

1 1/2 EL Senf

1 1/2 TL Salz

1 Messerspitze Pfeffer

800 g Schweinebraten (Hals)

etwas Mehl zum Bestäuben

1 EL Öl

300 ml saurer Apfelmost oder Cidre

3 Rosmarinzweige

1 kg Kürbis (z. B. Hokkaido oder Butternut)

50 g Trockenpflaumen

20 Min. + 1 Std. 30 Min. Garzeit

Pro Portion 507 kcal, 45 g E, 22 g F, 25 g KH

1. Zwiebel schälen und in feine Streifen schneiden. Senf, Salz und Pfeffer mischen und den Braten damit rundherum einstreichen. Dann den Braten mit Mehl bestäuben.
2. Das Öl in einer Kasserolle erhitzen, den Braten darin von allen Seiten anbraten, Zwiebeln mit anbraten. Den Most angießen, Rosmarin zufügen und bei niedriger Hitze zugedeckt 45 Minuten schmoren.
3. Kürbis waschen, halbieren, die Kerne herauskratzen, schälen (Hokkaido müssen sie nicht schälen) und in 2 cm breite Streifen schneiden. Die Pflaumen halbieren und zusammen mit den Kürbisspalten in den Bräter geben. Alles weitere 45 Minuten fertig schmoren, abschmecken und auftischen.

Dazu schmeckt: Bauernbrot oder Kräuter-Risotto.

Tipp: Statt Pflaumen schmecken auch getrocknete Aprikosen oder Rosinen. Alternativ zum Kürbis schmecken auch Möhren, Süßkartoffeln oder Steckrüben.

EISBEIN AUS DEM OFEN

Für 4 Portionen

1 Zwiebel
2 EL Rapsöl
1 Apfel (Boskoop)
800 g frisches Sauerkraut
2 Lorbeerblätter
3 Wacholderbeeren
1 TL Fenchelsamen
50 g Rosinen
200 ml Apfelsaft
1 großes Eisbein (800 g–1000 g)
Salz, Pfeffer

20 Min. + 2 Std. Garzeit

Pro Portion 547 kcal, 47 g E, 29 g F, 22 g KH

1. Ofen auf 180 Grad vorheizen. Zwiebel schälen, fein würfeln und in einem Bräter in Öl glasig andünsten.
2. Apfel waschen und samt Schale grob raspeln. Mit dem Sauerkraut zu den Zwiebeln geben. Gewürze und Rosinen zufügen.
3. Eisbein in das Sauerkraut drücken, alles mit dem Apfelsaft begießen und geschlossen im Ofen etwa 2 Stunden garen. Eisbein einmal wenden und das Kraut durchrühren.
4. Eisbein vom Knochen lösen. Kraut salzen und pfeffern und zum Eisbein servieren.

Beilagentipp: Salzkartoffeln oder Püree.

Info: Eisbein ist eine deftige Spezialität. Es ist sozusagen das Schienbein des Schweins mit ansitzenden Fleischteilen. Der Knochen wurde früher geschliffen und als Schlittschuh benutzt – daher der Name!

EISBEIN MIT BOUILLON-KARTOFFELN

Für 4–6 Portionen

1 Sellerieknolle

700 g Möhren

1 Zwiebel

1 großes Eisbein (800 g–1000 g)

Salz

3 Lorbeerblätter

4 Nelken

1 TL Pfefferkörner

500 g Kartoffeln

1–2 EL Dijon-Senf

2 EL süße Sahne

25 Min. + 2 Std. Garzeit

Pro Portion 737 kcal, 78 g E, 35 g F, 26 g KH

1. Sellerie und Möhren waschen und mit der Zwiebel schälen. Ein Viertel Sellerie, 1 Möhre und die Zwiebel in kleine Würfel schneiden.
2. Eisbein und Gemüsewürfel in einem Topf knapp mit Wasser bedecken. 2 bis 3 TL Salz, Lorbeer, Nelken und Pfeffer zufügen. Alles zum Kochen bringen und etwa 2 Stunden bei kleiner Hitze gar ziehen lassen.
3. Eine Viertelstunde vor Ende der Garzeit Kartoffeln schälen und mit den übrigen Möhren und dem Sellerie in etwa 2 cm große Würfel schneiden.
4. Das Fleisch aus der Brühe heben, Brühe absieben und 500 ml abmessen. In einem Topf aufkochen, das Würfelgemüse zugeben, wenn nötig nachsalzen und in etwa 15 Minuten garen.
5. Inzwischen Fleisch und Schwarte ablösen. Fleisch in der Brühe warm halten. Schwarte in etwa 1 cm breite Streifen schneiden und in einer kleinen Pfanne langsam knusprig braten – dabei einen Spritzschutz benutzen. Die krossen Streifen auf Küchenpapier kurz abtropfen lassen.
6. Senf und Sahne cremig rühren und mit dem Fleisch, den Knusperstreifen und dem Bouillongemüse servieren.

Schweineschmalz enthält gesündere Fette als Butter! Deshalb sollten Sie es unbedingt verwerten. Entweder als pures Schmalz zur Verwendung zum Kochen (Bratkartoffeln!) und Backen (pikantes Hefegebäck!), oder als Brotaufstrich. In jedem Fall das Fett klein würfeln und zunächst bei kleiner Hitze schwitzen lassen. Für reines Schmalz so lange braten, bis die Grieben und die Schwarte knusprig ausgebacken sind – dann absieben.

FÜR EINEN BROTAUFSTRICH

Pro 500 g Fett 2 Zwiebeln und 2 Knoblauchzehen schälen, halbieren, klein würfeln. 1 Apfel fein raspeln. Alle Zutaten zum Schmalz geben und etwa 15 Minuten mit braten lassen, mit Salz, Pfeffer und Majoran abschmecken und vollständig erkalten lassen. Gekühlt ist Schweineschmalz mindestens 1 Monat haltbar.

LEBERTERRINE

Für ca. 20 Portionen

1 altbackenes Brötchen
150 g Trockenpflaumen
100 ml Portwein oder milder Rotwein
500 g Schweineleber
500 g Schweinefleisch
250 g fetter Speck
250 g Kasseler oder Schinkenreste
2 Schalotten
6 Sardellenfilets
1 Bund Thymian
einige Lorbeerblätter
Salz, Pfeffer
100 g Walnusskerne
2 EL grüne Pfefferkörner
1 EL Öl für die Form
Bratenreste nach Belieben (bis zu 1 kg)
Fürs Gelee:
6 Blatt Gelatine
200 ml Madeira

40 Min. + 2 Std. Garzeit

Pro Portion 381 kcal, 23 g E, 27 g F, 9 g KH

1. Das Brötchen in warmem Wasser einweichen. Pflaumen im Wein einweichen. Leber, Fleisch, Speck und Kasseler zweimal durch den Fleischwolf drehen – am einfachsten ist es, den Metzger darum zu bitten.
2. Die Schalotten schälen und fein würfelig schneiden. Die Sardellen abspülen, trocken tupfen, von Flossenresten befreien und fein hacken. 1 bis 2 TL Thymianblättchen abstreifen, 2 Lorbeerblätter zerbröseln. Das Brötchen ausdrücken, mit den Pflaumen samt Wein, allen vorbereiteten Zutaten, 3 TL Salz, 1 TL Pfeffer, den Walnüssen und den Pfefferkörnern zu einer Masse verkneten.
3. Eine Pasteten- oder Kastenform von ungefähr 2,5 l Inhalt mit etwas Öl ausreiben. Die Hälfte der Masse einfüllen, dabei immer wieder glatt streichen und die Form fest aufstoßen, um Lufträume zu schließen. Eventuell vorhandene Fleischstücke – besonders geeignet ist Wild, Gänse- oder Entenbrust – einlegen und die übrige Pastetenmasse darüberfüllen. Fest andrücken und glatt streichen. Mit dem Pastetendeckel oder eingeölter Alufolie abdecken.
4. In den Backofen schieben und bei 180 Grad 2 Stunden garen. Herausnehmen und behutsam die Garflüssigkeit abgießen und aufheben. Ein passendes Brettchen auf die Pastete legen und mit Konservendosen beschweren, erkalten lassen, zwischendurch eventuell Flüssigkeit nochmals abgießen.
5. Fond sieben und kalt stellen, damit man das Fett abheben kann. Mit Brühe auf 300 ml auffüllen. Gelatine 10 Minuten in kaltem Wasser einweichen. Bei kleiner Hitze mit einigen Löffeln Madeira auflösen. Nach und nach restlichen Madeira und Brühe zugeben.
6. Pastete mit Lorbeerblättern und Thymianzweigen dekorieren und mit dem Madeiragelee auffüllen, kalt stellen.

Info: Am besten schmeckt die Pastete, wenn sie 1 bis 2 Tage durchgezogen ist.

Beilagen-Tipp: Klassisch werden dazu Toast oder Brioches gereicht. Aber auch Walnussbrot oder Roggenmischbrot passen ausgezeichnet. In jedem Fall sollte es dazu eine fruchtige, süßsaure Sauce wie Cumberland geben. Probieren Sie mal diese Variante: 50 g Softaprikosen mit 100 ml Orangensaft erwärmen und einweichen. Dann pürieren und mit 3 EL mildem Senf, 1 TL scharfem Senf und Worcestersauce abschmecken. Wer es eilig hat, nimmt einfach Preiselbeerkonfitüre.

VARIANTE

Pastete war einst eine Notlösung zur Resteverwertung. Sie können auch die Leber anderer Tiere nehmen – auch Hühnerleber. Außerdem können Sie Fleischreste – auch Wild – verwerten, die allerdings durch den Fleischwolf getrieben werden müssen. Nur die grundsätzlichen Mengenverhältnisse sollten etwa gleich bleiben.

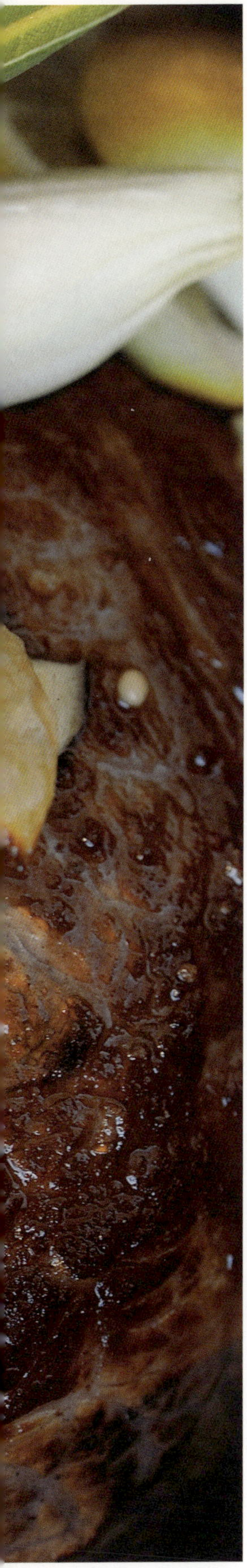

WEIDERIND

Einerseits ist das Rind kein Nahrungskonkurrent des Menschen, andererseits wettern Klimaschützer gegen den Methanausstoß, den Rinder verursachen. Trotzdem: Wo Milch und Käse ist, da gibt's auch Rindfleisch. Zugegeben: Die typisch deutschen Doppelnutzungsrassen wie das Fleckvieh, die sowohl zur Fleisch- wie Milcherzeugung gehalten werden, haben nicht ganz so zartes und marmoriertes Fleisch wie die Fleischrassen von „Charolais" über „Aberdeen Angus" bis „Galloway". Aber gerade fürs Kochen und Schmoren sind sie hervorragend einsetzbar.

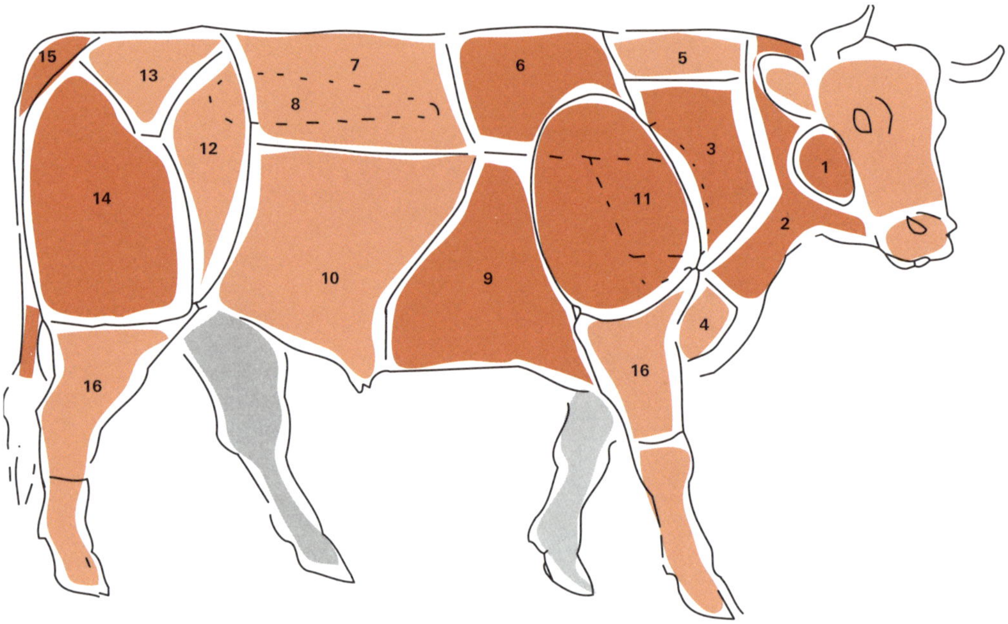

1 Bäckchen 2 Rinderhals, Kamm oder Nacken 3 Querrippe 4 Rinderbrust 5 Hochrippe 6 Vorderrippe oder hohes Roastbeef 7 Rostbraten oder flaches Roastbeef 6 und 7 bilden das Roastbeef oder Zwischenrippenstück 8 Filet 9 Spannrippe 10 Dünnung 11 Schulter, Bug oder Schaufel 12 Flanke 13 Hüfte mit Hüftsteak und Tafelspitz oder Schwanzstück 14 Oberschale, Unterschale und Nuss 15 Schwanz 16 Hesse oder Wade

DIE FETTFRAGE

Das Fett von Wiederkäuern enthält etwa zur Hälfte gesättigte Fettsäuren und sogar Transfettsäuren, die durch Bakterien im Magen der Tiere gebildet werden. Beide haben negativen Einfluss auf den Blutfettspiegel. Das Fett sollte trotzdem nicht vor, sondern erst nach dem Garen abgeschnitten werden – es sorgt für saftig-zartes Fleisch. Und Rindfleisch ist ohnehin eher mager. Übrigens: Weiderinder enthalten durch die natürlichen Inhaltsstoffe von Kräutern und Gräsern mehr gesunde Omega-3-Fettsäuren als Mastvieh, das mit Sojaschrot gefüttert wird.

VITAMINE UND MINERALSTOFFE

Gerade dunkles Fleisch liefert besonders viel Eisen – und Zink. Aber auch Kalium und Fluor ist in Rindfleisch üppig enthalten, eigentlich alle wichtigen Mineralstoffe. Daneben enthält es ausgesprochen viele B-Vitamine und die fettlöslichen Vitamine A, D und E. Vor allem die stoffwechselaktive Leber enthält all diese guten Dinge im Übermaß: Eine Lebermahlzeit pro Monat kann die Eisenvorräte gut auffüllen!

ABHÄNGEN

Eine wichtige Rolle für die Zartheit des Fleisches spielt, neben Alter und Geschlecht des Tieres, die Abhängdauer (Reifedauer). Rindfleisch sollte mindestens 14 Tage gereift sein: je muskulöser und älter, desto länger. Heute wird Fleisch in der Regel nicht mehr in Schlachthälften abgehangen, die Teilstücke reifen meist in der Folie nach. Mit bloßem Auge lässt sich das Abhängen an der dunklen Färbung erkennen. Rein physikalisch verändert sich der ph-Wert durch den Umbau von Muskelglycogen zu Milchsäure. Das gehört zum typischen Reifeprozess und verhindert Bakterienwachstum.

SCHMOREN

Alle stark aktiven Körperteile wie Hals, Schulter, Brust, Vorder- und Hinterhesse, Hüfte und Schale, also der gesamte Bewegungsapparat, und die Bäckchen sind zum einen gut durchblutet und muskulös, zum anderen stark von sehnigem Bindegewebe

durchzogen. Das macht sie zum idealen Schmorfleisch. Warum? Das Protein der Muskelfasern zieht sich beim Garen bei Temperaturen bis 70 Grad zusammen und spaltet Wasser ab – Fleischsaft tritt aus, das Gewebe wird etwas trocken und zäh. Ab 80 Grad beginnt aber das weißliche Kollagen des Bindegewebes zu quellen und sich in durchsichtige Gelatine zu lösen: Das Fleisch wird wieder saftig und nimmt Würze und Aroma der Garflüssigkeit auf. Fettadern sorgen durch ihr Schmelzen dafür, dass die Kerntemperatur nicht zu stark steigt. Je stärker durchwachsen das Schmorfleisch ist, desto besser – das trifft vor allem auf Tiere zu, die längere Zeit zum Wachsen haben. Und noch etwas: Haben Sie keine Angst, Ihr Fleisch zu lange schmoren zu lassen; es kann wohl zerfallen, aber zäh wird es dadurch nicht! Zäh wird's nur, wenn es nicht lange genug geschmort hat! Das kann etwas dauern, aber schmoren ist etwas für Faule, Sie müssen nur rechtzeitig beginnen.

KOCHEN

Im Prinzip eignen sich dieselben bindegewebsreichen Schmorstücke auch zum Kochen – schließlich werden Temperaturen bis knapp 100 Grad erreicht –, dabei kann sich das Kollagen lösen. Der Unterschied: Das Fleisch wird vorher nicht angebraten, und es entsteht keine Bräunung. Gerade bei Suppen und Eintöpfen werden außerdem Knochen mitgekocht, für gelierende Fonds außerdem Füße und Teile des Kopfes. Diese sind besonders fein, wenn sie vom Kalb kommen. Eventuell entstehenden Schaum mit einem Schöpflöffel oder einer Kelle entfernen. (Siehe Rinderfond, Seite 174).

Nach dem ersten Abschäumen können Sie den Fond auch im Schnellkochtopf in der halben Zeit und mit der halben Wassermenge garen: das spart Zeit und Energie und bremst die Duftwolken, die durch die Wohnung ziehen.

OCHSENSCHWANZ (SEITE 172)

Für ein Ragout brauchen Sie fleischige Teile, für die Suppe langt auch das knochige Ende. Sie können den Fleischanteil auch mit einer Beinscheibe verlängern. Das Aroma ist jedenfalls unübertroffen.

KNOCHEN UND MARK (SEITEN 174–175)

BSE hat diesen Köstlichkeiten zunächst einmal den Garaus gemacht. Doch Dank lückenloser Kontrollen gab es Entwarnung. Wer's eilig hat, kann das Mark auch in dünnen Scheiben auf Brotschnitten legen und im Ofen rösten, dann salzen und pfeffern – fertig sind die Crostini. Aus dem Mark lassen sich auch Markklößchen zubereiten. Dazu muss es mit einem Löffel aus dem Knochen entfernt und anschließend in einer Pfanne ausgelassen werden.

GESCHMORT MIT SÄURE: SCHULTER & BÄCKCHEN (SEITEN 176–179)

Essig oder Wein: Entscheidend ist die Säure. Sie löst das Kollagen, also das harte Bindegewebe. Dadurch wird das Fleisch weicher. Das ist gerade bei sehnigen Bäckchen und bei der Schulter von großer Bedeutung. Je länger der Braten vor dem Garen ziehen darf, desto wirksamer: Pro Tag dringt die Marinade etwa zwei Zentimeter ein – also lieber etwas flachere Stücke auswählen. Übrigens: In der deutschen Fleischbeschau werden die Bäckchen zerteilt. Wer sie im

Ganzen braten und aufschneiden will, muss auf französische oder irische zurückgreifen – diese haben nur in der Mitte einen Schnitt.

ROULADEN (SEITE 180)

Sie werden aus der Oberschale (Hinterviertel) geschnitten oder preiswerter und etwas kleiner aus dem Bug (Schulter). Und weil sie so mager sind, werden sie traditionell mit Speck gefüllt. Doch auch mit würzigem Gemüse lässt sich ein saftig-zartes Ergebnis erzielen. Wichtig: Die Rouladen mit einem Fleischklopfer nicht „zerreißen", sondern nur mit der glatten Seite flach klopfen: „plattieren". Dann die Rouladen würzen und mit der Füllung belegen, den Rand dabei freilassen. Anschließend die Ränder der Längsseite nach innen klappen. Und wer sie fest einrollt, der braucht auch keine Klammern oder Nadeln. Eng sollten sie liegen und mit der „Naht" nach unten. Beim Garen behält die Roulade dann ihre Form.

GULASCH (SEITE 183)

Es darf und muss durchwachsen sein! Bestens geeignet sind Hals, Wade und der Deckel der Oberschale. Gulasch kochen ist eigentlich ganz einfach. Zuerst werden die Zwiebeln mit Fleisch angebraten – und viel Paprika. In Ungarn brät man natürlich in Schweineschmalz an. Die Bräunung erfolgt nicht durch das

Anbraten – dazu zieht das Fleisch zu schnell Wasser –, sondern durch das Karamellisieren, wenn die Flüssigkeit eingeschmort ist. Wichtig: Den Moment abpassen, an dem das Fleisch ansetzt, aber noch nicht anbrennt! Dann erst angießen und fertig schmoren.

FÜR GÄSTE IDEAL

Gerade Schmorgerichte sind für eine große Gästeschar ideal: Es kommt nicht auf die Minute an, die Beilage gart mit, und man kann alles wunderbar vorbereiten. Allerdings brauchen größere Mengen auch mehr Zeit, bis die Kerntemperatur erreicht ist. Die Kerntemperatur können Sie mit einem Fleischthermometer überprüfen. Bei den Backöfen können die Hitzeeinstellungen variieren und somit auch die Zubereitungszeiten.

Also: rechtzeitig anfangen – wenn das Fleisch mürbe ist und die Gäste noch nicht da sind, den Ofen auf 60 Grad stellen, da passiert nichts mehr.

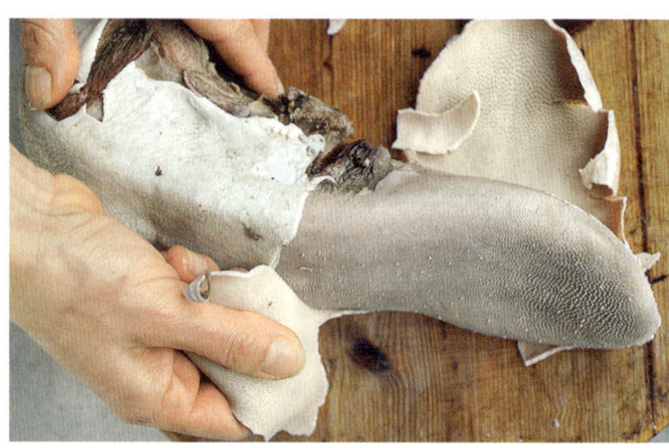

DIE DELIKATEN TEILE

Innereien sind aus der Mode gekommen. Kaum einer weiß mit ihnen umzugehen. Außerdem lagern sich Rückstände in den Entgiftungsorganen Leber und Niere ab. Das Lebensmittelmonitoring ergab in den letzten Jahren aber kaum Beanstandungen: Entwarnung auf ganzer Linie! Am wertvollsten ist die Leber – sie enthält übergroße Mengen Vitamin A und aller B-Vitamine, zudem sehr viel Eisen, schließlich ist sie das stoffwechselaktivste Organ. Außerdem ist sie sehr einfach zuzubereiten – schnell und ohne Abfall. Bei der Zunge ist es wohl vor allem die Optik, die empfindliche Verbraucher stört. Immerhin ist die Zunge preiswert, stets zart und kann überhaupt nicht misslingen! Wichtig: Direkt nach dem Garen die raue Haut abziehen – nach dem Abkühlen klappt das nicht mehr.

TIPPS UND TRICKS

Fleisch muss vor der Zubereitung nicht gewaschen werden, denn das schwemmt Nährstoffe aus und spült Keime ins Fleischinnere. Beim Braten wird die Oberfläche ohnehin keimfrei, und im Innern ist es das Fleisch sowieso. Außerdem spritzt nasses Fleisch beim Braten.

Das Fleisch sollte vor dem Garen gesalzen und gewürzt und dann zügig weiterverarbeitet werden, erst bei längerem Stehen zieht Salz Wasser aus dem Gewebe.

Das Fleisch nach dem Braten in Alufolie wickeln und ziehen lassen, während die Sauce fertiggestellt wird. Es gart dabei nicht nach, aber die Temperatur breitet sich gleichmäßig aus, und das Fleisch bleibt saftig.

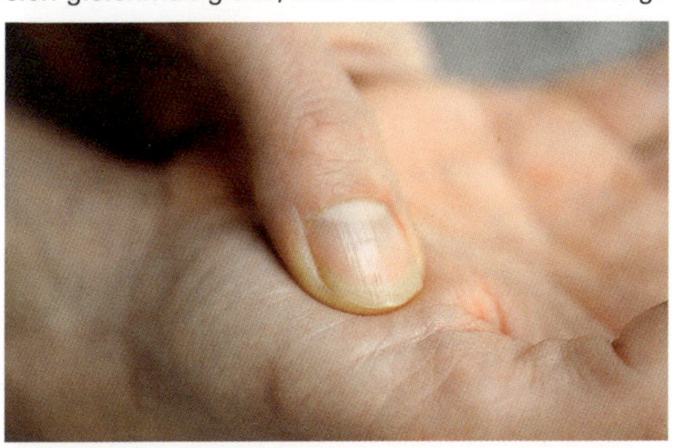

Die Daumenprobe: Das Fleisch ist gar, wenn es sich anfühlt wie der Daumenballen bei flach ausgestreckter Hand.

Diese Ratschläge gelten natürlich auch für Schweinefleisch!

DIE ETIKETTIERUNG

Das Auftreten von BSE hatte eine strenge Kontrolle und die Rückverfolgbarkeit jedes Fleischteiles zur Folge. Bei vorverpacktem Fleisch finden Sie ein Etikett auf der Verpackung, beim Metzger beispielsweise eine Tafel mit den folgenden Informationen:

Referenznummer (gewährleistet die Rückverfolgbarkeit vom Stall bis zur Ladentheke)
Geburt (Geburtsland)
Mast (Land, in dem die Mast erfolgte)
Schlachtung (Land, in dem das Rind geschlachtet wurde, zusätzlich Zulassungsnummer des Schlachtbetriebes; „ES" steht für „Europa-Schlachthof")
Zerlegung (Land, in dem der Schlachtkörper zerlegt wurde, sowie Zulassungsnummer des Zerlegebetriebes; „EZ" steht für „Europa-Zerlegungsbetrieb")

WIE LANGE HALTBAR?

Frisches Fleisch sollte möglichst bald zubereitet werden. Packen Sie es nach dem Kauf stets aus. Es sei denn, es handelt sich um eine vakuumierte Verpackung. Abgedeckt ist Fleisch ein paar Tage im Kühlschrank haltbar. Dabei gilt: Je stärker zerkleinert das Fleisch, desto kürzer die empfohlene Lagerdauer. Hackfleisch oder auch Gulasch bieten aufgrund der vergrößerten Oberfläche Keimen einen idealen Nährboden. Frische Steaks und Bratenfleisch können drei bis vier Tage gelagert werden, Innereien ein bis zwei Tage, Geschnetzeltes einen Tag, frisches Hackfleisch sollte am selben Tag verbraucht werden.

OCHSEN-SCHWANZRAGOUT

Für 4 Portionen

1 Bund Suppengrün
3 Zwiebeln
1 Knoblauchzehe
1 kg Ochsenschwanz (in Stücken)
Pfeffer, Salz
2 EL Öl,
1 Lorbeerblatt
300 ml Rotwein
400 g Pilze (z. B. Steinchampignons)
1 EL Butter
100 ml Madeira

25 Min. + 3 Std. schmoren + 1 Std. nachziehen

Pro Portion 359 kcal, 25 g E, 15 g F, 11 g KH

1. Möhre und Sellerie waschen und wie Zwiebeln und Knoblauch schälen und würfeln. Lauch aufschlitzen, waschen und in Ringe schneiden.
2. Fleisch salzen und pfeffern. In einem Schmortopf im heißen Öl anbraten, das Gemüse und das Lorbeerblatt zugeben und kurz mitschmoren.
3. Backofen auf 180 Grad vorheizen. Gemüse mit Rotwein und 250 ml Wasser angießen. Im Ofen 3 Stunden schmoren. Dann 1 Stunde bei abgeschaltetem Ofen nachziehen lassen. Flüssigkeit abgießen. Zum Entfetten kühl stellen.
4. Fleisch vom Knochen lösen und in kleine Stücke schneiden. Gemüse durch ein Sieb streichen und mit dem entfetteten Jus mischen. Einkochen, bis der Fond gut würzig ist.
5. Pilze säubern und halbieren. In Butter anbraten, salzen und pfeffern. Madeira zugießen und gar dünsten. Mit Fleisch und Fond mischen.

Beilagen-Tipp: Nudeln, Gnocchi oder Polenta.

AUCH GUT: OCHSENSCHWANZSUPPE

Gemüse und Fleisch wie beim Ragout in den Schritten 1 und 2 zubereiten. Rotwein angießen und etwas einköcheln lassen. Anschließend 1,5 l Wasser angießen. Alles bei offenem Topf 2 Stunden köcheln lassen. Fleisch herausnehmen und den Fond durch ein mit einem Mulltuch ausgelegtes Sieb gießen. Die Suppe mit Salz und Pfeffer abschmecken. 1 bis 2 EL Mehl mit wenig Wasser anrühren und unter Rühren in die kochende Suppe geben, 10 Minuten köcheln lassen. Nach Wunsch etwas Suppengemüse pürieren und zugeben. Am Ende das ausgelöste Fleisch zufügen.

RINDERFOND

Für 12 Portionen

- 1 Bund Suppengrün
- 1 Zwiebel
- 2 EL Öl
- 2 EL Tomatenmark
- 3 kg Rinderknochen
- 250 ml milder Rotwein
- 2 Lorbeerblätter
- Salz, einige Pfefferkörner

40 Min. + 2 Std. Kochzeit

Pro Portion 71 kcal, 6 g E, 3 g F, 2 g KH

1. Backofen auf 240 Grad vorheizen. Suppengrün waschen und grob putzen oder schälen. In 1 bis 2 cm große Stücke schneiden. Zwiebel schälen, halbieren und grob würfeln.
2. Öl mit Tomatenmark und Suppengrün vermischen, mit den Knochen auf ein tiefes Ofenblech verteilen, salzen und im heißen Ofen etwa 25 Minuten rösten, bis es kräftig gebräunt ist. Einmal alles mischen.
3. Knochen mit Suppengrün in einen Topf geben. Rotwein auf das Blech geben, in den Ofen stellen und so den Bratensatz mit der Resthitze kurz lösen, ebenfalls in den Topf geben. Mit 2 l Wasser nachgießen. Lorbeerblätter, ein wenig Salz und Pfefferkörner zugeben und alles zum Kochen bringen. 2 Stunden bei kleiner Hitze am besten offen simmern lassen. Schaum zwischendurch abheben.
4. Topfinhalt durch ein Sieb gießen. Fond offen im Topf auf etwa 1 l einkochen lassen und abschmecken.

Info: Köchelt die Brühe unterhalb des Siedepunktes, tritt das Eiweiß der Knochen aus und setzt sich als Schaum an der Oberfläche ab. Diesen einfach mit einer Kelle abschöpfen. Wenn das Mark mitgart, ist der Fond fett. Nach Erkalten lässt sich ein Teil abheben. Aber bedenken Sie: Fett ist Geschmacksträger.

Wer auf Vorrat kocht: Fond entweder einfrieren. Oder aufkochen und in frisch sterilisierte Twist-off-Gläser füllen. Bleibt bis zu 1 Jahr frisch. Und wenn's „kippt", dann riechen Sie das!

Varianten: Sie können Thymian, Knoblauch, Wacholderbeeren oder Petersilienwurzel statt Sellerie im Suppengrün zugeben. Sie können den Rotwein auch weglassen oder durch Weißwein oder Rosé ersetzen.

RINDERRAHMSAUCE

Aus dem Fond können Sie im Handumdrehen eine Sauce zaubern. Für 4 Portionen 350 ml Fond zum Kochen bringen. Je 1 EL weiche Butter und Mehl verkneten, Flöckchen abstechen und in den kochenden Fond einrühren und ungefähr. 5 Minuten weiterkochen lassen. Dann 50 ml Rotwein zugeben, mit Salz und Pfeffer abschmecken und 100 ml Sahne unterziehen.

RINDERBRÜHE MIT MARKKLÖSSCHEN

Für 4 Portionen

1 kg Rinderknochen (mit ca. 60 g Rindermark)
1 Bund Suppengrün
1 Zwiebel
2 TL Salz
2 Eier
1 EL gehackte Petersilie
80 g Semmelbrösel
Salz, Pfeffer, Muskatnuss

25 Min.

Pro Portion 271 kcal, 8 g E, 18 g F, 19 g KH

1. Mit einem Löffel das Mark aus den Knochen entfernen, klein schneiden, in einer beschichteten Pfanne auslassen und durch ein Sieb gießen, kalt stellen.
2. Möhren und Sellerie waschen, Lauch von Wurzel und Blattenden befreien, aufschneiden und waschen. Alles grob zerkleinern und in einem Topf mit 1,5 l Wasser, der ungeschälten Zwiebel, den Knochen und Salz 2 Stunden köcheln lassen.
3. Erstarrtes Mark und Eier schaumig schlagen, Petersilie und Semmelbrösel zugeben, bis ein fester Teig entsteht. Mit Salz, Pfeffer und Muskat würzen. Mit feuchten Händen walnussgroße Klößchen formen.
4. Brühe durch ein Sieb gießen und leicht zum Köcheln bringen. Klößchen hineingeben und 10 Minuten ziehen lassen, bis sie oben schwimmen.

Varianten: Raspeln Sie mit den Klößchen eine Möhre in die Suppe, kochen Sie die Suppennudeln mit und geben am Ende Petersilie dazu.

Tipp: Neben den Knochen eignen sich alle sonst nicht verwertbaren Teile zur Brühe: Haut, Innereien, Sehnen und Füße. Fragen Sie Ihren Metzger!

SCHMORTOPF MIT COUSCOUS

Für 4 Portionen

150 g Kichererbsen
800 g Suppenfleisch (Leiterstück oder Rippe)
Salz, Pfeffer aus der Mühle
2 Zwiebeln
1 Knoblauchzehe
1 Stück Ingwer
1 EL Olivenöl
2 Quitten oder 100 g getrocknete Aprikosen
1 Zimtstange
150 g Couscousgrieß
500 g Tomaten
Zimtpulver

15 Min. + über Nacht einweichen + 1 Std. kochen

Pro Portion 553 kcal, 54 g E, 18 g F, 43 g KH

1. Kichererbsen über Nacht in 1 l Wasser einweichen.
2. Am nächsten Tag das Fleisch rundherum mit Salz und Pfeffer einreiben. Zwiebeln, Knoblauch und Ingwer schälen und fein hacken.
3. In einem Suppentopf Zwiebeln mit Knoblauch im Öl anbraten, bis sie bräunen. Dann mit 1 l Wasser angießen, die Kichererbsen samt Einweichwasser zugeben und das Fleisch einlegen. Zum Kochen bringen und 1 Stunde lang kochen lassen.
4. Inzwischen die Quitten waschen und mit einem Kippschäler schälen. Mit einem schweren Messer vierteln und das Kerngehäuse entfernen.
5. Quitten quer in Scheiben schneiden. Mit der Zimtstange in den Topf geben, jetzt erst alles salzen und 1 weitere Stunde köcheln lassen. Couscous zugeben und aufkochen, 10 Minuten gar ziehen lassen. Tomaten waschen, Strunk entfernen und klein würfeln und zugeben. Mit Salz, Pfeffer und Zimt abschmecken.
6. Das Fleisch in Scheiben schneiden, auf dem Eintopf anrichten.

BORSCHTSCH

Für 4 Portionen

2 mittelgroße Zwiebeln
750 g Rote Bete
4 EL Rapsöl
500 g Rindfleisch (Hoch- oder Querrippe)
Salz, Pfeffer
250 g Sauerkraut
200 g Sauerrahm

15 Min. + 2 Std. 30 Min. Schmoren

Pro Portion 455 kcal, 30 g E, 28 g F, 19 g KH

1. Den Backofen auf 140 Grad vorheizen. Die Zwiebeln schälen und in Würfel schneiden. Die Rote Bete schälen und in Viertel schneiden.
2. 2 EL Öl in einer Kasserolle erhitzen und die Zwiebeln mit dem Fleisch zugeben und rundherum kräftig anbraten, salzen und pfeffern. Die Rote Bete zufügen, Deckel auflegen.
3. Die Kasserolle im Ofen 90 Minuten schmoren. Dann das Sauerkraut klein schneiden und mit 1 Tasse Wasser zufügen, weitere 60 Minuten schmoren.
4. Das Fleisch aus dem Topf nehmen, in mundgerechte Stücke schneiden und unter das Gemüse mischen. Zum Schluss den Sauerrahm dazugeben.

SAUERBRATEN

Für 6–8 Portionen

250 ml Apfelessig, 500 ml Apfelsaft
1 Möhre, 1 Zwiebel, 1 Petersilienwurzel
1 unbehandelte Zitrone, 3 Lorbeerblätter, 6 Nelken
1,2 kg Rinderschulter
3 EL Öl, Salz, Pfeffer
40 g Pumpernickel
50 Rosinen
100 ml süße Sahne
1–2 EL Honig

20 Min. + 2 Std. 30 Min. Schmoren + 3 Tage Ziehzeit
Pro Portion 392 kcal, 36 g E, 19 g F, 17 g KH

1. Apfelessig und -saft mischen. Möhre, Zwiebel und Petersilienwurzel waschen, schälen und grob würfeln. Zitrone in dicke Scheiben schneiden, Schale mit Gewürzen „bestecken", alles zur Marinade geben.
2. Fleisch und Marinade in einen 3-Liter-Gefrierbeutel füllen, Luft heraus pressen, mit Clip verschließen und in einer Schüssel in den Kühlschrank stellen. 3 Tage ziehen lassen.
3. Backofen auf 150 Grad vorheizen. Fleisch aus der Beize nehmen, den Inhalt der Tüte durch ein Sieb gießen, Marinade auffangen. Fleisch trockentupfen, salzen und pfeffern.
4. 3 EL Öl im heißen Bräter erhitzen, Fleisch rundherum kräftig anbraten, herausnehmen. Gemüse anschmoren, salzen und pfeffern. Wenn es beginnt anzusetzen, Fleisch mit der Hälfte Marinade und Gewürzen zugeben. Alles geschlossen im Ofen 2 Stunden schmoren – dabei einmal wenden. Pumpernickelbrösel zufügen und weitere 30 Minuten mitgaren.
5. Rosinen in 1/2 Tasse heißem Wasser einweichen. Fleisch herausheben, in Alufolie wickeln. Gewürze und Zitrone aus dem Fond fischen. Sauce pürieren, Rosinen samt Wasser zugeben, mit Sahne, Honig, Salz und Pfeffer abschmecken. Braten aufschneiden.

Varianten: Statt Pumpernickel und Rosinen, frische, halbierte und entkernte Weintrauben und 20 g Bitterschokolade oder Saucenlebkuchen verwenden.

BŒUF À LA MODE (ROTWEINSCHMORBRATEN)

Für 4–6 Portionen

- 2–3 Stiele Staudensellerie
- 1 Lauchstange
- 3 Knoblauchzehen
- 2 EL Senf, Salz, schwarzer Pfeffer a. d. Mühle
- 1,2 kg Rinderbraten (Schulter)
- 2 EL Rapsöl, 2 EL Tomatenmark
- 600 ml Rotwein (Spätburgunder)
- 3 Thymianzweige
- 100 ml süße Sahne, 1–2 TL Honig

20 Min. + 2 Std. Schmoren

Pro Portion 533 kcal, 51 g E, 24 g F, 9 g KH

1. Selleriestangen waschen, Fäden abziehen. Lauch von Wurzel und Blattenden befreien, aufschneiden, waschen. Beides in 1 cm lange Stücke schneiden. Knoblauch schälen und klein würfeln.
2. Backofen auf 150 Grad vorheizen. Senf, Salz und Pfeffer mischen und den Braten damit einstreichen. Fleisch in einem kleinen Bräter im heißen Öl kräftig anbraten, herausnehmen.
3. Gemüse darin anschmoren, würzen, Tomatenmark zugeben, etwa 5 Minuten weitergaren. Die Hälfte des Rotweins zugießen und zur Hälfte einkochen lassen. Fleisch, restlichen Rotwein, Pfeffer und Thymian zugeben und zugedeckt 2 Stunden auf der unteren Schiene schmoren, einmal wenden.
4. Braten herausnehmen, Sauce pürieren, Sahne zugeben, mit Honig abschmecken. Fleisch in Scheiben schneiden.

Tipp: Ein Stückchen Räucherspeck oder Schinken mitschmoren.

RINDERBÄCKCHEN

Für 6–8 Portionen

- 2–3 Möhren (ca. 200 g)
- 3 Stängel Staudensellerie (ca. 200 g)
- 300 g Zwiebeln
- 2 Rinderbäckchen (1–1,2 kg)
- 4 EL Rapsöl
- Salz, Pfeffer
- 500 ml milder Rotwein
- 1 Lorbeerblatt
- 1 TL Pimentpulver
- 1 TL Wacholderbeeren
- 1 TL schwarze Pfefferkörner
- 1–2 EL Honig
- 100 g Schmand

20 Min. + 3 Std. Schmoren

Pro Portion 362 kcal, 36 g E, 14 g F, 10 g KH

1. Möhren und Sellerie waschen und putzen. Möhren grob raspeln, Sellerie in dünne Scheiben schneiden. Die Zwiebeln schälen und fein würfeln. Die Rinderbäckchen vierteln.
2. 2 EL Öl in einer Kasserolle erhitzen und das Fleisch darin rundherum anbraten, salzen und pfeffern, anschließend herausnehmen.
3. Ofen auf 150 Grad vorheizen. Restliches Öl in die Kasserolle geben und die Zwiebelwürfel 7 Minuten anbraten, Möhren- und Sellerieraspeln zugeben und 5 Minuten mitschmoren. Rotwein angießen und auf die halbe Menge einköcheln.
4. Das Fleisch wieder in die Kasserolle geben, Gewürze zugeben und alles zugedeckt im Ofen 90 Minuten schmoren, dabei einmal wenden. Gemüse und Fleisch sollten bräunen. Offen weitere 90 Minuten schmoren.
5. Fleisch herausnehmen und in Alufolie wickeln. Sauce mit Honig, Gewürzen und Schmand abschmecken. Bäckchen in der Sauce servieren.

Dazu passt: Kartoffelpüree (Seite 95)

Info: Durch das Einwickeln in Alufolie garen die Bäckchen noch nach, bleiben aber schön saftig und zart.

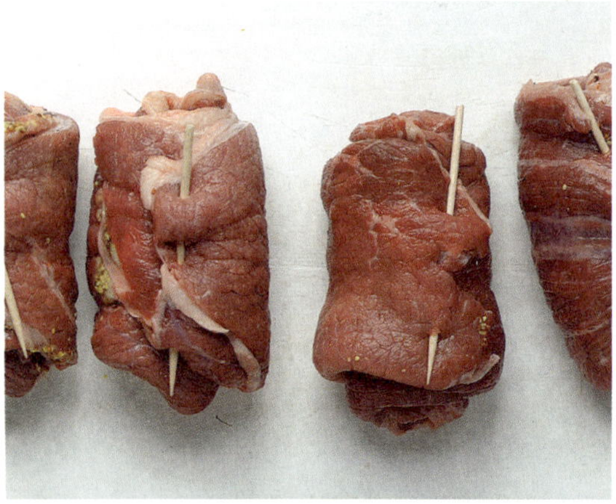

GRUNDREZEPT ROULADEN

Für 4 Portionen

4 Rinderrouladen (je ca. 120 g)
Salz, Pfeffer
2 EL Dijon-Senf
1–2 Zwiebeln
4 kleine Gewürzgurken
4 dünne Scheiben fetter Speck
2 EL Rapsöl
2 EL Tomatenmark
1 TL Mehl
3–4 EL süße Sahne

35 Min. + 1 Std. 30 Min. Schmoren
Pro Portion 513 kcal, 28 g E, 43 g F, 5 g KH

1. Rouladen mit der flachen Seite des Fleischklopfers plattieren, salzen und pfeffern. Mit Senf bestreichen.
2. Zwiebeln schälen und sehr fein würfeln. Gurke längs halbieren. Rouladen mit 2 Scheiben Speck und je 1 EL Zwiebelwürfel belegen, Rand freilassen. An ein Ende quer die Gurkenhälften legen, Ränder der Längsseite leicht nach innen klappen und eng um die Gurken herum das Fleisch aufrollen.
3. Backofen auf 150 Grad vorheizen. Rouladen im Bräter im heißen Öl rundherum anbraten, herausheben. Übrige Zwiebeln und Tomatenmark zugeben, anschmoren und mit 125 ml Wasser ablöschen, Rouladen – offenes Ende nach unten – einlegen und zugedeckt auf der mittleren Schiene im Backofen 90 Minuten schmoren lassen.
4. Rouladen herausnehmen und warm stellen. Mehl mit etwas Wasser oder Wein anrühren und in die Sauce rühren, 5 bis 10 Minuten köcheln lassen, dann mit Sahne abschmecken, über die Rouladen gießen.

Oliven-Füllung: Statt Senf, Gurke und Speck 200 g Oliven und 2 El Öl fein pürieren und auf das Fleisch streichen, mit Salbeiblättern statt Zwiebeln belegen.

Ziegenfrischkäse-Apfel-Füllung: Statt Speck 1 Raspelapfel (200 g) samt Schale mit 2 in Ringe geschnittenen Frühlingszwiebeln, 200 g Ziegenfrischkäse, Thymian und 1 TL Honig unterrühren und das Fleisch damit bestreichen.

Beilagen-Tipp: Salzkartoffeln mit Bohnen – oder Spätzle.

Tipp: Zwirn oder Rouladennadel halten die Rouladen ganz fest zusammen. Aber es geht auch ohne, wenn die Nahtstelle zuerst angebraten wird.

AUCH LECKER: MIT LAUCH

Statt Zwiebeln, Senf, Gurke und Speck 2 Lauchstangen (ungefähr 500 g) von Wurzel und Blattenden befreien, aufschneiden, waschen und auf Rouladenlänge schneiden. In einer Pfanne mit 250 ml Weißwein und Salz kurz pochieren, absieben und den Wein auffangen, beiseitestellen. Rouladen würzen, mit Tomatenmark bestreichen, mit Lauchstreifen belegen, wieder würzen und zusammenrollen. Dann anbraten und Weißwein zugeben. Rest Lauch in Streifen schneiden, in den letzten 10 Minuten mitgaren, nachwürzen.

ZWIEBELFLEISCH

Für 6 Portionen

1 kg Zwiebeln
4 EL Öl oder Schmalz
3 EL mildes Paprikapulver
1 EL scharfes Paprikapulver
1 kg Rouladenfleisch
Salz, Pfeffer

20 Min. + 2 Std. 30 Min. Garen

Pro Portion 318 kcal, 36 g E, 15 g F, 8 g KH

1. Zwiebeln schälen und würfeln. Öl in einer Pfanne erhitzen, Zwiebelwürfel sowie beide Paprikapulver zugeben und kräftig anbraten, bis die Zwiebeln gebräunt sind.
2. Backofen auf 160 Grad vorheizen. Rouladenfleisch mit einem flachen Fleischklopfer etwas flach klopfen und von beiden Seiten salzen und pfeffern.
3. In eine feuerfeste, gefettete Form mit Deckel schichtweise Fleisch und Zwiebeln schichten, bis alles verbraucht ist, mit Zwiebeln abschließen. Im Ofen zugedeckt auf mittlerer Schiene 2 1/2 Stunden garen.

Dazu passt: Brat- oder Stampfekartoffeln.

RINDER-GESCHNETZELTES

Für 4 Portionen

50 ml Balsamessig
250 ml trockener Rotwein
6 Wachholderbeeren
1 Zweig Thymian
2–3 Lorbeerblätter
Pfeffer
800 g geschnetzeltes Rindfleisch (Rouladenfleisch oder Schmorbraten)
500 g Champignons
3 Gewürzgurken
3 EL Öl
Salz
2–3 EL Perlzwiebeln
100 ml Schmand

20 Min. + 1 Std. 15 Min. Schmoren + über Nacht marinieren

Pro Portion 542 kcal, 44 g E, 34 g F, 5 g KH

1. Essig, Wein und Gewürze in einer Schüssel mischen. Das Fleisch zur Marinade geben, gut vermischen und über Nacht im Kühlschrank marinieren.
2. Champignons putzen und vierteln. Gewürzgurken würfeln.
3. Das Öl in einem Bräter erhitzen. Das Fleisch aus der Marinade nehmen, abtropfen lassen oder mit einem Küchenpapier abtupfen und zugeben. Kräftig anbraten bis es ansetzt, salzen und pfeffern, anschließend herausnehmen.
4. Champignons in den Bräter geben und kurz anbraten, dann 100 ml Marinade angießen und einkochen lassen. Das Fleisch wieder zugeben und die restliche Marinade angießen. Alles 75 Minuten bei kleiner Hitze schmoren lassen.
5. Zum Schluss die Gewürzgurken und Perlzwiebeln unter das Fleisch mischen und den Schmand einrühren. Sämig einkochen lassen. Nochmals mit Salz und Pfeffer abschmecken.

RINDERGULASCH

Für 4 Portionen

600 g Rindergulasch

2 EL Öl

600 g Zwiebeln

4 EL Tomatenmark

1–2 EL mildes Paprikapulver

Salz

2 rote Paprikaschoten

4 EL Schmand

30 Min. + 1 Std. Schmoren

Pro Portion 409 kcal, 33 g E, 24 g F, 15 g KH

1. Das Fleisch in 2,5 cm große Stücke schneiden. Zwiebeln schälen, halbieren und in dünne Scheiben schneiden.
2. Das Öl in einer Kasserolle erhitzen, Zwiebeln zugeben und anbraten, dabei Tomatenmark und Paprikapulver zugeben. Das Fleisch in den Bräter geben, kräftig mitbraten und salzen. Den Deckel auflegen und das Fleisch schmoren lassen, bis die Flüssigkeit verkocht ist und das Fleisch ansetzt. Dann 450 ml Wasser angießen und 1 Stunde. geschlossen schmoren lassen.
3. Inzwischen Paprika waschen, Stielansatz entfernen, halbieren, dabei das weiße Innere herausschneiden und in Würfel schneiden. 10 Minuten vor Ende der Zeit die Paprika unter das Fleisch mischen und mitschmoren.
4. Zum Schluss noch einmal mit Gewürzen abschmecken und den Schmand unterrühren.

Dazu passt: Brot, Nudeln oder Kartoffeln.

VARIANTE

Schärfer wird das Gericht mit Rosenpaprika. Statt frischer Paprika schmecken auch klein gewürfelte Gewürzgurken oder, wer es fruchtig mag, 500 g gewürfelte Ananas. Mit Sauerkraut bekommen Sie Szegediner Gulasch.

ZUNGE IN MADEIRA

Für 8 Portionen

1 kleine, gepökelte Rinderzunge (ca. 1500 g)
1 Bund Suppengrün
2 Zwiebeln
1 Zimtstange
2 Nelken
4 Pimentkörner
1 TL Pfefferkörner
2 Zweige Thymian
200 ml Madeira
2 EL Butter
2 EL Mehl
1 EL rotes Johannisbeergelee

20 Min. + 2½–3 Std. Garzeit

Pro Portion 451 kcal, 30 g E, 25 g F, 19 g KH

1. Die Zunge waschen. Das Suppengemüse ebenfalls waschen. Wurzelgemüse wenn nötig schälen und in Würfel schneiden. Lauch von Wurzeln und welken Blättern befreien, in Ringe schneiden. Zunge und Gemüse mit Gewürzen in einen Topf geben und mit 1 l Wasser begießen. 4 EL vom Madeira zugeben. Die Zunge sollte völlig von der Flüssigkeit bedeckt sein.
2. Alles zum Kochen bringen und etwa 2½ bis 3 Stunden leise kochen lassen. (Im Schnellkochtopf 30 bis 40 Minuten bei Stufe 2). Eventuell Wasser zugeben. Sie ist gar, wenn die Zungenspitze bei Einstich weich ist.
3. Dann Zunge herausheben, kalt abschrecken und die Haut abziehen, in Alufolie warm halten.
4. Den Sud durch ein Sieb gießen. In dem Topf Butter schmelzen, Mehl darüberstäuben und unter Rühren schwitzen lassen, bis das Mehl beginnt zu bräunen. Mit mindestens 500 ml klarem Sud und dem übrigen Madeira ablöschen. Etwa 15 Minuten bei schwacher Hitze leicht köcheln lassen. Mit dem Gelee abschmecken.
5. Die Zunge in fingerdicke Scheiben schneiden, mit der Sauce übergießen und auftischen.

Beilagen-Tipp: Herzoginkartoffeln, Spätzle oder Bandnudeln.

Variante: 500 g Steinchampignons in 1 bis 2 EL Butter anschmoren, salzen und pfeffern und unter die Sauce ziehen.

Tipp: Ist die Sauce noch etwas flüssig, einen Teil des Suppengemüses durch ein Sieb passieren oder pürieren und zur Sauce geben. Lässt sich ebenfalls mit Pilzen verlängern.

Reste-Tipp: Für zwei Mahlzeiten reicht es, wenn man nur die schönsten Stücke aufschneidet und die restliche Zunge in 2 cm große Würfel schneidet und als Ragout serviert – entweder zu Reis oder in Blätterteigpastetchen.

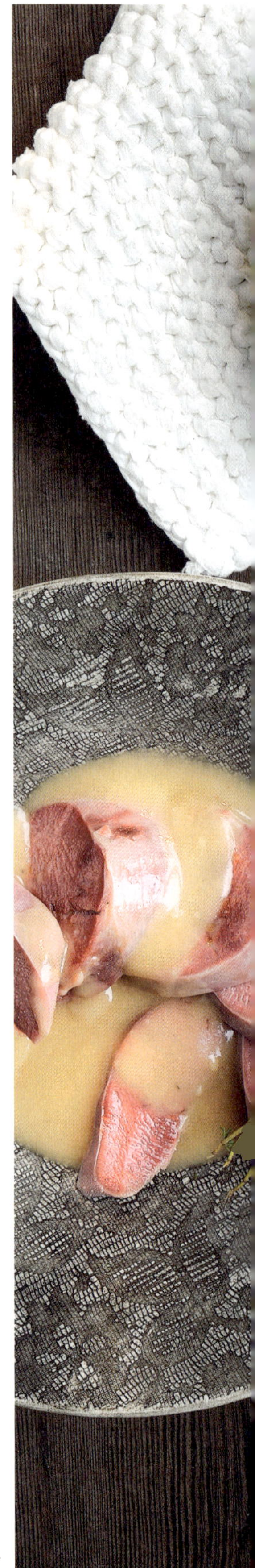

FRUCHTIGES LEBERRAGOUT

Für 4 Portionen

400 g Leber
Pfeffer
1 EL Mehl
2 Zwiebeln
2 Äpfel
3 EL Rapsöl
3 Zweige Thymian
Salz
100 ml Cidre
100 ml Sahne

20 Min.

Pro Portion 364 kcal, 22 g E, 21 g F, 20 g KH

1. Leber in Streifen schneiden, pfeffern und mit dem Mehl bestäuben. Zwiebeln schälen und fein würfeln. Äpfel waschen, vierteln, das Kerngehäuse entfernen und in kleine Stücke schneiden.
2. 2 EL Öl in einer Pfanne erhitzen und die Leber mit den Thymianzweigen rundherum kräftig anbraten, mit Salz abschmecken, herausnehmen und in Alufolie wickeln.
3. Restliches Öl in der Pfanne erhitzen und die Zwiebelwürfel glasig andünsten. Die Apfelstücke zugeben und 2 Minuten mitdünsten. Den Cidre angießen und etwas einköcheln lassen.
4. Leber wieder dazugeben und die Sahne einrühren. Zum Schluss mit Salz und Pfeffer abschmecken. Übrigen Thymian vom Zweig streifen und darüberstreuen.

Dazu passt: Kartoffelpüree oder Stampfekartoffeln (Seite 94).

Tipp: Schmeckt auch mit Salbei statt Thymian.

FRISCHFISCH

Er ist der Gewinner der modernen Ernährung: schnell zuzubereiten, eiweißreich, leicht verdaulich – und nur mit guten Fetten vereint: Fisch lässt keinen Wunsch offen. Verwirrend ist die Vielfalt der Arten, immer neue Fische kommen auf den Markt, oft als tiefgefrorenes Fertiggericht – keiner weiß, wie der Fisch, dessen Filets da verarbeitet werden, wirklich aussieht. Wir haben uns auf drei heimische Klassiker konzentriert, die Sie auch im Ganzen kaufen können, manchmal sogar frisch geschlachtet!

EIWEISS, JOD – UND OMEGA 3!

Fisch ist sehr reich an leicht verdaulichem Eiweiß. Darüber hinaus ist sein Fett gesundheitlich besonders wertvoll. Früher wurde Kindern dieses in Form von Lebertran als Vitamin-D-Quelle im lichtarmen Winter verabreicht – im Sommer wird durch Sonneneinstrahlung dieses Vitamin eigenständig vermehrt in unserer Haut gebildet. Dass gerade die Öle von Seefisch auch vor Arteriosklerose schützen können, wurde erst in den letzten Jahrzehnten herausgefunden – seither gibt es Fischölkapseln. Tatsächlich ermöglicht dieses Fett Blutzirkulation beim Fisch auch in großer Kälte wie etwa im Atlantik. Und diese Eigenschaft, das Blut besser fließen zu lassen, macht die enthaltene Eicosapentaensäure so einzigartig. Der dritte Pluspunkt ist das Jod, das vor allem in Seefisch enthalten ist – Küstenbewohner haben deshalb seltener einen Kropf als Gebirgsbewohner im Binnenland. Jod ist nämlich Baustein des Schilddrüsenhormons, und bei einem Mangel vergrößert sich die Schilddrüse. Süßwasserfische enthalten auch gewisse Mengen Omega-3-Fettsäuren und Jod – allerdings in geringeren Dosen.

WANN IST FISCH FRISCH?

Fisch ist, bedingt durch die wenig verknüpften Proteine in seinem „Fleisch", ein leicht verderbliches Nahrungsmittel. Frischen Fisch sollte man am besten direkt nach dem Einkauf zubereiten und verzehren. Frische erkennen Sie an rosigen Kiemen, gewölbten klaren Augen, einem prallen Körper – vor allem aber am Geruch! Statt nach Fisch sollte er vielmehr nach Teich, Meer, Wasser duften. Schon immer wurde Fisch auch haltbar gemacht: Stockfisch wurde getrocknet, Hering eingesalzen oder als Rollmops in Essig eingelegt, Makrelen, Aal oder Lachs geräuchert. Diese Spezialitäten sind länger haltbar.

DARF MAN FISCH AUFWÄRMEN?

Natürlich darf man Fisch aufwärmen. Entscheidend ist, dass der gegarte Fisch schnell heruntergekühlt wird und bis zum Aufwärmen im Kühlschrank bleibt. Das Aufwärmen an sich sollte ebenfalls zügig vonstatten gehen – dann können sich die Eiweiße erst gar nicht zersetzen. Schließlich garen wir ja auch tiefgefrorene, vorgekochte Fischgerichte, essen Dosenfisch oder Rollmopse, die wirklich lange haltbar sind. Also keine Panik – achten Sie auf gute Küchenhygiene, dann schmeckt der Rest vom Fisch auch am nächsten Tag noch.

FISCH (HERING ODER FORELLE) FILETIEREN

1. Fisch vorbereiten Flossen mit einer Schere abschneiden, bei Bedarf schuppen. Mit scharfem Messer Bauchhöhle von After bis Kopf knapp aufschneiden, Innereien dabei nicht verletzen. Das letzte feste Stück zum Kopf hin mit der Schere aufschneiden.

2. Fisch ausnehmen Die Eingeweide an der Afteröffnung lösen und behutsam herausziehen. Dabei vor allem die dunkelgrüne Gallenblase nicht verletzen – sie kann den Geschmack verderben. Eingeweide zum Schluss am Kopf abschneiden.

3. Kopf abtrennen Ein scharfes Messer direkt hinter der Kiemenöffnung ansetzen, leicht ankippen und schräg nach vorne bis auf die Mittelgräte einschneiden. Auf der anderen Seite wiederholen und Gräte am Kopfende durchtrennen.

4. Erstes Filet: Mittelgräte ertasten und filetieren Fisch drehen, so dass die Schwanzspitze zu Ihnen zeigt. Den Rücken der Länge nach knapp über der Rückenflosse bis auf die Mittelgräte einschneiden. Dafür sind gegebenenfalls mehrere Schnitte nötig. Die andere Hand ruht dabei flach und mit sanftem Druck auf dem Fisch, um ihn zu fixieren. Schneiden Sie nun weiterhin horizontal vom Kopf- zum Schwanzende knapp über der Mittelgräte entlang. Die Gräten über der Bauchhöhle dabei einfach durchtrennen – sie lösen sich schlecht. Entweder Filet am Schwanz abtrennen und abheben oder zunächst verbunden lassen.

5. und 6. Zweites Filet Fisch auf die andere Seite wenden und mit dem anderen Filet am Kopfende beginnend genauso verfahren. Zum Schluss am Schwanz einfach abschneiden.

7. Filets säubern Die Bauchhöhlengräten mit einem Messer von den Filets abheben und entfernen, verbleibende Gräten mit einer Pinzette „ziehen"

8. Haut entfernen Wenn nötig, die Haut entfernen: vom Schwanzende her das Messer unter die Haut schieben, Haut festhalten und das Messer bis zum Kopf die Haut entlang fahren lassen oder den Fisch unter dem leicht angewinkelten Messer durchziehen. Wenn der Fisch gebraten wird, ist das überflüssig.

HERING (SEITEN 194–195)

Zur Familie der heringsartigen Fische gehören selbst Sprotten, Sardinen und Anchovis. Sie werden häufig in der Nord- und Ostsee gefangen, kommen aber auch im gesamten Nordatlantik vor. Heringe werden im Handel je nach Zubereitungsart verschieden bezeichnet. Grüne Heringe sind frisch und unbehandelt.

1

2

3

4

5

6
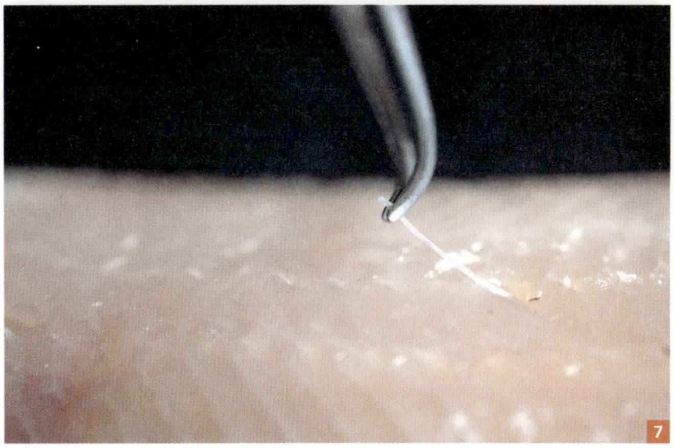
7
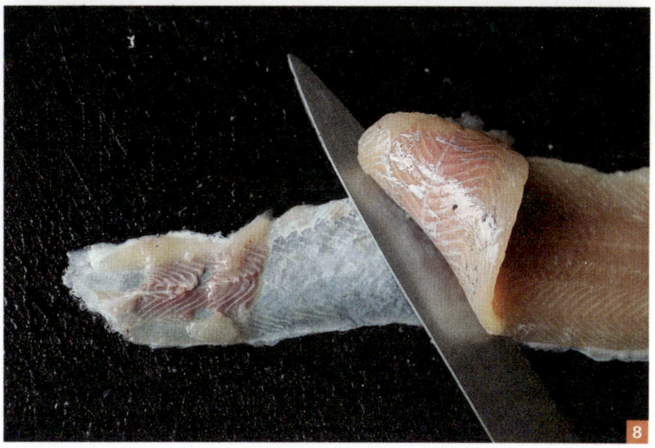
8

Sie sind schwer zu bekommen und sehr grätenreich. Salzheringe werden meist schon direkt an Bord des Fangschiffes in Salzlake konserviert. Dabei lösen sich die feinen Gräten auf und stören nicht beim Verzehr. Salzheringe müssen vor dem Verarbeiten gewässert werden, um den Salzgehalt zu senken.
Matjes sind ganz junge Heringe, die noch nicht gelaicht haben und entsprechend zart und fett sind. Sie werden nur mild gesalzen und müssen deshalb nicht gewässert werden.

Milch und Rogen Kaviar kennt jeder – eigentlich heißt er Rogen –, Fischeier, die sich im weiblichen Hering befinden. Milch bezeichnet die Samen des männlichen Herings. Beides ist eine Delikatesse. Die meisten Heringe werden ausgenommen angeboten. Fragen Sie Ihren Fischhändler nach Milch und Rogen. Hering aus Holland und auch in russischen Geschäften wird noch unausgenommen angeboten. Rogen oder Milch können bis zu einem Viertel des Gewichts ausmachen.

FORELLE (SEITEN 197–201)

Forelle ist ein Süßwasserfisch und lebt nur in sauberen Bächen oder Zuchtteichen. Er gilt zudem als Wanderer zwischen Süßwasser zum Ablaichen und Salzwasser zum Heranwachsen. Diese Meeres-Forellen sind den Lachsen sehr ähnlich. Zoologisch gesehen gehören Forellen zur Gruppe der lachsartigen Fische. Die Bezeichnung „Lachsforelle" ist jedoch keine biologische, sondern eine Handelsbezeichnung für große, rote Forellen mit einem Gewicht über 1,5 Kilogramm. In unseren Teichen werden meist Bachforellen gezogen. Mit 250 bis 300 Gramm Gewicht haben sie die ideale Portionsgröße für eine Person. Viele Forellenhöfe züchten auch den Saibling, dessen Fleisch eine rosige Färbung hat. Er lässt sich ebenso verarbeiten wie Forellen, ist aber etwas teurer.

Forelle in Form binden (Seite 199) Wenn eine Forelle frisch geschlachtet pochiert wird, dann biegt sie sich beim Garen – meist reißt sie dabei seitlich auf. Das tut dem Geschmack keinen Abbruch, ist vielmehr ein Zeichen von Frische. Doch dieses Biegen hat wahrscheinlich die Technik inspiriert, Forellen vor dem Garen halbrund zu binden. Dabei wird mit einer Nadel ein Faden durch Schwanz und Kiemendeckel gezogen – die Enden mit je einem Holzspießchen sichern, damit der Faden nicht einreißt.

RÄUCHERN – GANZ EINFACH (SEITE 201)

Forellen sind prädestiniert zum Räuchern. Deswegen finden Sie hier auch ein Rezept, ganze Forellen in einem Wok zu räuchern. Ein Tipp zur Lagerung: Eigentlich gehört unverpackter Räucherfisch nicht in den Kühlschrank, sondern in einen Raum, in dem man ihn kühl und luftig aufbewahren kann. Ist kein kühler Raum vorhanden, sollte man ihn mindestens eine Stunde vor Verzehr aus dem Kühlschrank nehmen, damit sich sein besonderes Aroma voll entfalten kann.

KARPFEN (SEITEN 202–203)

Karpfen ist ein Süßwasserfisch, stammt ursprünglich aus China und ist weltweit der ergiebigste und wichtigste Zuchtfisch. Er lebt in träge fließenden oder stehenden, schlammreicheren Gewässern, kommt meist aber aus nachhaltigen Aquakulturen. Im Handel wird er praktisch nur frisch, als Filet oder im Ganzen verkauft. Insgesamt zählt man heute dreißig Karpfenarten. Gängig ist bei uns der Spiegelkarpfen mit wenigen großen Schuppen. Als gehaltvoller Weihnachts- und Silvesterbraten ist er in ganz Europa sehr beliebt. Außerhalb dieser Zeit ist das Angebot allerdings sehr rar, bestellen Sie den Karpfen also rechtzeitig. Ein guter Karpfen darf nicht „möseln" – er sollte deshalb vor der Schlachtung mindestens 24 Stunden in klarem Wasser schwimmen. Außerdem sollte er nicht fett und weich sein. Fische von circa einem bis eineinhalb Kilogramm sind deshalb zu bevorzugen. Als Glücksbringer für einen immer gefüllten Geldbeutel gelten die silberglänzenden Schuppen des Spiegelkarpfens.

Für Pörkölt oder Ragout wird der Karpfen in drei bis vier Teile geschnitten:

1. Den Karpfen am besten vom Händler ausnehmen lassen, Kopf und Mittelgräte entfernen (für Fond mitnehmen), die einzelnen Schuppen mit der Pinzette abzupfen.
2. Jede Hälfte quer in drei oder vier möglichst gleich große Teile schneiden – dabei vorhandene Gräten möglichst herauszupfen.

DIE DREI GROSSEN S

Säubern, säuern, salzen – so lautete das Mantra der Fischküche. Es ist gut, wenn der Fisch schon etwas älter ist – die hinzugefügte Säure mildert den Geruch, und mit dem Salz festigt man das Gewebe. Doch sehr frischer, festfleischiger Fisch kann auch unvorbereitet gegart werden. Sauber sollte er sein, vor allem die Bauchhöhle. Salz und Gewürze ziehen jedoch tatsächlich besser ein, wenn vor dem Garen gewürzt wird.

SCHUPPEN

Bei Forelle und Hering sind sie so fein, dass sie nicht entfernt, also nicht geschuppt werden müssen. Der Spiegelkarpfen hat nur einige wenige Schuppen. Die meisten Fische allerdings haben Schuppen – sie lassen sich spüren, wenn man mit dem Finger vom Schwanz Richtung Kopf streicht. Es gibt spezielle Schuppenmesser, oder aber man schabt mit dem Messerrücken Richtung Kopf – am besten unter fließendem Wasser, denn Schuppen springen! Gut, wenn diese Aufgabe bereits der Fischhändler übernimmt.

AQUAFARMING

Fische werden in den Weltmeeren knapp, trotz steigender Preise. Und so wird – ähnlich wie bei der Domestizierung von Haustieren – Aquafarming zur Lösung: Fisch wird zum Zucht- und Masttier. Wird das zu intensiv betrieben, kann das negative Folgen für die Umwelt und die Fischqualität haben. Vor allem: Raubfische werden mit Fischmehl gefüttert, das immer noch aus dem Fischfang kommt. Deshalb lautet die Faustregel: Farmfische bevorzugen, die Friedfische sind, also reine Pflanzenfresser wie der Pangasius. Das hat einen weiteren Vorteil: Diese reichern Schwermetalle und andere schädliche Rückstände weniger an als Raubfische.

MARINE STEWARDSHIP COUNCIL (MSC)

Der MSC ist eine unabhängige, globale und gemeinnützige Organisation, die es sich zur Aufgabe gemacht hat, unsere Meere vor der Überfischung zu schützen. Dabei werden ausschließlich Fische und Meeresfrüchte aus den Fischereien mit dem MSC-Siegel prämiert, die nachweislich gefährdete Bestände und deren Ökosysteme schonen.

PIKANTE FISCHSUPPE

Für 4 Portionen

700–1000 g Fischreste (Kopf, Haut, Gräten, Flossen)
150 g Fischfilet (Schellfisch, Lachs) oder Krabben
1 unbehandelte Orange
1 große Zwiebel
1 Knoblauchzehe
1 Lauchstange
Salz, Pfefferkörner
1 Lorbeerblatt
1 Zweig Thymian
1 TL Fenchelsamen
1 große Dose geschälte Tomaten (400 g)
Cayennepfeffer

50 Min.

Pro Portion 71 kcal, 9 g E, 1 g F, 7 g KH

1. Alle Fischabschnitte und die Filets waschen. Wenn vorhanden, fleischige Stücke abtrennen, zu den Filets geben. Die Orange oberflächlich schälen, auspressen, den Saft über die Filets gießen und kalt stellen.
2. Zwiebel und Knoblauch abziehen und grob zerkleinern, Lauch von Wurzel und welken Blättern befreien, seitlich aufschneiden, unter kaltem Wasser waschen, klein schneiden.
3. Gemüse mit 1 l kaltem Wasser, den Fischkarkassen, Orangenschale und den Gewürzen in einem Topf bei milder Hitze 30 Minuten zugedeckt köcheln lassen.
4. Dann den Sud durch ein Sieb gießen, feste Bestandteile durchdrücken. Die Tomaten in der Dose zerhacken, zugeben und mit Salz, Pfeffer und Cayennepfeffer scharf abschmecken. Den Fisch und den Orangensaft zufügen und bei kleiner Hitze 5 Minuten ziehen lassen.

Beilagen-Tipp: Dazu passt geröstetes Baguette, mit einer Knoblauchzehe abgerieben.

FISCHFOND

Für 4 Portionen

500 – 1000 g Fischreste (Kopf, Haut, Gräten, Flossen)
1 Zwiebel
1 Knoblauchzehe
1 Lauchstange
1 Möhre
1 Stange Staudensellerie
250 ml Weißwein
Salz, Pfefferkörner
2 Lorbeerblätter

45 Min.

Pro Portion 71 kcal, 1 g E, 0,2 g F, 6 g KH

1. Alle Fischabschnitte waschen. Zwiebel und Knoblauch abziehen und grob zerkleinern, Lauch von Wurzel und welken Blättern befreien, seitlich aufschneiden, unter kaltem Wasser waschen. Möhre und Sellerie waschen, schälen und mit dem Lauch zerkleinern.
2. Gemüse mit 1 l kaltem Wasser, den Fischkarkassen, Wein und den Gewürzen in einem Topf bei milder Hitze 30 Minuten offen köcheln lassen. Zwischendurch den Schaum abschöpfen.
3. Dann den Sud durch ein Sieb gießen, abschmecken und kalt stellen beziehungsweise einfrieren. Oder sie verwenden ihn direkt für Suppe oder Saucen.

Info: Karkasse bezeichnet das Knochengerüst von Geflügel und Fisch. Beim Fischhändler bekommen Sie Kopf, Haut und Gräten umsonst – am besten vorbestellen, dann sammelt er für Sie.

Tipp: Intensiver wird der Fond, wenn Sie ihn noch etwas einkochen (reduzieren).

ROTER HERINGSSALAT

Für 4 Portionen

2 Salzheringe (ca. 500 g)
1 Zwiebel
2 saure Gurken
1 großer Apfel (ca. 200 g)
200 g gekochte Rote Bete
100 g Schmand
1 TL Meerrettich
2 EL Rotweinessig
Salz, Pfeffer

15 Min. + 12 Std. einweichen

Pro Portion 372 kcal, 23 g E, 26 g F, 11 g KH

1. Die Heringe ausnehmen, etwa 12 Stunden in reichlich Wasser legen und filetieren.
2. Zwiebel schälen, halbieren und zusammen mit den Gurken fein würfeln. Heringe in mundgerechte Stücke schneiden. Apfel waschen, halbieren, das Kerngehäuse entfernen und in kleine Würfel schneiden. Rote Bete ebenfalls klein würfeln.
3. In einer Schüssel Schmand, Meerrettich und Essig zu einem Dressing verrühren und mit Salz und Pfeffer abschmecken.
4. Alle Zutaten in eine Schüssel geben und mit dem Dressing mischen. Kurz durchziehen lassen.

Beilagen-Tipp: Brot oder Kartoffeln.

Variante: Anstatt eines Salzherings können auch mild gesäuerter Matjes oder Bismarckhering verwendet werden.

Info: Salzheringe sind im Sommer nicht erhältlich. Wegen des hohen Salzgehalts muss er vor dem Verzehr gewässert werden. Er ist schon ohne Kopf und Schwanz erhältlich. Ist der Fisch nach dem Wässern noch zu salzig, einfach für etwa 2 Stunden in Buttermilch einlegen.

MATJES-HÄCKERLE

Für 4 Portionen

- 4 doppelte Matjesfilets (250 g)
- 1 Bund Radieschen
- 1 Stück Ingwer
- 1 Bund Schnittlauch
- 1/2 unbehandelte Zitrone
- 1 Prise brauner Zucker
- 1 TL Wasabipaste

15 Min.

Pro Portion 188 kcal, 13 g E, 14 g F, 2 g KH

1. Von den Matjes die Schwänze abschneiden und die Filets in etwa 1 cm große Würfel schneiden.
2. Radieschen von Grün und Wurzeln befreien, waschen und grob hacken. Ingwer schälen und sehr fein hacken. Schnittlauch waschen und in feine Röllchen schneiden.
3. Alle Zutaten aus den Schritten 1 und 2 miteinander mischen.
4. Zitrone waschen, Schale dünn abreiben, Saft auspressen, beides mit Zucker und Wasabi mischen und unter das Häckerle mischen.

Dazu passen: Roggenbrot oder Pellkartoffeln.

Info: Matjes gab es früher nur Ende Mai bis Juni/Juli. Sie sind noch nicht geschlechtsreif und besonders zart, fleischig und fett. Heute werden sie ganzjährig angeboten – zum Schutz vor Nematodenbefall müssen sie bei minus 45 Grad gefroren werden und können dann nach Bedarf eingesalzen werden. Matjes werden nur leicht gesalzen und fermentieren danach. Deshalb müssen sie weder gewässert noch ausgenommen werden.

HERING HAUSFRAUEN-ART

Für 4 Portionen

- 4 Salzheringe mit Milch
- 150 g saure Sahne
- 300 g Schmand
- 1–2 EL Weißweinessig
- 1 Lorbeerblatt
- Pfefferkörner
- 2 kleine Zwiebeln oder Schalotten
- 1–2 EL Öl
- 1–2 säuerliche Äpfel (Berlepsch oder Glockenapfel)

15 Min.

Pro Portion 498 kcal, 16 g E, 44 g F, 11 g KH

1. Die Heringe etwa 16 Stunden wässern, das Wasser zweimal wechseln. Dann die Heringe abziehen, entgräten und die Köpfe abschneiden. Der Länge nach in eine feuerfeste Form legen.
2. Die Milch (Seite 190) durch ein Sieb streichen, mit beiden Sahnesorten und Essig verrühren, über dem Fisch verteilen. Das Lorbeerblatt darauf legen und mit Pfeffer bestreuen. Die Zwiebeln schälen, in dünne Ringe schneiden und darüber verteilen. Mit Öl beträufeln und abgedeckt im Kühlschrank etwa 12 Stunden marinieren.
3. Heringsfilets herausheben, in schräge Stücke teilen und in Fischform auf eine Platte legen.
4. Äpfel schälen und vierteln, das Kerngehäuse entfernen und die Spalten quer in dünne Scheiben schneiden. Lorbeer und Pfeffer aus der Sauce entfernen, die Sauce mit Apfelstückchen glatt rühren und über dem Hering verteilen.

Variante: Einfacher geht es mit Matjes – der muss nicht mehr gewässert werden. Statt Essig dann den milderen Orangensaft nehmen. Statt Äpfeln passen auch Orangen oder Mango.

FORELLENKLÖSSCHEN

Für 4 Portionen

2 Forellen (à 250–350 g)

1 unbehandelte Zitrone

1 Zwiebel

Salz

5–6 Salbeiblätter

altbackenes Brot/Brötchen (100 g)

120 ml süße Sahne

1 Ei

1 Bund Petersilie und Dill

weißer Pfeffer

40 g Butter

1 EL Mehl

30 Min. + 1 Std. Kochzeit

Pro Portion 503 kcal, 43 g E, 26 g F, 24 g KH

1. Die Forelle waschen, ausnehmen, die Haut entfernen und die Forelle filetieren. Zitrone halbieren, eine Hälfte auspressen, die andere in Scheiben schneiden. 1 l Wasser mit den Fischabfällen, einer geschälten, halbierten Zwiebel, Salz, Salbeiblättern und Zitronenscheiben zum Kochen bringen und etwa 1 Stunde kochen lassen, absieben, auf 500 ml einkochen.
2. Inzwischen das Brot entrinden, klein schneiden und in der Hälfte Sahne einweichen. Petersilie und Dill waschen, Blättchen abzupfen und im Blitzhacker fein hacken, die Hälfte beiseitelegen.
3. Den Fisch mit dem Rest Kräuter im Blitzhacker pürieren und mit dem Sahnebrot, dem Ei, Salz und Pfeffer glatt mixen.
4. Für die Sauce die Butter schmelzen und mit dem Mehl anschwitzen. Fischfond zugeben und etwa 5 Minuten leicht kochen lassen. Dann die Kräuter und die Sahne unterziehen, mit Zitronensaft, Salz und Pfeffer abschmecken. Klößchen abstechen und in der Sauce etwa 4 Minuten pochieren.

Beilagen-Tipp: Kartoffeln oder Reis.

Restetipp: Die Klößchen gelingen auch mit gegartem Fisch – also auch aus Resten vom Vortag.

FOLIENFORELLE

Für 4 Portionen

4 Forellen (150–200 g)
Salz, Pfeffer
1 Bund Petersilie
2 EL Kapern
2 EL Senf
1/2 unbehandelte Zitrone
50 g Butter
50 g Frischkäse
Alufolie

40 Min.

Pro Portion 381 kcal, 40 g E, 22 g F, 6 g KH

1. Die küchenfertig ausgenommenen Forellen waschen und trocken tupfen, innen und außen mit Salz, und Pfeffer einreiben. Petersilie waschen, die Blättchen abzupfen und mit den Kapern und dem Senf im Blitzhacker pürieren.
2. Backofen auf 180 Grad vorheizen. Die Hälfte des Mixes in die Forellen füllen, jeden Fisch in Alufolie wickeln. Auf der mittleren Schiene im heißen Ofen die Päckchen 20 Minuten garen.
3. Inzwischen die Zitronenschale abreiben, den Saft auspressen und in die Pfanne geben.
4. Die Päckchen aus dem Ofen nehmen, vorsichtig öffnen und den Sud auffangen, ebenfalls in die Pfanne geben. Mit der übrigen Hälfte Petersilien-Senf-Kapernmischung und die Butter erhitzen, eventuell noch etwas Wasser zufügen und einmal aufkochen. Dann mit dem Frischkäse binden. Zu den Forellen reichen.

Beilagen-Tipp: Stampfekartoffeln (Seite 94) oder Herzoginkartoffeln (Seite 97).

Varianten: Die Forellen lassen sich mit den unterschiedlichsten Kräutern füllen: Mit Schnittlauch und Schalotten oder mit Basilikum und Pesto nach Mittelmeerart oder mit Salbei. Asiatisch wird es mit Limettenblättern, Ingwer und Koriander.

FORELLE BLAU

Für 4 Portionen

1 Zwiebel

2 Möhren

1 Bund Petersilie

250 ml Riesling

Salz, Pfefferkörner

4 küchenfertige Forellen

1 EL Weißweinessig

120 g kalte Butter

50 Min.

Pro Portion 469 kcal, 33 g E, 30 g F, 7 g KH

1. Für den Sud Zwiebel und Möhren schälen und in Ringe schneiden. Petersilie waschen. Wein und 500 ml Wasser in einen Bräter gießen und Salz, Pfefferkörner, Möhren, Zwiebel, und Petersilie zugeben. Den Sud etwa 30 Minuten sprudelnd kochen lassen. Eventuell etwas Wasser ergänzen.
2. Inzwischen Forelle nicht schuppen, nur leicht abbrausen, so dass die Schleimschicht nicht abgerieben wird. Den Fisch außen und innen salzen und pfeffern.
3. Fische in den Sud setzen – er sollte nicht mehr sprudelnd kochen – und etwa 5 Minuten geschlossen ziehen lassen. Herausheben und auf einer Platte mit Alufolie bedeckt warm halten.
4. 125 ml Sud absieben und bei kleiner Hitze erwärmen, je 1 EL Essig und Wein zufügen. Die Butter flöckchenweise mit einem Schneebesen einschlagen – die Sauce darf nicht kochen. Abschmecken und zur Forelle reichen.

Dazu passt: Kartoffeln.

Info: Die Schleimschicht auf den Schuppen ist für die Blaufärbung von Forellen verantwortlich, weshalb Sie beim Waschen nicht abgerieben werden darf.

FORELLE BINDEN

Forellen werden gebunden, weil sie so leichter in runde Töpfe passen und dekorativ aussehen. Hierfür mithilfe einer Dressier- oder kräftigen Nähnadel Küchengarn durch den Schwanz und die Kiemendeckel ziehen. Zunächst ein Garnende an einen Zahnstocher als Anker knoten. Dann am anderen Garnende ziehen, so dass Schwanz und Kopf sich treffen und auch dieses Garnende mit einem Zahnstocher vor dem Zurückrutschen sichern.

SELBST GERÄUCHERTE FORELLE

Für 4 Portionen

4 küchenfertige Forellen (à ca. 200 g)

Salz, Pfeffer

8 Salbeiblätter

25 g Räuchermehl

1 Zweig Rosmarin

15 Min. + mind. 30 Min. Räucherzeit

Pro Portion 226 kcal, 41 g E, 7 g F, 0 g KH

1. Die Forellen innen und außen abspülen und etwas trocken tupfen. Innen und außen salzen und pfeffern. Die Salbeiblätter waschen und den Fisch damit füllen.
2. Einen Wok mit Alufolie auslegen und das Räuchermehl mit dem Rosmarin hineinstreuen. Ein Gitter darüberlegen und den Fisch auf dem Gitter verteilen. Wok verschlossen bei hoher Hitze kräftig erhitzen, bis das Räuchermehl stark raucht. Wok wenn möglich ins Freie stellen und den Fisch darin mindestens 30 Minuten räuchern.
3. Die Forelle schmeckt am besten noch lauwarm – dann ist sie sehr saftig. Im Kühlschrank bleibt sie aber auch noch 2 bis 3 Tage frisch.

Beilagen-Tipp: Kartoffelsalat (Seite 88f.) oder grüner Salat mit Toast und Sahne-Meerrettich.

Info: Räuchermehl wird meist aus Buchenholz gewonnen. Sie bekommen es im Angelgeschäft. Alternativ können Sie auch andere Holzmehle verwenden. Wichtig ist, dass diese kein Harz enthalten, sonst entwickeln sich unerwünschte Dämpfe. Die Alufolie im Wok verhindert starke Verschmutzung. Als Gitter eignet sich beispielsweise ein Kuchengitter.

Tipp: Je mehr der Fisch wiegt, desto länger dauert die Räucherzeit. Lieber eine kleine Garprobe zwischendurch machen, als zu lange zu räuchern: Das macht den Fisch nämlich trocken. Wenn sich die Gräten einfach vom Bauchfleisch lösen lassen, ist er fertig.

Aromatische Kräuter wie Rosmarin, Thymian oder Salbei oder Gewürze wie Wacholder, Zitronen- oder Orangenschale, Fenchelsamen oder Kardamom ins Räuchermehl gelegt und mit verglüht geben jeweils ein anderes Aroma. Probieren Sie es aus. Sie können auch andere Fische räuchern – Lachsfilet, Hering oder Aal sind aufgrund ihres Fettgehalts besonders gut geeignet.

RESTETIPP

Wenn ein bisschen Räucherforelle übrigbleibt, machen Sie daraus eine Paste: 100 g Forellenfilet mit 1 EL Cognac und 1 EL Apfelsaft pürieren, dann 50 g Schmand und 40 g Meerrettich-Frischkäse unterziehen, mit Pfeffer und Salz abschmecken. Diese Creme ist etwa 1 Woche im Kühlschrank haltbar. Statt Meerrettich-Frischkäse können Sie auch etwas frisch geriebenen Meerrettich nehmen.

KARPFEN PÖRKÖLT

Für 4 Portionen

600 g Zwiebeln
2 Knoblauchzehen
1 grüne Paprikaschote
50 g Frühstücksspeck
250 g Tomaten
1 küchenfertig vorbereiteter Karpfen (1–1,5 kg)
Salz, mildes Paprikapulver, etwas Mehl
3 EL Öl, Pfeffer
300 ml Weißwein
2–3 EL Schmand

1 Std.

Pro Portion 567 kcal, 60 g E, 25 g F, 13 g KH

1. Die Zwiebeln und Knoblauch schälen und fein hacken. Paprikaschote waschen, von Stielen und Kernen befreien, in dünne Streifen schneiden. Speck in feine Streifen schneiden. Tomaten kochend überbrühen, häuten und würfeln.
2. Den Fisch quer in drei bis vier Stücke schneiden, noch vorhandene Gräten entfernen. Fisch salzen und in einer Mischung aus einem Teil Mehl und einem Teil Paprikapulver wälzen. 2 EL Öl in einer Pfanne erhitzen, den Fisch hineingeben und 2 Minuten rundherum scharf anbraten. Dann aus der Pfanne nehmen und in Alufolie wickeln.
3. Frühstücksspeck in der Pfanne zerlassen, eventuell noch etwas Öl zugeben. Die Zwiebeln mit 1 bis 2 EL Paprikapulver darin etwa 5 Minuten anschmoren. Paprika, Knoblauch und Tomaten zugeben, mit Salz und Pfeffer abschmecken. Den Wein und 100 ml Wasser angießen und alles 30 Minuten schmoren. Nochmals abschmecken.
4. Zum Schluss die Fischstücke wieder in die Sauce geben und 5 Minuten gar ziehen lassen. Schmand in Flöckchen auf das Pörkölt setzen und zu Tisch geben.

Beilagen-Tipp: Kartoffeln oder Knöpfle.

Info: Pörkölt ist eine typisch ungarische Zubereitungsart, das Wort bedeutet „angebraten".

KARPFEN POLNISCHE ART

Für 4 Portionen

1 Karpfen (1–1,5 kg)
Salz
1 unbehandelte Zitrone
2 Petersilienwurzeln
3 Möhren
1 Stück Sellerieknolle
3 Zwiebeln
1 Stück Ingwer
2–3 Nelken und Lorbeerblätter
1 kleine Flasche Malzbier (330 ml)
3–4 EL Balsamessig
50 g Saucenlebkuchen oder Pumpernickel

1 Std. 15 Min.

Pro Portion 557 kcal, 71 g E, 19 g F, 23 g KH

1. Karpfen entschuppen, ausnehmen, waschen und auf Küchenpapier abtrocknen. Dann rundherum kräftig salzen. Zitronenschale mit einem Kippschäler abschälen, Saft auspressen und auf den Karpfen träufeln.
2. Das Gemüse und den Ingwer waschen und schälen, in Scheiben oder Würfel schneiden. Mit den Gewürzen, der Zitronenschale, dem Bier und 300 ml Wasser in einem Bräter zum Kochen bringen, etwa 30 Minuten kochen.
3. Den Ofen auf 180 Grad vorheizen. Den Karpfen am besten auf einem Fischgitter in den Bräter setzen, mit 1 bis 2 TL Salz würzen, zudecken und in den heißen Ofen schieben. Nach etwa 25 Minuten den Bräter aus dem Ofen nehmen.
4. Den Karpfen herausheben. In Alufolie warm halten. Den Sud durch ein Sieb streichen und mit Balsamessig und Saucenlebkuchen leicht köcheln lassen, bis sich der Lebkuchen gelöst hat und die Sauce bindet. Nochmals abschmecken und zum Karpfen servieren.

Tipp: Den Karpfen am besten vom Fischhändler ausnehmen lassen, Kopf und möglichst auch die Mittelgräte entfernen. Beides mitnehmen und für einen Fond verwenden. Der Milchner des Karpfens ist eine Delikatesse und kann gebraten werden

FISCHFILET FÜR FAULE IN SARDELLENSAUCE

Für 4 Portionen

6 Sardellenfilets
weißer Pfeffer
1 Prise Nelkenpulver
1 Lorbeerblatt
500 ml Gemüsebrühe
2–3 Schalotten
2 EL Butter
5 EL Mehl
1/2 Zitrone
1–2 EL Schmand
4 Fischfilets (500 g)
Salz

45 Min. + 10 Min. Ziehzeit

Pro Portion 267 kcal, 26 g E, 11 g F, 16 g KH

1. Von den Sardellen Flossen und Gräten soweit vorhanden entfernen, mit Pfeffer, Nelkenpulver, Lorbeerblatt und Bouillon 30 Minuten kochen.
2. Die Schalotten schälen, fein würfeln und in der Butter anschwitzen. 2 EL Mehl darüberstäuben und hellgelb schwitzen. Dann die Brühe darübergießen und etwa 10 Minuten leicht kochen lassen, eventuell etwas Wasser zugeben. Dann durch ein Sieb in eine große Pfanne streichen. Mit Zitronensaft und Schmand abschmecken.
3. Inzwischen die Fischfilets mit Küchenpapier trocken tupfen und rundherum leicht salzen. Die Filets in die Sauce legen und insgesamt etwa 10 Minuten gar ziehen lassen. Dabei einmal wenden. In der Sauce servieren.

Beilagen-Tipp: Salzkartoffeln oder Kartoffelpüree oder Reis.

Varianten: Schmeckt mit gewürfeltem Fisch ebenso gut. Wird mit Weißwein oder Wermut statt Zitronensaft feiner.

Info: Sardellen gehören zu den heringsartigen Fischen und haben einen würziges Aroma. Eingesalzen werden sie als Würze verwendet – ähnlich wie die Fischsauce in der asiatischen Küche – und heißen dann oft Anchovis (engl.). Besonders praktisch ist Sardellenpaste – schon pürierte, essfertige Sardellen aus der Tube. Gerade in der traditionellen Küche spielten Sardellen eine wichtige Rolle.

FISCHFILET FÜR FAULE
AUS DER PFANNE

Für 4 Portionen

3 EL Currypulver
Salz, Pfeffer
4 Fischfilets (500 g)
2 EL ÖL

15 Min.
Pro Portion 181 kcal, 23 g E, 8 g F, 4 g KH

1. In einer Schüssel Curry, Salz und Pfeffer mischen.
2. Die Fischfilets mit einem Küchentuch trocken tupfen und im Mehlmix beidseitig wenden.
3. In einer beschichteten Pfanne in Öl von jeder Seite etwa 2 Minuten goldbraun braten.

Beilagen-Tipp: Salzkartoffeln, Kartoffelpüree oder Reis. Für eine Sauce den Fischfond auf (Seite 193) verwenden und das Saucenrezept für die Folienforelle (Seite 198), Forelle Blau (Seite 199) oder von den Forellenklösschen (Seite 197) zubereiten. Es passen auch Radieschen-Salsa (Seite 40), Tsatsiki (Seite 57), Orangen-Möhren-Rokost (Seite 62) oder Ajvar (fertige Paprikapaste)

Varianten: Statt Currypulver schmeckt auch Paprikapulver edelsüß.

Tipp: Tiefgefrorene Fischfilets am besten am Vortag aus der Tiefkühlung nehmen, in einer länglichen Auflaufform mit Frischhaltefolie abdecken und im Kühlschrank auftauen.

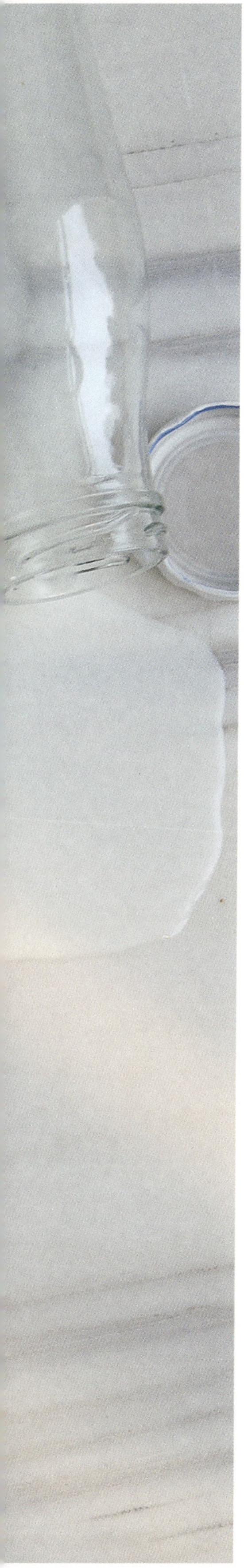

EIER UND MILCHPRODUKTE

Sie sind kulinarische Alleskönner und die Lieblinge der schnellen – aber auch der fleischlosen Küche. Ohne Eier keine Pfannkuchen, kein Soufflé, keine Quiche. Und ohne die unglaubliche Käsevielfalt keine Gratins, kein Pesto, keine cremig-würzigen Saucen. Die Unterschiede sind enorm, aber zum Glück kann man sie schmecken. Gemeinsam ist ihnen die starke Seite: wertvolles Eiweiß und jede Menge Mineralstoffe und Vitamine. Schließlich stecken im Ei alle Bausteine für ein Küken – und Milch versorgt ein ganzes Kalb. Kritisch dagegen sind die gesättigten Fette. Deshalb ist maßvoller Genuss angesagt! Makellos dagegen ist der Magerquark: Eiweiß pur und fettfrei und unglaublich wandlungsfähig.

EIER

Sie enthalten alle Bausteine für ein künftiges Lebewesen: Eiweiß, Mineralstoffe, Vitamine und Fett – und darunter Cholesterin, ein wichtiger Baustein der Nerven, der Gallensäure, von Hormonen und Vitaminen. Doch eben dieser Stoff ruinierte den guten Ruf des Eies – es galt als ungesund und als Risikofaktor für einen Herzinfarkt. Mittlerweile ist seine Reputation wiederhergestellt: Jeder Mensch bildet im eigenen Stoffwechsel auch Cholesterin – ein Zuviel wird ausgeschieden. Deshalb hat Cholesterin im Essen beim gesunden Menschen kaum Auswirkung auf den Cholesterinspiegel. Größer ist der Einfluss der Menge und der Art der Fettzufuhr insgesamt.

BIOLOGISCHE WERTIGKEIT

Weil das Ei den „Bausatz" eines kompletten Lebewesens umfasst, enthält es eine besonders gute Mischung aller acht für uns lebensnotwendigen Aminosäuren – das sind die Bausteine des Proteins. Das Maß für die Qualität ist die „biologische Wertigkeit" (BW). Eier haben eine biologische Wertigkeit von 94, da unser Körper die Eiproteine fast 1:1 zum Aufbau von Zellen, Enzymen und Antikörpern nutzen kann. In Kombination mit Kartoffeln (BW 136!), Milch oder Fleisch kann die Wertigkeit sogar erhöht werden.

BESSER GEGART!

Durch das Kochen der Eier können die Inhaltsstoffe besser verwertet werden, da unsere Verdauungsenzyme die Proteine durch die Gerinnung besser aufschließen können. Allerdings ist ein hart gekochtes Ei viel schwerer verdaulich als ein weiches oder ein Pfannkuchen: Bis zu vier Stunden verweilt es im Magen und macht damit ausgesprochen lange satt. Es gibt aber noch einen Grund, Ei nicht roh zu essen: Salmonellen! Diese Keime können zu schweren Durchfällen führen und vermehren sich explosionsartig bei Temperaturen von über 30 Grad. Fast alle Eier sind schon im Hühnerorganismus infiziert – aber mit einer harmlos niedrigen Keimzahl. Diese bleibt gering, wenn das Ei gut gekühlt und frisch verarbeitet wird, da Salmonellen sich bei unter 6 ° Celsius kaum vermehren. Bei 70 ° Celsius werden Salmonellen zerstört. Sobald das Eigelb fest wird, besteht keine Gefahr mehr. Doch keine Hysterie: Wer frische Eier aus dem Kühlschrank zügig verwendet, der darf wirklich auch mal vom Mürbteig naschen, eine frische Mayo rühren oder weiche Eier genießen!

KENNZEICHNUNG

Jedes Ei der Güteklasse A muss einen EU-weiten einheitlichen Stempel tragen, den Erzeugercode. Er gibt Auskunft über die Art der Legehennenhaltung und die Herkunft des Eies.

1. Art der Legehennenhaltung:
   0 ökologische Erzeugnisse
   1 Freilandhaltung
   2 Bodenhaltung
   3 Käfighaltung
2. Land des Erzeugerbetriebs
3. 7-stellige individuelle Betriebsnummer: besteht in Deutschland aus dem Bundesland (ersten 2 Ziffern), dem Betrieb (dritte bis sechste Ziffer) und dem Stall

FRISCHE

Ein frisch gelegtes Ei ist ungenießbar! Erst am zweiten und dritten Tag entwickelt sich sein Aroma – pellen lässt es sich dann immer noch schlecht. Bis zum neunten Tag darf es die Bezeichnung „Extra" tragen. Ab dem 18. Tag muss es im Handel gekühlt sein, ab dem 22. Tag darf es nicht mehr verkauft werden und am 28. Tag ist das Ende des Mindesthaltbarkeitsdatums erreicht. Früher wurden Eier in Kalkwasser den ganzen Winter über aufbewahrt. Frisch ist das Ei, wenn die eingeschlossene Luftkammer noch ganz klein ist: Während des Lagerns verdunstet Wasser aus dem Ei, und die Luftkammer

wächst. In einem Wasserglas erhält das Ei dann am flachen Ende Auftrieb. Außerdem sind Dotter und Eigelb beim frisch aufgeschlagenen Ei hochgewölbt, bei einem alten üblicherweise flach.

ZAUBEREI MIT EI

Ohne Ei ließen sich viele raffinierte Gerichte kaum herstellen. Vor der Erfindung des Backpulvers und anderer Hilfsmittel war es ungeheuer wichtig für schaumige oder geschmeidige Backwerke oder Cremes. Da ist einerseits das Lezithin im Dotter zu nennen, das als Emulgator wirkt. Es kann also einen wässrigen mit einem öligen Anteil zu einem cremigen Ganzen verbinden. Bei Mayonnaise lässt sich diese verbindende Eigenschaft beispielsweise gut beobachten. Gleiches gilt für aufgeschlagene Schaumsaucen oder beim Legieren von Saucen.

Eierschaum im Wasserbad aufschlagen (Seite 222)

1. Eine Schüssel ins kochende Wasserbad hängen.
2. Zwei Eier mit dem elektrischen Schneebesen aufschlagen, dabei heiße Flüssigkeit angießen.
3. Eine Messerspitze Mehl zugeben und weiterschlagen, bis die Sauce das erste Mal aufpufft.
4. Käse-Schlagsahne-Mix unterziehen.

Sauce legieren (Seite 223)

1. Zwei Eigelb in einer Tasse mit einer Messerspitze Mehl verrühren.
2. Löffelweisel heiße Sauce oder Brühe untermischen, bis die dreifache Menge erreicht ist.
3. Unter Schlagen den Eigelb-Mix in die Flüssigkeit rühren.
4. Unter Schlagen bis vor den Siedepunkt erhitzen.

Pannenhilfe

Wenn die Flüssigkeit zu heiß wird, gerinnt das Protein, die Folge: Kleine Flöckchen fallen aus. Die winzige Menge Mehl mit ihrer Stärke verhindert das. Wenn's trotzdem passiert: Flüssigkeit im Mixer fein pürieren. Sie ist dann nicht ganz glatt, aber cremig. Bei Schaumgebilden wie Soufflés oder Baisers ist es das Eiweiß, das eine Wasser-Luft-Emulsion ermöglicht. Beim Garen bekommen die Luftbläschen durch den entweichenden Wasserdampf zusätzlich Auftrieb – das Soufflé geht auf. Dann erstarren die Eiweißmoleküle in ihrer luftigen Form, aber nur wenn die Backofentür geschlossen bleibt! Kurz geschlagener Schnee bildet größere Luftbläschen, fällt aber schneller zusammen. Deshalb zahlt es sich aus, den Eischnee etwas länger zu schlagen. Er bekommt dann nicht ganz so viel Volumen, ist aber fester.

MILCH UND MILCHPRODUKTE

Milch, scheinbar ein Naturprodukt, wird in den Molkereien zu einem stabilen, haltbaren Lebensmittel gemacht. So wird die moderne Konsummilch, wenn man sie bei 20° Celsius „stöckeln" lässt, nicht mehr sauer, sondern bitter, weil durch die Hitzebehandlung die ursprüngliche Keimflora abgetötet wird. Außerdem setzt sich kein Fett ab, weil es durch die Emulgierung in kleinste Teilchen gespalten wird. Nur noch Rohmilch vom Bauern oder Vorzugsmilch im Handel ist naturbelassen, sollte jedoch abgekocht werden, um vorhandene Keime abzutöten.
Pasteurisierte Frischmilch wird 30 Sekunden auf 70° Celsius erhitzt. Sie ist zehn bis 14 Tage haltbar.
ESL-Milch („extended shelf life"), länger haltbare Frischmilch, ist bis zu vier Wochen haltbar.
H-Milch wird eine Sekunde auf 135 bis 150° Celsius erhitzt. Dabei leiden nur die B-Vitamine. Sie ist ungekühlt drei bis vier Monate haltbar.

WO VIEL LICHT IST …

… da ist auch Schatten. Milch spielt in unserer Ernährung eine wichtige Rolle. Sie liefert Kalzium für

gesunde Knochen – gerade in nördlichen Breiten wichtig. Sie enthält hochwertiges, leicht verdauliches Eiweiß. Dazu alle B-Vitamine, vor allem Vitamin B2. Asiaten, viele afrikanische und indianische Völker können Milchzucker nur als Säuglinge abbauen und verlieren diese Fähigkeit als Erwachsene. Indogermanische Hirtenvölker, für die Milch zum wichtigen Grundnahrungsmittel wurde, behalten diese Fähigkeit ihr ganzes Leben. So vertragen Australier und Neuseeländer, Europäer und die weiße Bevölkerung Amerikas Milch in der Regel ihr Leben lang – und haben diese für ihre Knochenstabilität auch nötig. So schnell ändert sich die genetische Ausstattung eben nicht. Nachteilig ist die Zusammensetzung des Milchfettes: Es ist reich an gesättigten und an Transfettsäuren. Beide haben eine negative Wirkung auf den Blutfettspiegel und sind mitverantwortlich für Herz-Kreislauf-Erkrankungen. Deshalb ist es sinnvoll, Milch und Milchfrischprodukte mit 1,5 Prozent Fettgehalt zu verwenden, Butter durch Öl zu ersetzen, Saure Sahne mit 10 Prozent Fett zu verarbeiten und nur ab und zu auf Crème Fraîche zurückzugreifen. Festessen gab's ja auch früher nicht alle Tage!

QUARK (SEITEN 224–227)

Die Technik, Milch haltbar zu machen, ist über 5000 Jahre alt – und beginnt mit Quark. Er entsteht, wenn man Magermilch mithilfe von Milchsäurebakterien und etwas Lab, ein Gerinnungsfaktor aus dem Kälbermagen, zum Gerinnen bringt. Dabei trennt sich der Quarkbruch von der Molke. Bei Hüttenkäse bleiben kleine Bruchstückchen erhalten, Quark selbst wird passiert und dadurch cremig. Er enthält noch das gesamte Kasein, aber kaum Milchzucker. Mit anderen Worten: Quark ist ein Eiweißknüller – fast ohne die weniger gesunden Milchfette. Mit Sahne kann er aufgerahmt werden und enthält dann 20 oder 40 Prozent Fett. Für vegetarische Gerichte, aber auch für gehaltvolle, süße „Mehlspeisen" ist er durch seinen Eiweißgehalt unentbehrlich. Auch als Ergänzung zu Kartoffeln oder als Brotaufstrich ist Quark top.

KÄSE (SEITE 220–223)

Käse entsteht, wenn Milch dickgelegt wird. Im ersten Arbeitsgang erhält man dabei Frischkäse – Quark gehört dazu. Daraus wiederum werden Sauermilchkäse wie der Harzer hergestellt oder Brühkäse wie Mozzarella. Bei allen anderen Käsesorten schließt daran die Reifung an. Über 4000 Käsesorten soll es geben – jede hat eine andere Bakterienflora, die alle aus unterschiedlichen Umgebungen und Traditionen entstanden sind. Immer wird dem frischen Käselaib in einem Salzbad weitere Molke entzogen. Salz enthält Käse also immer – wenn auch in unterschiedlichem Maße. Im Verbund mit den Sauermilchbakterien trägt es zur Haltbarkeit bei.

VON CREMIG BIS HART

Der Wassergehalt in der fettfreien Käsemasse teilt die vielen Käsesorten in unterschiedliche Gruppen ein:Frischkäse mit mehr als 73 Prozent Wasser, Weichkäse wie Camembert, Brie, Münster; halbfester Schnittkäse wie Edelpilzkäse, Butterkäse, Gorgonzola, Roquefort oder Reblochon; Schnittkäse wie

Gouda, Edamer, Tilsiter, Leerdamer oder Raclettekäse; und schließlich Hartkäse wie Emmentaler, Bergkäse, Cheddar, Parmesan oder Manchego. Während sich Hartkäse gut mit einer Parmesanreibe raspeln lässt, ist Schnittkäse besser mit einer groben Reibe zu zerkleinern, und Weichkäse wird am besten mit einem Messer klein geschnitten. Weichen Käse vor dem Reiben kalt stellen. Es hilft auch, Backpapier über die Reibe zu legen oder die Reibe einzuölen – dann bleibt der Käse nicht so stark am Metall kleben. Zum Rohverzehr sollte der Käse aber immer mindestens eine Stunde „chambrieren", also Zimmertemperatur annehmen – damit sich sein Aroma entfalten kann.

DAS FETTRÄTSEL

Weil Käse bei der Lagerung Wasser verliert, sich seine Zusammensetzung also ändert, wird der Fettgehalt auf die Trockenmasse bezogen. Fett war ursprünglich der wertvollste seiner Inhaltsstoffe in knappen Zeiten! Wenn Sie also wissen möchten, wie viel Fett real im Käsestückchen auf Ihrem Teller enthalten ist, müssen Sie den Gehalt an Fett i. Tr. multiplizieren mit: 0,3 bei Frischkäse, 0,5 bei Weichkäse, 0,6 bei Schnittkäse, 0,7 bei Hartkäse.

Rechenbeispiel:
100 g Emmentaler
45 % Fett i. Tr. x 0,7 = 31,5 % Fett absolut
100 g Brie
45 % Fett i. Tr. x 0,5 = 22,5 % Fett absolut
100 g Quark
mit 40 % Fett i. Tr. x 0,3 = 12 % Fett absolut
In Wirklichkeit hat Käse also viel weniger Fett! Und bei Hartkäse sollte man lieber eine etwas fettärmere Variante wählen.

WO KÄSE DRAUFSTEHT, MUSS KÄSE DRIN SEIN.

Vorsicht bei der Zutatenliste vor Käseimitaten. Sogenannter Analogkäse entsteht aus einer Masse von Pflanzenfett und Magermilch oder Eiweißpulver, Wasser und Geschmacksverstärkern. Diese Produkte dürfen nicht als „Käse" deklariert werden. Ebenso Schmelzkäse, der aus Käse, Schmelzsalzen, Sahne oder Wasser und anderen Zutaten durch Erhitzen hergestellt wird. Beide „Kunstkäse" haben gute Schmelzeigenschaften, sind preiswert und werden gern bei der Zubereitung von Fertigprodukten verarbeitet. Schauen Sie also genau hin. Auf dem Markt werden Ihnen diese Produkte nicht begegnen.

ROHMILCHKÄSE

Die meisten Käse werden aus pasteurisierter Milch hergestellt. Sie sind garantiert frei von Listerien, einer Bakteriengruppe, die für Schwangere gefährlich sein kann. Doch die aromatischsten, teuersten Käse werden aus Rohmilch hergestellt. Das muss aber auf der Packung oder in der Auslage angegeben sein. Werden diese Käse bei der Zubereitung erhitzt, sind sie aber ebenfalls Listerienfrei.

IST DIE RINDE ESSBAR?

Feinschmecker schneiden, wenn möglich, die Rinde ab. Doch im Prinzip sind alle natürlich gereiften, unbehandelten Käserinden essbar. Künstliche Rinde aus Wachs oder Paraffin und harte Naturrinde, vor allem wenn die Oberfläche mit Natamycin, einem Antibiotikum zur Schimmelverhütung, behandelt wurde, sind nicht genießbar. Schließlich ist ja die Rinde des Käselaibs der Schutz, unter dem sich das Aroma entfalten kann. In der Küche sollte die Rinde in jedem Fall entfernt werden, denn da soll der Käse sich ja sanft mit den übrigen Zutaten verbinden.

WENN DER KÄSE KLUMPT

Wer ein Käsefondue selbst gemacht hat, weiß, wie schnell sich der wässrige Teil vom fetten und vom eiweißreichen trennt – am Ende schwimmt ein Käsekloß im Topf! Verhindert wird das durch Zugabe von Kirschwasser: Der Alkohol senkt durch seine Verdunstung die Siedetemperatur. Soll Käse also in einer Sauce geschmolzen werden, diese nur ganz behutsam erhitzen. Auch ein gewisser Stärkeanteil wie in einer Béchamelsauce verbessert das Schmelzverhalten. Gibt's doch Klumpen: ab in den Mixer!

ENDIVIEN-FRITTATA MIT SCHINKEN

Für 4 Portionen

1 kleiner Endiviensalat (400 g)

1 Zwiebel

50 g roher Schinken in Scheiben

2 EL Rapsöl

Salz, Pfeffer

Muskatnuss

4 Eier

75 g saure Sahne

1 TL Currypulver

20 Min. + 30 Min. Backen

Pro Portion 197 kcal, 13 g E, 15 g F, 2 g KH

1. Endiviensalat putzen, halbieren, gründlich waschen und fein nudelig schneiden. Zwiebel schälen, halbieren und sehr fein würfelig schneiden. Schinken in feine, 4 cm lange Streifen schneiden.

2. In einer großen beschichteten Pfanne die Zwiebelwürfel im Öl glasig dünsten. Den Salat dazugeben, mit Salz, Pfeffer und Muskatnuss würzen und zusammenfallen lassen. In einem Sieb abkühlen lassen, Saft leicht ausdrücken. Den Backofen auf 160 Grad vorheizen.

3. Eier mit saurer Sahne verrühren, mit Salz, Pfeffer, Muskatnuss und Curry würzen. Gemüse und Schinkenstreifen mit dem Teig verrühren und die Masse in eine gefettete Springform von 26 cm Durchmesser geben. Im heißen Backofen auf der mittleren Schiene etwa 30 Minuten backen. Schmeckt heiß, aber auch kalt.

Tipp: Für die halbe Menge die Frittata in einer großen, beschichteten Pfanne zubereiten: Endivien in der Pfanne dünsten, Wasser einkochen lassen, den Schinken zugeben und zum Schluss den Teig in die Pfanne gießen. Mit Deckel bei kleiner Hitze etwa 10 Minuten stocken lassen. Mithilfe eines flachen Deckels wenden und fertig backen.

VARIANTE

Anstatt rohem Schinken eignen sich circa 50 g Walnüsse, Pinien- oder Kürbiskerne. Statt Endivien schmecken auch Raspelmöhren oder -zucchini, Blattspinat, Spargelstückchen oder Paprikawürfel.

SALBEI-PFANNKUCHEN MIT APRIKOSENMUS

Für 12 Stück

100 g getrocknete Aprikosen
300 g Weizenmehl
1 Prise Salz
2 Eier
500 ml Milch
2 Bund Salbeiblätter
1 EL Honig
1 TL abgeriebene Zitronenschale
ca. 50 ml Rapsöl

1 Std.
Pro Portion 180 kcal, 5 g E, 7 g F, 23 g KH

1. Aprikosen grob würfeln und in einem Topf mit 200 ml Wasser aufkochen. Vom Herd nehmen und 15 Minuten ziehen lassen.
2. Für den Pfannkuchenteig Mehl, 1 Prise Salz und Eier in eine Schüssel geben. Nach und nach die Milch dazugießen und dabei mit einem Schneebesen zu einem glatten Teig verrühren. Ungefähr 10 Minuten quellen lassen. Salbeiblätter abzupfen, reinigen und trocken tupfen.
3. Aprikosen samt Flüssigkeit mit einem Pürierstab zu einem Mus pürieren und je nach Geschmack noch Wasser zugeben. Mit Honig und Zitronenschale abschmecken.
4. Pro Pfannkuchen 1 TL Öl in einer beschichteten Pfanne erhitzen und 6 bis 8 Salbeiblätter knusprig braten. Eine Schöpfkelle Teig darübergeben und durch kreisende Bewegungen der Pfanne zu einer gleichmäßigen Schicht in der Pfanne verteilen.
5. Pfannkuchen bei mittlerer Hitze auf jeder Seite etwa 2 Minuten goldbraun backen. Die fertigen Pfannkuchen im Backofen stapeln und bei 60 Grad warm stellen und den restlichen Teig ebenfalls zu Pfannkuchen backen. Mit Aprikosenmus servieren.

VARIANTE

Anstatt Aprikosenmus passen auch Mango- oder Apfelmus, pikant wird's mit Tomatensugo. Dann passen auch Rosmarinnadeln. Gehaltvoller wird es, wenn der Teig mit Wasser etwas verdünnt wird und die einzelnen Salbeiblätter darin ausgebacken werden.

GEFÜLLTE EIER

Für 4 Portionen

4 Eier (Größe M)

1 Bund Basilikum

1 Sardelle

1 EL Senf

2 EL Olivenöl

Salz, Pfeffer

15 Min.

Pro Portion 135 kcal, 9 g E, 10 g F, 2 g KH

1. Die Eier in 8 Minuten hart kochen, kalt abschrecken und pellen. Die Eier längs halbieren und mit einem kleinen Löffel die Eigelb aus den Hälften heben.
2. Basilikum waschen, Blätter trocken schütteln und abzupfen, 8 Herzblättchen beiseitelegen. Die übrigen Blätter mit der Sardelle und den Eigelb fein pürieren. Den Senf mit dem Öl cremig schlagen und unterziehen, mit Salz und Pfeffer abschmecken.
3. Eigelbcreme entweder mit einem Löffel oder einer Spritztüte in die Eiweißhälften füllen. Mit einem Basilikumblättchen garnieren.

Tipp: Anstelle der Spritztüte kann auch ein Gefrierbeutel mit einer abgeschnittenen Spitze gefüllt werden.

Varianten für die Füllung:

6 schwarze Oliven, 1 EL Kapern, 1 TL Cognac, 1 EL Olivenöl, Salz und Pfeffer mit Eigelben pürieren. Garnitur: Olivenspalten

1/2 TL Thymianblättchen, 1 gehäufter EL Schmand und 6 fein gehackte Walnusskerne (20 g) mit Eigelben mischen. Garnitur: Thymian

1 EL Tomatenmark, 2 getrocknete Tomaten in Öl, 1 EL geriebener Parmesan, Salz und Pfeffer mit Eigelben pürieren. Garnitur: Spalte von Cocktailtomaten

1/2 weiche Avocado, geriebene Schale und 2 TL Saft einer 1/2 unbehandelten Zitrone, Salz, Pfeffer und gehackte Petersilie mit Eigelben mischen. Garnitur: grüner Pfeffer

2 EL Thunfisch in Öl, 1 EL Senf, Salz und Pfeffer mit Eigelben pürieren. Garnitur: Petersilie

1 EL Meerrettich, 2 TL weiche Butter, Salz und Pfeffer mit Eigelben mischen. Garnitur: Räucherlachsstreifen oder Lachskaviar

TIPP: SOLEIER

8 Eier in 8 Minuten hart kochen, abschrecken. 2 kleine Zwiebeln mit der Schale vierteln, samt einem Lorbeerblatt und 20 g Salz in 800 ml Wasser etwa 5 Minuten kochen lassen. Den Sud ohne Zwiebeln (Sole) in ein Glas gießen. Eier rundherum leicht anknicken und mindestens 24 Stunden höchstens 1 Woche darin kalt stellen. Zum Essen die Eier pellen und halbieren, Dotter herausheben. In jede Hälfte etwas Senf, Salz, Pfeffer, Essig und Öl geben und das Eigelb darüberlegen.

EIERSALAT

Für 4 Portionen

4 Eier

100 g Rucola oder Endiviensalat

2 EL milder Senf

2 EL Rapsöl

150 g Joghurt (1,5 % Fett)

Salz, Pfeffer

1–2 Spreewaldgurken

1 mürber Apfel (100 g)

15 Min.

Pro Portion 207 kcal, 12 g E, 14 g F, 8 g KH

1. Die Eier in kochendem Wasser 8 Minuten hart kochen und abkühlen lassen.
2. Den Rucola waschen, verlesen und grob hacken.
3. Senf mit dem Rapsöl cremig rühren, Joghurt, Salz und Pfeffer unterziehen.
4. Die Gurken in kleine Würfel schneiden. Den Apfel waschen, vierteln und grob raspeln und beides unter den Joghurt ziehen.
5. Die Eier pellen und in Achtel teilen, 6 schöne Achtel beiseitelegen, die restlichen unterziehen. Kurz vor dem Essen den Rucola zugeben und abschmecken. Eierachtel darauf anrichten.

Varianten: Statt Rucola schmeckt auch 1 Bund Schnittlauch. Wer mag, kann den Apfel auch durch 1 Birne oder 2 gewürfelte Tomaten ersetzen.

FRANKFURTER GRÜNE SAUCE

Für 4 Portionen

1 kg Kartoffeln

Salz

4 Eier

2 EL scharfer Senf

150 g saure Sahne

100 g Magerquark

100 g gemischte Frühlingskräuter (z. B. Petersilie, Dill, Kerbel)

1 Bund Schnittlauch

50 g Blattspinat

Pfeffer, 1 Prise Zucker

30 Min.

Pro Portion 361 kcal, 20 g E, 12 g F, 42 g KH

1. Kartoffeln waschen und in einem Topf mit Wasser und einer Prise Salz weich garen.
2. Die Eier in 8 Minuten hart kochen, abschrecken und schälen. Halbieren, Eigelb herauslösen und durch ein feines Sieb drücken. Mit Senf, saurer Sahne und Magerquark verrühren. Das Eiweiß grob hacken.
3. Die Kräuter, den Schnittlauch und den Spinat waschen und trocken schütteln. Die Blättchen von den Stängeln zupfen und fein hacken, den Schnittlauch in feine Röllchen schneiden und vom Spinat die Stiele abschneiden und ebenfalls fein hacken. Mit dem Eiweiß unter die Sauce mischen und mit Salz, Pfeffer und Zucker abschmecken.
4. Die Kartoffeln pellen und zu der Sauce servieren.

Info: Für die gemischten Kräuter eignen sich auch Borretsch, Sauerampfer, Pimpinelle, Zitronenmelisse, Basilikum oder Liebstöckel. Die Zusammensetzung kann also je nach Angebot und Geschmack variieren.

KRÄUTER-SPIEGELEI

Für 4 Portionen

4 Eier

1 Bund gemischte Kräuter (Sauerampfer, Petersilie, Basilikum)

1 Bund Schnittlauch

3 EL Schlagsahne

Salz, Pfeffer

1 EL Butter

15 Min.

Pro Portion 182 kcal, 10 g E, 15 g F, 3 g KH

1. Die Eier trennen, so dass das Eigelb nicht verletzt wird.
2. Kräuter und Schnittlauch waschen, trocken schütteln. Schnittlauch in feine Röllchen schneiden. Die Blättchen der Kräuter abzupfen und mit Eiweiß und Sahne mit einem Pürierstab fein pürieren. Mit Salz und Pfeffer würzen.
3. Die Butter in einer Pfanne schmelzen, den Eiweiß-Kräuter-Mix zugeben und die Eigelbe daraufsetzen. Die Spiegeleier mit geschlossenem Deckel braten und mit Schnittlauch bestreut servieren.

Beilagen-Tipp: Dazu schmeckt Brot oder Bratkartoffeln und ein Gurkensalat.

Variante: Statt Kräuter können Sie auch Schnittlauchringe, gehackte Tomaten oder Paprikawürfel unterziehen. Dann aber nicht mehr pürieren, sondern nur mischen. Besonders würzig wird's mit körnigem Rotisseursenf.

EIER IN SENFSAUCE

Für 4 Portionen

6 Eier

2 EL Butter

2 EL Mehl

250 ml Fleischbrühe

250 ml Milch

1 Lorbeerblatt

Salz, Pfeffer

1 EL Weißweinessig

1 Prise Zucker

4–5 EL mittelscharfer Senf

20 Min.

Pro Portion 280 kcal, 16 g E, 18 g F, 12 g KH

1. Die Eier an einer Seite anpieksen und dann ins kochende Wasser legen, in 6 bis 7 Minuten (je nach Größe) kernweich kochen, kalt abschrecken.
2. Butter im Topf schmelzen, Mehl darin goldgelb „anschwitzen". Vom Herd nehmen und nach und nach die Brühe und die Milch unterrühren, das Lorbeerblatt zugeben. Langsam unter Rühren zum Kochen bringen, etwa 10 Minuten kochen. Das Lorbeerblatt herausfischen, mit Salz, Pfeffer, Essig, Zucker und Senf abschmecken. Leise köcheln lassen.
3. Inzwischen die Eier pellen und halbieren. Die Senfsauce in eine vorgewärmte Terrine gießen und die Eihälften hineinsetzen.

Beilagen-Tipp: Kartoffeln und Kopfsalat.

Variante: Schmeckt auch toll mit Kapern. Sie können mit einem Schuss Sahne abrunden, Schnittlauch dazugeben oder Estragonsenf verwenden.

EIER-BRÖSEL

Für 4 Portionen

30 g Sesamsaat

30 g Semmelbrösel

1 Eigelb

Salz, Currypulver

10 Min.

Pro Portion 88 kcal, 3 g E, 6 g F, 6 g KH

Sesam und Semmelbrösel mit dem Eigelb mischen und in einer beschichteten Pfanne ohne Öl 6 bis 8 Minuten unter rühren goldbraun rösten, mit Salz und Curry würzen.

Tipp: Ideal als Garnitur für Blumenkohl, Salzkartoffeln oder Salate.

RESTETIPP

Bei manchen Rezepten bleibt Eiweiß übrig – nicht wegwerfen! Das Eiweiß eines frischen Eies lässt sich in einer Plastikbox bis zu 10 Tage im Kühlschrank aufbewahren, denn es enthält antibakterielle Substanzen zum Schutz des Dotters. Allerdings sollten Sie Eiweiß nicht roh verwenden – sein Avidin macht das Vitamin Biotin unwirksam.
Und so können Sie es verwenden: Eiweiß unter Hackfleischteig mischen, in Rührei quirlen oder für eine Panierung brauchen. Für Makronen auf 1 steif geschlagenes Eiweiß 60 bis 70 g Zucker schlagen und mit soviel gehackten Nüssen, Kernen, Rumrosinen oder Datteln. mischen, wie der Schnee hält. Dann bei 160 Grad ungefähr 12 Minuten backen. In einer Blechdose lagern – so bleiben sie saftig.

GRATINIERTER KÄSETOPF

Für 4 Portionen

300 g altbackenes Brot oder Brötchen
100 g Speckwürfel
150 g geriebener Käse (Bergkäse, Greyerzer, Parmesan, Emmentaler)
1,2 l Bouillon (Rezept Seite 175)
1 Bund Petersilie

30 Min.

Pro Portion 484 kcal, 19 g E, 30 g F, 35 g KH

1. Backofen auf 240 Grad mit einem mit Alufolie ausgelegten Backblech vorheizen. Brötchen in dünne Scheiben oder Brot in kleinere Stücke schneiden und mit dem Speck etwa 6 Minuten auf dem Backblech im Ofen knusprig werden lassen, einmal wenden.
2. Hitze auf 220 Grad reduzieren. In eine feuerfeste Form die Speck-Brot-Mischung lagenweise mit 2/3 des Käses geben. 2/93 der Bouillon darübergießen, so dass die oberste Schicht Brot über der Brühe steht. Den restlichen Käse darauf verteilen – er darf noch nicht in der Brühe versinken.
3. Im Ofen etwa 15 Minuten gratinieren. Inzwischen die Petersilie waschen, Blättchen abzupfen und fein hacken, mit der restlichen Bouillon heiß werden lassen und kurz vor dem Servieren zugießen.

Variante: Getrocknetes, altbackenes Brot muss nicht mehr geröstet werden. Dann den Speck in einer Pfanne mit Zwiebelwürfeln rösten. Wer Weichkäse wie Gorgonzola, Brie oder Munster verwendet: vorher entrinden und einfach nur in der heißen Brühe schmelzen lassen.

TASSEN-KÄSE-SOUFFLÉ

Für 4 Portionen

50 g Butter
30 g Vollkornmehl
200 ml Milch
Salz, Pfeffer, geriebene Muskatnuss
3 Eier
80 g Greyerzer, Parmesan, alter Gouda oder Emmentaler

20 Min. + 30 Min. Backen

Pro Portion 291 kcal, 14 g E, 23 g F, 7 g KH

1. Den Backofen auf 200 Grad vorheizen. Butter in einem Topf schmelzen, Mehl zugeben. Bei schwacher Hitze wie bei einer Mehlschwitze 2 bis 3 Minuten kräftig rühren. Mit Milch ablöschen, würzen und mit dem Schneebesen unter Schlagen zum Kochen bringen, vom Herd nehmen, abkühlen lassen.
2. 4 Tassen mit ungefähr 250 ml Inhalt ausfetten. Die Eier trennen, Eigelb und Käse unter die Masse ziehen. Eiweiß sehr steif schlagen und ebenfalls unterheben.
3. Im heißen Backofen 30 Minuten backen, dann sofort servieren.

Tipp: Anstelle von Tassen gehen auch Muffinförmchen – das ergibt dann die doppelte Anzahl – oder eine große, hohe Auflaufform.

Info: Ein Soufflé fällt schnell zusammen, sobald die Luft abkühlt. Deshalb auf keinen Fall die Backofentür während des Backens öffnen.

KÄSE-MÖHREN-QUICHE

Für 4 Portionen

150 g Weizenmehl (Type 1050)

100 g Butter oder Schweineschmalz

Salz, geriebene Muskatnuss

250 g zarte Möhren

1 EL Currypulver

50 g Walnüsse

100 g geriebener Greyerzer

200 ml Milch

2 Eier

250 g Magerquark

30 Min. + 25 Min. Backen

Pro Portion 627 kcal, 28 g E, 42 g F, 35 g KH

1. Den Backofen auf 220 Grad vorheizen. Butter in einem Topf schmelzen. Das Mehl mit dem Fett, 1 TL Salz und etwas Muskat verkneten, eventuell etwas kaltes Wasser zugeben, in Frischhaltefolie gewickelt ruhen lassen. Eine Quiche- oder Springform von 28 cm Durchmesser einfetten.
2. Die Möhren waschen, schälen und fein raspeln, mit Curry mischen. Walnüsse hacken.
3. Den Teig dünn ausrollen und die Form damit auslegen. Einen kleinen Rand hochziehen und den Boden mit einer Gabel mehrfach einstechen.
4. Zunächst Nüsse auf dem Boden verteilen, dann die Möhrenraspel und zum Schluss den Reibekäse.
5. Eier trennen. Eigelbe mit Milch und Quark cremig rühren. Eiweiß mit Salz steif schlagen, unterziehen, Masse mit Muskatnuss und Salz abschmecken und auf der Quiche verteilen. Im heißen Backofen auf der unteren Schiene etwa 25 Minuten backen.

Tipp: Anstelle einer Quicheform eignen sich auch Tartelefförmchen. Statt Möhren passen auch Zucchini, vorgekochte Rote Bete oder fein gehobelter Rotkohl oder Spargel.

KÄSESCHAUM MIT SPARGEL

Für 4 Portionen

800 g Spargelbruch
1 TL Salz
1/2 TL Zucker
1 TL Butter
100 ml süße Sahne
50 g geriebenen Sbrinz oder Parmesan
2 Eier
Salz, Pfeffer

30 Min.

Pro Portion 224 kcal, 12 g E, 17 g F, 5 g KH

1. Spargel mit einem Sparschäler schälen, in etwa 3 cm lange Stücke teilen. In einem Topf 250 ml Wasser aufkochen lassen. Salz, Zucker und Butter unterrühren und den Spargel etwa 15 Minuten bei mittlerer Hitze weich kochen, absieben und den Sud auffangen. Spargel warm halten. Die süße Sahne steif schlagen und den Käse unterziehen.
2. Für die Sauce 200 ml Sud in einer Pfanne auf die Hälfte einkochen lassen. In einem Topf die Eier mit dem Schneebesen schlagen, den heißen Sud nach und nach zugeben. Nun den Topf bei kleinster Hitze erwärmen und dabei weiter schlagen – aber nicht kochen lassen! Wer ganz sicher sein will, sollte den Topf in einen größeren, mit heißem Wasser gefüllten Topf hängen und im kochenden Wasserbad aufschlagen.
3. Sobald die Sauce einmal leicht aufpufft, vom Herd ziehen und die Sahne mit Käse unterziehen. Mit Salz und Pfeffer abschmecken und über den Spargel gießen.

Dazu passt: Bandnudeln oder neue Kartoffeln.

Varianten: Schmeckt auch mit Blumenkohl, Brokkoli, Fenchel oder Chicoree.

KÄSE-LAUCH-NUDELN

Für 4 Portionen

2–3 Lauchstangen (500 g)

200 g Fusilli longi oder Spaghetti

250 g Schnitt- oder Weichkäse (wie Fontina, Bel Paese, Taleggio, Butterkäse, Brie oder Camembert), entrindet

200 ml Milch

2 EL Butter

2 Eigelb

Salz, Pfeffer, Muskatnuss

25 Min.

Pro Portion 547 kcal, 28 g E, 30 g F, 41 g KH

1. Die Lauchstangen von Wurzeln und welkem Lauch befreien. Längs aufschlitzen und unter fließendem Wasser gründlich abwaschen. Lauch der Länge nach in ungefähr 1 cm breite Streifen schneiden. Die Nudeln mit Lauch etwa 15 Minuten in kochendem Salzwasser garen, abseihen, etwas Wasser aufheben.
2. Inzwischen den Käse grob reiben oder hacken. Bei Weichkäse die Rinde entfernen. Mit Milch, 100 ml Nudelwasser und Butter bei kleiner Hitze unter Rühren schmelzen – die Mischung bis kurz vor den Kochpunkt erhitzen.
3. Die Eigelbe in einer Tasse verrühren, einige Löffel der heißen Käsesauce zugeben und den Mix in die Sauce rühren. Erhitzen ohne zu kochen, dabei aufschlagen, bis die Sauce cremig wird. Mit Salz, Pfeffer und Muskatnuss abschmecken und die Nudeln darin schwenken.

Info: Die kleine Menge Stärke im Nudelwasser verhindert das Gerinnen des Eigelbs.

Reste-Tipp: Eiweiß für Quarkgratin (Seite 224) verwenden.

BLITZ-VARIANTE

400 g Nudeln in reichlich kochendem, gesalzenem Wasser etwa 12 bis 15 Minuten (Packungsanweisung) kochen. 200 g Edelpilzkäse (Roquefort/Gorgonzola) zerbröckeln, mit 100 ml Sahne und 1 Kästchen Kresse in einer großen, vorgewärmten Schüssel mischen. 1/2 Tasse Nudelwasser abnehmen, die Nudeln abgießen und sofort in der Schüssel mit der Käsemischung verrühren. Eventuell etwas heißes Nudelwasser zugeben und sofort servieren.

LIPTAUER

Für 4 Portionen

1 Zwiebel (ca. 40 g)
50 g Butter
250 g Magerquark
1 EL Senf
1 TL gemahlener Kümmel
1 EL Paprikapulver Edelsüß
Salz, Pfeffer

10 Min.

Pro Portion 147 kcal, 9 g E, 11 g F, 3 g KH

1. Zwiebel schälen, halbieren und klein würfeln.
2. In einer Schüssel die zimmerwarme Butter mit dem Quark und Senf mit einem Schneebesen schaumig schlagen. Mit Kümmel, Paprikapulver, Pfeffer und Salz würzen.

Info: Der Name leitet sich von der slowakischen Region Liptov (deutsch: Liptau) ab.

Tipp: Wer es leicht säuerlich mag, kann 4 klein geschnittene Essiggurken zugeben.

Variante: 1 Bund Schnittlauch unter fließend Wasser waschen und trocken schütteln, dann den Schnittlauch in dünne Röllchen schneiden.
250 g Magerquark mit 1 EL Öl und 1 TL geriebenen Meerrettich (oder fertigen Meerrettich) verrühren, mit einem Schuss Mineralwasser aufschlagen. Mit Salz und Pfeffer abschmecken.
Schmeckt gut als Brotbelag oder als Dip für Gemüsesticks und Puten- oder Hähnchenfleisch.

PIKANTES QUARKGRATIN

Für 4 Portionen

800 g reife Tomaten
70 g grüne Oliven
2 Bund oder Töpfe Basilikum
Salz, Pfeffer
500 g Magerquark
100 g geriebener Parmesan
250 g Lasagneplatten

10 Min. + 35 Min. Backzeit

Pro Portion 502 kcal, 36 g E, 14 g F, 56 g KH

1. Ofen auf 200 Grad vorheizen. Tomaten kurz mit kochendem Wasser überbrühen und mit kaltem Wasser abschrecken. Häuten, Stielansatz entfernen und die Tomaten hacken. Die Oliven sehr fein hacken. Basilikum waschen, trocken schütteln, Blätter abzupfen und grob hacken. Alles in einer Schüssel mischen und mit Salz und Pfeffer würzen.
2. Quark mit Käse mischen. In eine gefettete Auflaufform abwechselnd Lasagneplatten und Gemüse einschichten. Dabei mit einer Schicht Lasagneplatten beginnen und zum Schluss den Quark-Käse-Mix darüber verteilen. In der Mitte des Ofens 35 Minuten backen.

Variante: Statt Tomaten einfach gegarten Blumenkohl oder Brokkoli, statt Lasagne Pellkartoffeln und statt Oliven 100 g gekochte Schinkenwürfel nehmen. Wichtig: Wenn Lasagne verwendet wird, muss das Gemüse genug Flüssigkeit enthalten, damit die Nudelplatten quellen können.

Tipp: Die Quark-Käse-Creme ist ideal für Eiweißverwertung geeignet: bis zu 2 Eiweiß zu festem Schnee schlagen und unterziehen – die Haube wird dann lockerer.

QUARK-ÖL-TEIG-BRÖTCHEN

Für 8 Brötchen

- 250 g Quark
- 6 EL Öl
- 1 TL Honig
- 1 TL Salz
- 300 g Weizenmehl (Type 1050)
- 3 TL Backpulver
- 1 Messerspitze Safran

15 Min. + ca. 20 Min. Backzeit

Pro Portion 234 kcal, 8 g E, 10 g F, 28 g KH

1. Quark, Öl, Honig, Salz und 150 g Mehl verkneten. Restliches Mehl mit Backpulver vermengen und mit 3 EL Wasser unterkneten.
2. Backofen auf 180 Grad vorheizen. Safran in 1 TL warmen Wasser auflösen, unterkneten.
3. Aus dem Teig 8 kleine Brötchen formen, kreuzweise einschneiden und 15 bis 20 Minuten auf mittlerer Schiene goldbraun backen.

Info: Quark-Öl-Teig ist die schnelle Alternative zu Hefeteig. Am besten schmeckt er frisch.

VARIANTEN

Für süße Brötchen 3 EL Zucker und nur 1 Prise Salz, zusätzlich nach Geschmack Rosinen, Mandeln, Mohn oder Schokospäne unterziehen. Pikant wird's mit Walnüssen, Mohn, Leinsamen, Sonnenblumenkernen, Kürbiskernen.

Würzig überbacken mit Käse (Gouda, Bergkäse) oder mit Schinkenwürfeln, Zwiebeln, Fetakäse, getrockneten Tomaten, Oliven oder Kräutern füllen.

TOPFEN-PALATSCHINKEN

Für 14 Stück

Für die Füllung:

500 g Magerquark

100 g Zucker

2 Eier

1/2 unbehandelte Zitrone

75 g Rosinen

Für die Palatschinken:

3 Eier

375 ml Milch

150 g Mehl

20 g Zucker

1 Prise Salz

etwa 50 ml Rapsöl

250 ml saure Sahne

45 Min. + 15 Min. Backen

Pro Portion 213 kcal, 10 g E, 8 g F, 23 g KH

1. Quark, 80 g Zucker und 2 Eigelb schaumig schlagen. Zitrone waschen, Schale fein abreiben und auspressen. Zitronenschale, 2 EL Saft und Rosinen in die Masse rühren. Eiweiß steif schlagen, unterziehen.
2. Eier mit 250 ml Milch und 60 ml Wasser in einer Schüssel mischen. Dann Mehl, den restlichen Zucker und 1 Prise Salz hineinrühren, bis ein glatter Teig entsteht.
3. Backofen auf 175 Grad vorheizen. Etwas Öl in einer beschichteten Pfanne erhitzen, eine kleine Schöpfkelle Teig darübergeben und durch kreisende Bewegungen der Pfanne zu einer gleichmäßig dünnen Schicht in der Pfanne verteilen.
4. Palatschinken bei mittlerer Hitze auf jeder Seite ungefähr 2 Minuten goldbraun backen. Auf Küchenpapier abtropfen lassen und den restlichen Teig gleichermaßen backen.
5. Je 2 EL vom Quark-Mix auf den Palatschinken verteilen, zusammenrollen und in eine große gefettete Auflaufform legen. Zum Schluss mit saurer Sahne und 125 ml Milch vermengt begießen, auf mittlerer Schiene 15 Minuten backen.

Beilagen-Tipp: Dazu passt Rhabarber- oder Kirschkompott. Oder eine Aprikosencreme aus eingeweichten, pürierten Trockenaprikosen (Seite 213).

QUARKSPEISE

Für 4 Portionen

1 unbehandelte Orange

500 g Magerquark

1 TL Vanillezucker

2–3 EL Zucker

100 ml süße Sahne

10 Min.

Pro Portion 234 kcal, 18 g E, 9 g F, 22 g KH

1. Die Orange waschen und die Schale mit einer Reibe fein abreiben, halbieren und den Saft auspressen. Den Quark mit den Orangensaft und -schale, dem Vanillezucker und dem Zucker cremig rühren.
2. Die Sahne steif schlagen und unterziehen.

VARIANTEN

Fruchtig: 250–300 g Himbeeren, Erdbeeren, Mango, Orangenspalten, Melonen, 2 bis 3 Bananen oder 3 Orangen kleinschneiden und unterziehen. Mit Zitrone statt Orange wird's säuerlicher. Mit Limetten eher fruchtig. Mit passender Konfitüre oder mit Honig statt Zucker süßen.

Knusprig: Zerbröselte Keksreste oder ein Krokant aus 50 g in einer Pfanne geschmolzenen Zucker und 50 g eingerührten klein gehackten Mandeln (geht auch mit gemahlenem Mohn) oder ungesüßten Cornflakes im Wechsel mit der Creme einschichten und sofort auftischen, bevor die Knuspereinlage Wasser zieht.

Schokoladig: Mit Raspeln aus Schokoladenresten.

Orientalisch: 100 g Datteln hacken und zusammen mit etwas Zimt zugeben. Oder mit Honig süßen und Pistazien und Granatapfelkerne unterziehen.

SAISONTABELLE

Was gibt's heute? Das ist die Frage für jeden, der kocht. Und diese Frage bezieht sich natürlich auch aufs Angebot. Und zwar auf dem Wochenmarkt, aus der Region! Folienanbau, Neuzüchtungen und gärtnerische Tricks können die Saison etwas ausdehnen – und das ist wichtig für die einheimischen Produzenten. Trotzdem gibt es nicht immer alles. Auf dem Münstermarkt in Freiburg darf man deshalb im Winter ein wenig zukaufen. Ich finde das in Ordnung – wer will schon monatelang von Kraut und Rüben leben? Doch wer's genau wissen will, findet in dieser Tabelle Anhaltspunkte fürs erntefrische einheimische Angebot. Wer einen Schritt weitergeht und selber gärtnern will, der findet hier den optimalen Zeitpunkt für Saat und Pflanzung.

⊙ Säen ● Pflanzen, Stecken ✿ Ernten, Saison

	Jan	Feb	Mär	Apr	Mai	Juni	Juli	Aug	Sep	Okt	Nov	Dez
GEMÜSE												
Artischocken		⊙	⊙	⊙			✿	✿	✿	✿		
Blumenkohl			●	●		✿	✿	✿	✿			
Bohnen (grün)					●	●	✿	✿	✿			
Brokkoli				⊙	●	●	✿	✿	✿			
Chicorée	✿	✿			⊙	⊙	⊙	⊙	⊙	✿	✿	✿
Chinakohl	✿	✿				⊙●	⊙●✿	⊙●✿	✿	✿	✿	✿
Endiviensalat					⊙	⊙	⊙●	⊙●✿	⊙●✿	●✿	✿	✿
Erbsen				⊙	●		✿	✿	✿			
Feldsalat	✿							⊙	⊙	⊙✿	✿	✿
Fenchel			⊙	⊙	⊙●	⊙●	⊙●✿	✿	✿	✿	✿	
Gurke					●	●			✿	✿		
Kartoffeln		●	●	●	●	✿	✿	✿	✿	✿		
Knollensellerie		⊙	⊙	⊙	●				✿	✿	✿	
Kohlrabi					●	●		✿	✿	✿		
Kopfkohl (Weiß-, Rot-, Spitzkohl)		⊙	⊙●	⊙●	●	●✿	✿	✿	✿	✿	✿	
Kürbis						●		✿	✿	✿	✿	
Lauch			⊙	⊙	●	●			✿	✿	✿	✿
Mairübchen				⊙✿	⊙✿			⊙	⊙✿	✿		
Mangold			⊙	⊙	⊙✿	✿	✿	✿	✿	✿		
Möhren						⊙●		✿	✿	✿		
Paprika					●	●		✿	✿			
Pastinaken	✿	✿		⊙	⊙				✿	✿	✿	✿

	Jan	Feb	Mär	Apr	Mai	Juni	Juli	Aug	Sep	Okt	Nov	Dez
Petersilienwurzel			⊙	⊙						✿	✿	
Pilze	✿	✿	✿	✿	✿	✿	✿	✿	✿	✿	✿	✿
Radieschen			⊙	⊙	⊙✿	⊙✿	⊙✿	⊙✿	✿	✿		
Rhabarber				✿	✿	✿			⊙	⊙		
Rosenkohl	✿	✿	⊙	⊙	⊙	○			✿	✿	✿	✿
Rote Bete	✿	✿	✿	⊙	⊙○	⊙○	⊙○	✿	✿	✿	✿	✿
Rucola/Rauke	✿	✿	✿	⊙✿	⊙✿	⊙✿	⊙✿	⊙✿	⊙✿	✿	✿	✿
Salate (Kopfsalat, Eisbergsalat, Romanasalat, Eichblattsalat, Kraussalat, Lollo rossa)				○	○✿	○✿	○✿	○✿	✿			
Spargel				⊙✿	✿	✿						
Spinat			⊙✿	⊙✿	⊙✿	⊙✿	⊙✿	⊙✿	⊙✿	✿	✿	
Staudensellerie	✿	⊙✿	⊙✿	⊙	⊙		✿	✿	✿	✿	✿	✿
Steckrüben					⊙○	⊙○	⊙○		✿	✿	✿	✿
Tomaten					○	○	✿	✿	✿			
Wirsing		⊙	⊙	⊙	⊙	⊙✿	✿	✿	✿	✿	✿	
Zucchini						○	✿	✿	✿			
Zuckermais					⊙	○		✿	✿			
Zwiebeln			⊙	○	○			✿	✿	✿		

	Jan	Feb	Mär	Apr	Mai	Juni	Juli	Aug	Sep	Okt	Nov	Dez
OBST UND NÜSSE												
Äpfel			○	○	○			✿	✿	✿		
Aprikosen				○	○		✿	✿				
Birnen			○	○	○			✿	✿	✿		
Brombeeren		○	○					✿	○✿	○		
Erdbeeren					✿	✿	○✿	○				
Haselnüsse			○	○	○				✿	✿	✿	
Heidelbeeren		○	○	○		✿	✿	✿	✿			
Himbeeren		○	○			✿	✿	✿	○	○		
Holunder		○	○	○				✿	✿	✿		
Johannisbeeren		○	○				✿	✿	○	○		

	Jan	Feb	Mär	Apr	Mai	Juni	Juli	Aug	Sep	Okt	Nov	Dez
Kirschen, süß							✿	✿	●	●		
Mandarinen	✿	✿								✿	✿	✿
Mandeln								✿	✿	✿		
Maroni									✿	✿		
Mirabellen		●	●	●	●	✿	✿	✿	✿	●✿	●	
Orangen	✿	✿	✿								✿	✿
Pfirsiche				●	●			✿	✿			
Pflaumen								✿	✿●	✿●		
Quitten								✿	✿	✿	✿	✿
Renekloden								✿	✿	✿		
Stachelbeeren		●	●				✿	✿	●	●		
Trauben		●	●						✿	✿		
Walnüsse			●	●	●				✿	✿	✿	

KRÄUTER

	Jan	Feb	Mär	Apr	Mai	Juni	Juli	Aug	Sep	Okt	Nov	Dez
Basilikum				●	●	✿	✿	✿	✿			
Brunnenkresse					◎	◎✿	◎✿	✿	✿	✿		
Dill			◎	◎	◎✿	◎✿	◎✿	◎✿	✿	✿	✿	
Estragon			◎	◎	◎✿	◎✿	◎✿	✿	✿	✿		
Koriander				◎	◎✿	◎✿	◎✿	◎✿	◎✿	✿	✿	
Kresse	◎✿	◎✿	◎✿	◎✿	◎✿	◎✿	◎✿	◎✿	◎✿	◎✿	◎✿	◎✿
Liebstöckel			◎	◎✿	◎✿	◎✿	◎✿	✿	✿	✿		
Oregano		◎	◎	◎	◎✿	✿	✿	✿	✿	✿		
Petersilie			◎	◎	◎	✿	✿	✿	✿			
Rosmarin	◎✿	◎✿	◎✿	◎✿	◎✿	◎✿	✿	✿	✿	✿	✿	✿
Salbei	✿	✿	◎✿	◎✿	◎✿	◎✿	✿	✿	✿	✿	✿	✿
Schnittlauch			●	◎	●✿	✿	✿	✿				
Thymian	✿	✿	◎✿	◎✿	◎✿	◎✿	◎✿	◎✿	✿	✿	✿	✿

WAS KOSTET KOCHEN?

Eigentlich scheint Fast Food so billig: Die chinesischen Instantsuppen kosten ja nur 99 Cent! Allerdings machen sie höchstens für eine Stunde satt. Am billigsten ist es, sich mit Schokolade satt zu essen – langfristig bekommt man davon nicht nur Verstopfung, sondern Mangelzustände. Vergleichen Sie also nicht Äpfel mit Birnen, sondern wirkliche Gerichte. Da sieht die Bilanz für Fertigfutter nämlich nicht so gut aus. Hier einige Rechenbeispiele:

FERTIGPRODUKT		SELBST GEMACHT		
Zutat	**Preis in €**	**Menge/Zutat**	**Preis in €/Packung**	**Preis in €/Benötigter Menge**
STEINOFEN-SALAMIPIZZA (MIT MAIS)		PIZZA FÜR 4 PERSONEN		
330 g	1,29	400 g Mehl		0,10
		1 Pckg. Trockenhefe	0,95 / 5 Pckg.	0,19
		2 EL Tomatenmark	0,39 / 200 g	0,10
		6 EL Tomatenstücke		0,24
		Gewürze		0,02
		100 g Käse		0,55
		80 g Salami		0,54
		80 g Mais	0,69 / 280 g	0,19
		Summe (ca. 800 g)		1,93
Pro 100 g	**0,39**	**Pro 100 g**		**0,24**

FERTIGPRODUKT		SELBST GEMACHT		
Zutat	**Preis in €**	**Menge/Zutat**	**Preis in €/Packung**	**Preis in €/Benötigter Menge**
KARTOFFELPÜREE (PULVER) FÜR 12 PORTIONEN		KARTOFFELPÜREE FÜR 4 PERSONEN		
1 Packung	0,69	1 kg Kartoffeln		0,33
1 1/2 TL Salz	< 0,01	2 EL Butter		0,12
750 ml Milch	0,36	300 ml Milch		0,14
6 EL Butter	0,36	Gewürze		0,02
Insgesamt (2616 g)	1,42	Insgesamt (1330 g)		0,61
Pro 100 g	**0,05**	**Pro 100 g**		**0,05**

FERTIGPRODUKT		SELBST GEMACHT		
Zutat	**Preis in €**	**Menge/Zutat**	**Preis in €/Packung**	**Preis in €/Benötigter Menge**
HÜHNERFRIKASSEE		**HÜHNERFRIKASSEE MIT ANGEPASSTER FLEISCHMENGE**		
1 Packung 400 g	2,99	150 g Reis	0,89 / 1000 g	0,13
		80 g Hühnerfleisch	2,19 / 500 g	0,35
		80 g Spargel	3,00 / 1000 g	0,03
		12 g Mehl	0,25 / 1000 g	< 0,01
		16 g Frischkäse	0,39 / 100 g	0,08
		Gewürze		0,04
		0,16 l Wasser		0,00
		Summe (ca. 500 g)		0,64
Pro 100 g	**0,75**	**Pro 100 g**		**0,13**

FERTIGPRODUKT		SELBST GEMACHT		
Zutat	**Preis in €**	**Menge/Zutat**	**Preis in €/Packung**	**Preis in €/Benötigter Menge**
HÜHNERFRIKASSEE		**HÜHNERFRIKASSEE FÜR 4 PORTIONEN NACH REZEPT**		
1 Packung 400 g (2 Portionen)	2,99	1 Bund Petersilie		0,99
		2–3 Frühlingszwiebeln	0,69 / 6 Stück	0,35
		1 Suppenhuhn (mit 500 g Fleisch)		2,50
		5 EL Mehl	0,25 / 1000 g	0,02
		5 EL Kräuterfrischkäse	0,39 / 100 g	0,39
		500 g Spargel	3,00 / 1000 g	1,50
		1 TL (4 ml) Weißwein	3,32 / 1 l	0,01
		Gewürze		0,03
		300 g Reis	0,89 / 1000 g	0,27
		Summe (ca. 1500 g)		6,06
Pro 100 g	**0,75**	**Pro 100 g**		**0,40**

REGISTER

Q

R